跟老子学生存

高路 著

中国青年出版社

目录

目录

前言

《老子》又叫《道德经》。这里的道德不是一个词，而是独立的两个词组成的词组。道的本意是没有岔路的光明大道；德通得，得的本意是走路捡着了好东西，德就是在这个意义上使用的，表示收获。通俗地说，道就是根本道理，德是对这个根本道理的认识和运用。

《老子》一书只有5000字余，但博大精深，可以从多个角度解读。本书选择生存哲学角度，从世界、得道、人生、生活、道德、处世、做人、治理、谋术等9个方面解读《老子》，以期提取出能够给我们的生存带来实际帮助的道理。为增强可读性，本书采用以故事导入思想理论的体例。道家各派中，庄子的思想与老子最近，故有“老庄”一说。庄子继承了老子关于“道”、自然的学说，发挥了其中有关变化的观点，特别是用寓言形式阐述哲理，对《老子》思想的传播贡献极大，这也是我们在导读中大量采用《庄子》寓言的缘由。

如果用一个字来概括《老子》思想，这个字可以是“无”。无不是没有，而是纯粹的有。所谓纯粹的有，就是去除了人为的自然。自从人类形成以来，自然便被渐渐打上了人的、社会的印记，终于演变为人化了的自然。去除了人加在自然上面的东西，没有了人化，回到最初的存在，就是“无”，也就是纯自然。所以“无”与自然是一回事。“无”构成了《老子》思想的基调，反映在生存上，就是对自然生命和天性的高扬，对社会礼俗的蔑视，对保持生命所必需的柔顺和退让态度的提倡。

如果用两个字来概括《老子》思想，这两个字可以是“无为”。无为不是什么都不做，而是只做不打扰别人的事。无为表达了对自身、他人、自然的最大敬畏，贯彻的是生活的减法和道德自由。

如果用三个字来概括，可以是“不自我”。不自我就是与周围的人和事打成一片，绝不有意或无意地突出自己、伤害别人。

如果用四个字来概括，可以是“返璞归真”。这既是人生的起点和归宿，也是生命的内涵。成功、金钱和权势，世人所追逐的一切，统统都是魅惑，人最终还是要回到平常而真实的生活中，因为这里才是幸福和安康的源泉。

总之，《老子》教给我们的是在现实社会中如何保持最自然、最平安、最恬静、最自在、最踏实、最和谐、最自尊的生存状态。

中国当代哲学家冯友兰曾把人生区分为四大层级，即动物的生存本能境界、社会功利竞争境界、圣贤境界、天地境界。《老子》突出生命，将生存置于功利、道德之上，可以说是以第一境界来对抗第二、第三境界。但生存却不是单纯的动物本能，其中蕴涵着“道”，而“道”则是天地之根，也就是世界上最根本的道理。所以在老子那里，最低境界与最高境界是混同为一的，生存是一种“道”。

这种“道”有哪些内容？这就是本书要回答的问题。

一、世界以自然为根本

一、世界以自然为根本

要义

包括人在内的世界的基础是自然。所谓自然就是去除人为因素或者社会性之后的东西。由于没有了人为的种种规定，它就是"虚无"。无论是从世界的生成上说还是从道理上说，自然都是第一位的。

老子是哲学家，他并不直白地去讲自然如何伟大，而是通过理念来阐述它的至高无上，这个理念就是"道"。

（一）什么是道

道是《老子》一书的核心思想，是人应该追求的最终目标，也是生存的最高准则，那么，道是什么呢？

1. 原初存在

导读

有几位高士，他们分别叫泰清、无穷、无为、无始。

泰清问无穷："你懂得'道'吗？"

无穷摇摇头："不懂。"

泰清又去问无为，无为点点头："我懂。"泰清接着问："那么它是怎样的呢？"无为答道："它可以贵，可以贱；可以聚，可以散。"

泰清又去见无始，把无穷和无为的话说给他听，然后问："无穷的不懂与无为的懂，哪一个更接近'道'呢？"

无始说："说自己不懂的深刻，说自己懂的浅薄；不懂的进入'道'

的内部去了，懂的还停留在表面上。”

泰清仰天叹道：“说自己不懂的才是真懂，以为自己懂的实际上并不懂。唉，谁能懂得不懂的学问呢？”

无始说：“‘道’是听不到的，听到了就不是‘道’了；‘道’是看不见的，看见了就不是‘道’了；‘道’是说不出来的，说出来就不是‘道’了。听说过使万物有形的东西本身却是无形的吗？‘道’就是这样的东西。”

——《庄子·知北游》

原文摘要

泰清问乎无穷，曰：“子知道乎？”无穷曰：“吾不知。”又问乎无为。无为曰：“吾知道。”曰：“子之知道，亦有数乎？”曰：“有。”……泰清以之言也问乎无始……无始曰：“道不可闻，闻而非也；道不可见，见而非也；道不可言，言而非也。知形形之不形乎？道不当名。”

（清）树木

简议

泰清、无穷、无为、无始这四位智者是庄子虚构的人物，他们的名字其实是“道”的表征。智者们的对话告诉我们，“道”听不到、看不见、说不出，也就是说它不是我们身边现成的具体事物。

为什么它听不到、看不见、说不出呢？

老子说：“有这样一个东西，它浑然一体，在天地形成之前就已经存在着了。它没有声音，没有形体，它独立自足，恒常不变，周而复始，不生不灭，可以说是天地之母。我不知道它的名字，勉强称其为‘道’，再勉强一些，称其为大。”①

我们之所以无法感受和表达“道”，是因为：第一，它在包括人在内的天地万物出现之前就已经存在了；第二，它不是具有声、形之类的可以被人的感官所感知的实体，而是各种现象混为一体的东西；第三，它是自己存在、永恒存在，是天地万物的源头。

对于这种最原初的东西、浑然一体的东西、与人的创造活动无关的东西，人怎么能够像对待感性事物那样去听、去看、去接触、去言说呢？

然而，这个东西还是可以被讨论的，因为它存在着。既然要探讨它，就要给它起个名字，于是就用“道”来称呼它。这是不得已而为之，所以是勉强的称呼。“道”是表示原初存在的名称。

比照西方哲学术语，“道”相当于本体。本体是关于世界本原或者终极存在的概念，它表示独立自存，永恒不变，绝对真实。

《老子》一书中，用来称呼这个本原的还有一、大、恒、常、朴、玄等抽象名词，以及形象的说法父、母、宗、根、门等。可以说“道”是本名，这些字眼儿是别名。

多说几句

① 道

关于这个字，东汉许慎著的《说文解字》解释为“供人们行走的路”，并强调这样的路是没有分岔的，即直接通达目标的路。

导与道的读音相同，古时候都读 dào。“道”也有导的意思。据《说

① 有物混成，先天地生。寂兮寥兮，独立而不改，周行而不殆，可以为天地母。吾未知其名，字之曰道，强之名曰大。（《老子·第二十五章》）

文解字》，导表示的是引领。

综合以上两层含义，“道”就是引领人们走向终极真理的大路。《老子》为我们提供的就是这样一种哲学指向。

② 玄

“玄”是《老子》表示原初存在的别名，其运用仅次于“道”，后人常常把它们合在一起使用，称之为“玄道”。

关于玄，《说文解字》说：“幽远也。”它来自于颜色，暮色苍茫中，天际已经沉入黑暗，但落日的微光一息尚存，这种黑里透红的色调就是玄，使人感到神秘莫测、深奥无穷，从而心生敬畏。

学者庞朴有一个考证。他从出土的泥制纺锤上的红色花纹得到启示，当这些纺锤旋转时，花纹看起来像是水流的漩涡。先民择水而居，水是生命之源，所以自然而然地便形成了对水的崇拜。其中，最令人震撼的就是一个个黑色的漩涡，水面上的东西无不随着它的旋转而被卷进水底，它是那样的奥妙、神奇、深远。这样就有了漩涡图案，而红色体现的则是敬畏之情。用文字来表示（或者说是图案的进一步抽象）就是“玄”。后来的太极图（俗称阴阳鱼）其实是漩涡图案的一种变形或者说规范化。

老子是春秋时期楚国人，楚地多水，特殊的生存环境使他对水一往情深。在他看来，水是最接近于“道”的物质。

将二者联系起来，可以说“玄”就是通过漩涡这种形象来表达万物之源的理念。

2. 去人为

导 读

马本来生活在原野上，饿了吃草，渴了饮水。长着蹄子可以踏霜践雪；披一身皮毛可以抗风御寒；跨步跳跃，扬蹄奔腾，这是马的天性。高兴的时候彼此用脖子相互摩擦，生气的时候就背过身去用蹄子踢打对方，马的智巧不过如此。它们自由自在地生活着，即使给它们建造豪华的宫殿也绝不会去享用。

好了，不知道从哪儿冒出了个伯乐，拍着胸膛夸口："我善于治马。"于是把马从原野上捉来，用火烧它的毛，用刀子削它的蹄，用烙铁烫它的皮，用笼头套它的头，用绊索拴它的腿，关到马棚里固定在马槽上。经这么一折腾，马的天性死去了十分之二三。然而，这只不过是开了个头。接着便是饿它、渴它、赶它、打它、整它、治它，前面有用铁做的嚼子勒它的嘴，后头有用牛皮做的鞭子打它的屁股，据说不这样就不能使它屈服。到这时候，马就剩下半条命了。就这样，伯乐获得了"治马专家"的荣誉。

马里面最苦的是那些干重活儿的马。当人们强行把笼头戴在它们的头上，把车辕架在它们的背上时，它们就会左右张望，缩着脖子想从轭中退出来，要不就硬挺着脖子不让人顺利地把马具套在它身上，或者偷偷地脱掉嚼子和辔头，那模样神态活像个一肚子坏水的小偷。

是谁把马变成这个样子的，是那个叫伯乐的人！这就是他的罪过。

——《庄子·马踦》

原文摘要

马，蹄可以践霜雪，毛可以御风寒。龁(hé)草饮水，翘足而陆，此马之真性也。虽有义台路寝，无所用之。及至伯乐，曰："我善治马。"烧之，剔之，刻之，雒之。连之以羁馽(zhí)，

驯马　汉画像石

编之以皂栈，马之死者十二三矣！饥之，渴之，驰之，骤之，整之，齐之，前有橛饰之患，而后有鞭筴（cè）之威，而马之死者已过半矣！

简议

马本来好好的，凭着自己的天性自由自在地吃喝、嬉戏和相处，然而偏偏有人看着不顺眼，非要改变它们的生活。人们把马捉来，刀削火烤鞭子抽，捆绑关押不给饭，硬是把马的野性生生地扳过来，骑在它们的背上，给它们套上车子，把它们变成了人的代步工具和负重工具。而马呢，为了少受一点苦，也变得狡猾起来，跟人斗起了心眼儿。这时候的马还是从前的马吗？不是了，它已经从外到里乃至生存环境都被人彻底改造了。关于这一点，任何一个生物学家都会证明，家畜与野生动物有多大的不同。

其实人也一样。人原本淳朴率真，过着顺其自然、与世无争的生活，后来有人用利益来诱惑他们的心志，用道德来规范他们的行为，用制度来约束他们的活动，人性就丧失了，变得虚伪而狡诈。人成了名利的俘虏，道德的仆役，制度的牺牲品。

不仅马是这样，人是这样，万事万物都是这样。人类根据自己的需要，把活动、意识、目的、价值观、审美观等加在各种事物上面，把所有一切都变成了人类的功利对象，改造它们，干涉它们的进程，致使万事万物无不打上人的印记。

我们所看到的世界完全是人的世界，也就是说是一个失去了自然本性的世界，是一个不真实的世界，在这个世界中我们更多看到的是人加于其上的东西，看不到自然，或者说看不到原初的存在，当然也就无法把握"道"。所以，要理解"道"，一定要去除人为。

关于这一点，《老子》有两句话。

一句是说："人不放纵自己的欲望，做到心志宁静，天下自己就会恢复到正常了。”①

另一句话是：“只要人自己进入虚无状态，守持着宁静，那么就可以从万物的运行中观察到它们各自向本原的复归。返还本原叫做静，静就是回到本性。返回本性叫做常规，知道了常规就是明理。不知道常规，就会盲目行动，从而招致祸患。”②

这两句话中的“不放纵自己的欲望，做到心志宁静”（“不欲以静”），“进入虚无状态，守持着宁静”（“致虚极，守静笃”），说的就是去除人为；而一旦抛掉人的东西，世界就恢复了正常，万物复位，回到本性，原初存在的本来面目也就显示出来，人才能认识“道”。

老子的继承者庄子也是这样看的。关于人为与自然的分别，庄子有一个很形象的比喻：牛和马生长着四条腿就叫做自然，给马套上笼头，用绳子穿过牛鼻子，将牛马控制住，就叫做人为（《庄子 · 秋水》）。从被制服的马和牛身上是见不到自然的、本真的马和牛，要认识“道”必须给自然解套。

《老子》“去人为”的观念颇具颠覆性。春秋时期尽管出现了社会动荡，但周礼作为一种制度仍顽强地统治着人们，而它的意识形态儒家思想也占据着显学的地位。儒家的最终目标就是运用以君子为代表的理想人格来改造人，实现一个以礼制为核心的社会。在老子及其继承者庄子看来，儒家的这一套就是人为，照此办理，只能离“道”愈来愈远。

用今天的话来说，《老子》的这一观念属于反对人类中心论的自然主义，而且很彻底、很激进。这个世界不姓“人类”，而姓“自然”。姓“人类”的世界是虚假的、迷失的，姓“自然”的世界才是本真的、安宁的。不要以人的方式对待世界，而应该以自然的方式对待世界。

究竟应该怎么做？是把世界改造成人性（社会性）的世界还是把包

---

① 不欲以静，天下将自正。（《老子 · 第三十七章》）

② 致虚极，守静笃。万物并作，吾以观其复。夫物芸芸，各复归其根。归根曰静，静曰复命。复命曰常，知常曰明。不知常，妄作，凶。（《老子 · 第十六章》）

括人在内的世界还原为自然的世界，这对人来说，尤其对现代人来说，是一个问题。

多说几句

① 注视

这是存在主义哲学家萨特（法国，1905～1980年）的一个哲学术语，它表示人与人之间的对立关系。

人本来是主体，但却处在被客体化的危险境地中。当我被别人注视的时候，他便按照他的观念，把对我的认识、判断强加在我的头上，规定我是什么，也就是给我加上某种本质，由此来造就我、占有我。我被人从外面规定了，这就是我的客体化。

希腊神话中有一个叫梅杜莎的人，本来是位清纯美少女，因为犯了罪，成了可怕的女妖，头发变成了毒蛇，手变成了鹰爪，嘴唇沾满了怨恨的毒液。最恐怖的是眼睛，不管是谁，只要被她瞧上一眼，立马变成石头。他人的注视就是这样的毒眼，当然不会真的把我变成石头，但是却把我凝固了，变成他的客体。

然而，我也长着一只梅杜莎的眼睛，既然你能注视我，我也能注视你。于是，我开始反注视，实行反占有，把对方变成客体，这是他人的客体化。

萨特的这一观点揭示了人在社会中的基本处境，为我们提供了一种人是如何被打上烙印的思路。“我”就是我，然而却被看成了别的什么。这个他人、社会眼中的我还是我吗？难道我是他们所说的那个样子的吗？在社会中，本真的我消失不见了。

② 受虐鸡蛋

越来越多的人认识到人类中心主义的危害，主张人与万物平等。在许多英国消费者看来，按照工业方式把大量的鸡集中起来分笼饲养的办法过于残忍，在他们的呼吁下，英国多家超市决定停止销售笼养母鸡生的“受虐鸡蛋”。据《星期日泰晤士报》报道，马克斯—斯潘塞和韦特罗斯两家超市率先停售“受虐鸡蛋”，塞恩斯伯里、莫里森、Co–op等三家超市也表示将把这些鸡蛋撤下货架。

3. 虚无

导 读

南海之帝叫倏（shū），北海之帝叫忽，中央之帝叫浑沌。

倏和忽经常到浑沌那里去聚会，浑沌招待他们很周到。倏与忽总想报答浑沌，他俩商量说：“人身上都长着七个孔，用来进行看、听、吃和呼吸，唯独浑沌没有，我们不妨试试给他凿出孔来。”

于是，他俩每天给浑沌凿一个孔，到了第七天头上，浑沌死了。

——《庄子·应帝王》

原文摘要

南海之帝为倏，北海之帝为忽，中央之帝为浑沌。倏与忽时相与遇于浑沌之地，浑沌待之甚善。倏与忽谋报浑沌之德，曰：“人皆有七窍以视听食息，此独无有，尝试凿之。”日凿一窍，七日而浑沌死。

（清）山水

简 议

这是一篇含义深刻的著名寓言。中央之帝浑沌代表原初存在，前面引用过《老子》的话："有物混成，先天地生"（有这么一个东西，它浑然一体，在天地形成之前就存在了），说的就是这个意思。南海之帝儵和北海之帝忽代表人为。

什么是浑沌？

庄子在概括老子的思想时说："建之以常无有。"（《庄子 · 天下》）常指的是"道"，无有即虚无，是说老子把自己的学说建立在"道"，也就是虚无的基础上。《史记 · 太史公自序》说：道家"其术以虚无为本"。意思是，道家思想以虚无为根本。《史记 · 老子韩非列传》又说："老子所贵道，虚无。"说的是，老子推崇的是"道"，而"道"的意义则是虚无。这两句话分别是《史记》作者司马谈和司马迁父子讲的。庄子是老子思想的继承人，司马谈和司马迁是西汉时期的大学者，他们的理解比我们更切近。

浑沌就是虚无。

为什么这么说呢？因为浑沌是什么都分不出来，老子曾用"恍"、"惚"、"幽"、"冥"、"无状"、"无物"等词语来表述原初存在，这些词表现的都是模糊不清，浑然不分。由于恍惚不明，人们看不清它，听不到它，摸不着它；即使迎着它，也看不清它的头，即使追着它，也看不清它的尾（《老子 · 第十四章》，下文正文中凡引用《老子》，只标章节）。当然也就不知道它是什么，没有办法给它一个明确称呼。既然无法进行区分，人们只能说它是虚无。

虚无并不是说什么都没有。原初存在尽管浑沌不清，无法言说，但它确实存在着。所以《老子》说它是"无状之状，无物之物"（《第十四章》），意思是没有形状的形状，没有现象的现象。所以原初存在是有与无的统一体。

那么，什么是虚无呢？

这是《老子》思想中最难解释清楚的问题，学者们众说纷纭。其实，只要联系我们上面的问题“去人为”，问题就容易理解了。清除人类（社会）加在自然上面的东西，把活动、价值观、制度、意义等诸如此类的印记统统拿掉，恢复自然的本来面目，使包括人在内的一切回到自己的天性，没有了人为的规定，就是虚无。换句话说，原初存在是纯粹的、自然的、没有被人改变过的东西。所谓虚无，是针对人的行为来说的，把人为的东西、规定虚无化。从哲学上说，没有规定性（意义）就是虚无。

一旦人类把万事万物纳入自己的观念，赋予它们意义，虚无就被打破了，就像寓言中的儵和忽对浑沌所做的那样，按照人的样子给混沌凿孔，自然就不再是它自己了，自然死亡了。

多说几句

① 无

对于无，《说文解字》这样讲：“奇字无，通于元者，虚无道也。”许慎认为“无”是一个非常奇特的字，它与元字相通。元字上半部分是二字，下半部分是人字，人字往上提，将二的两画相连，就是无字。元的意思是初始，甲骨文、金文的元字为一个大头的人的象形，夸张头颅是为了突出开始，孩子出生是先见头部然后才见身体。无字与元字相通，说明“无”具有世界本原的意义，是“道”的真谛。

② 原初境界

存在主义哲学家海德格尔（德国，1889～1976年）认为，“无”比“有”更根本，“无”是原初境界，它不是依赖于“有”的相对性的东西，而是独立的、属于自己本身的绝对性东西，也就是说是本体。然而人们却意识不到这一点，执著于各种各样现成的存在物，迷失于世界之中。

海德格尔晦涩的哲学语言，表达了当代人发于心底的一种渴求，那就是摆脱包括现代化在内的社会力量对人的控制和改造。世俗的价值观、技术、物质、制度是“有”，它们无情地吞噬着人的天性，剥夺人的独立性，把人变成社会产品。或许可以这样说，这个时代没有人，只有产品。

那么怎样才能摆脱这个困境呢？只有一条路可走，就是回到“无”，也就是守卫人的本性、自己的个性。本性、个性是绝对的东西，比世俗制度、观念更根本，它只属于自己，绝不依赖于社会。如果把它作为社会附属物来对待，本性、个性就死亡了。失去了天性、个性的人还是原来意义上的人吗？还是你自己吗？

海德格尔说：“没有‘无’所启示出来的原初境界，就没有人的自我存在，就没有自由。”

存在主义高扬虚无，一个重大目的就是动摇现存的价值和制度体系。回过头来看《老子》，其思想旨趣也就更加清晰了。

（二）“道”生万物

原初存在是世界的本原，“道”生化天地万物，那么这是如何体现的呢？

1. 无生有

导 读

只有一只脚的野兽叫夔（kuí），长着许多只脚的虫子叫蚿（xián）。夔羡慕蚿，而蚿羡慕没有脚的蛇，蛇羡慕看不见的风，风羡慕一望即到的眼光，眼光羡慕一想即达的心思。

夔问蚿：“我只需要支配一条腿，而你同时需要使用许多只脚，你怎么能够操作这么多只脚协调一致地行走呢？”

蚿说：“我怎么知道。你见过咳嗽的人吗？喷出的唾沫大的像水珠，小的像水雾，没有谁事先就设计好了，然后再喷出形形色色的唾沫珠子。我走路也是这样，不过是天然机制发挥效用罢了，没什么可奇怪的。”

蚿问蛇：“我有这么多脚，而你没有脚，但走起路来我却赶不上你，这是为什么？”

蛇答：“这是天然机制决定的，谁也改变不了。”

蛇问风：“我扭动脊背和两肋，虽然不用脚也可以快速行走，但肚腹仍旧贴着地。而你隆隆地从北海刮来，一路呼啸着闯进南海，你没有形体，为什么有如此力量？”

风答：“是啊。虽然我呼啸着从北海刮到南海，但人们伸出一根手指就能刺穿我，抬起一只脚就能践踏我。然而，说到折断大树，掀翻屋顶，那就只有我才能做到了。”

——《庄子·秋水》

原文摘要

夔怜蚿，蚿怜蛇，蛇怜风，风怜目，目怜心……风曰：“然，予蓬蓬然起于北海而入于南海也，然而指我则胜我，鳝（qiū）我亦胜我。虽然，夫折大木，蜚大屋者，唯我能也。”

（清）任渭长 绘

简议

论速度，一只脚的夔不如多只脚的蚿，多只脚的蚿不如没有脚的蛇，没有脚的蛇不如没有形状的风。风虽然没有形状，但还有声音；它的速度比不上目光，目光不仅无形，也无声。目光虽然无形无声，但还有光；它的速度赶不上心思，而心思连光都没有了，是无。

庄子的这则寓言讲的是有与无的关系。对这一关系，《老子》主要有两个观点。

首先，无比有更优先，更根本。

《老子》说："天下之物生于有，有生于无。"（《第四十章》）万事万物是从"有"中产生出来的，而"有"则来自于"无"。

我们前面说过，"无"就是去掉人为。没有了人的干涉，事物才成其为自然，才能够作为自然而存在，才是自然之"有"，所以说有生于无。自然是万事万物生长的基础和环境，有了自然，才谈得上万事万物的存在，所以说天下之物生于有。

说无比有更根本，并不是说先有一个纯粹的虚无，然后再生化出一个实有，而是强调虚无是实有的前提，不去除人为的东西就无所谓自然。在《老子》那里，无与有是同时、同处存在的，分不出时间和空间上的先后。

其次，有与无相辅相成。

《老子》说："有无之相生也。"（《第二章》）有与无是相互产生的。有与无不能分离，脱离了有无所谓无，反过来也一样。《老子》曾把天地比作一个大风箱（《第五章》）。风箱是古代冶炼和锻造金属的工具，用皮革或木板制成，中间是空的，人推拉活塞，产生气流，形成风，风将炉火吹旺，可以熔化矿石，烤软金属，被匠人用来铸造器物。风箱也可以用来烧饭，是人们日常生活的重要工具。《老子》还以陶罐和房屋为例，说明有与无的关系（《第十一章》）。风箱是用木板或皮子围出来的空间，陶罐是用泥土包裹着的空间，房屋是用砖瓦木石建成的空间。就房屋来说，墙体、屋顶、地面是实有，它们隔出来的空间是虚无，没有墙体、屋顶、地面就没有房屋的空间，同样地，没有中间的空隙，墙体也就不成其为墙，而是一堆砖土。风箱、陶罐也一样。

正因为有与无相辅相成、不离不弃，原初存在才能说是没有形状的状态，没有物象的事物（《第十四章》）。

以上就是《老子》关于有与无关系的基本看法。用哲学语言来表达就是，有与无是矛盾的两个方面，二者互相依存，其中无是矛盾的主导方面。

既然有与无共同起作用，那么，二者的作用分别是怎样的呢？

《老子》说："有之以为利，无之以为用。"（《第十一章》）意思是说，"有"提供的是可以利用的东西，"无"带来的是东西的利用。可以简要地把前者理解为形式、手段，把后者理解为内容、目的。譬如房屋，墙体、屋顶、地面构成了居住之所，但真正有用的是里面的空间。墙体之类的"有"为人们提供了可以居住的房屋，空间的"无"满足着人们的居住需求，使房屋得以被人作为居住之地所利用。二者相比，"无"的作用是决定性的。

那么，突出虚无的作用有什么现实意义吗？

回答是肯定的，它提示我们在生活中要重视虚无，要善于抓住虚无。

譬如，在人际交往中一定要注意保持距离。距离就是虚无。再要好的朋友、再亲近的关系，哪怕是母女、父子、夫妻、情人也不能"零距离"、"亲密无间"，必须给对方一个伸缩余地，留下一方个人世界。我们常常发现，对自己伤害最大的、反目为仇的往往是关系最切近的人。你要是爱一个人或者希望他长久爱你，就与他拉开距离；你要是恨一个人或者打算让他恨你，就与他"零距离"。

再如做事。成功者大多是会“钻空子”的人。空子就是虚无。某个领域有利可图，大家一拥而上，遍地开花，瞬间就挤满了人。对于这样的事，成功者是不去凑热闹的，他们眼观六路耳听八方，专门拣没人干的事情去做。如果他是庸才，也能取得中等业绩；如果他是中才，可以获得上等业绩。假如他填补的不是“空白”而是争抢大热门，那他就惨了。如果他是上等人才，最多也只能取得中等成就；如果他不幸是下等人才，那就死定了。

再如心态。人们常常“恨人有，笑人无”。恨或者说嫉妒是因为别人“有”而比自己强，笑或者说蔑视是因为别人“无”而不如自己。然而，我们想过没有，别人的“有”就一定是优越的吗？不错，他有一个体面、稳定、收入多的工作，然而正是由于他的这份令人羡慕的好工作，使他不再去作进一步的选择，从而失去了更多的发展机会，“有”成了人们止步不前的枷锁。同样的道理，别人的“无”也并非意味着劣势，他甚至连工作都没有找到，但正是这个“无”，使他可以进行全方位选择，四面出击，更容易跟上社会变化的步伐。“有”使人失去，“无”使人获得，这样想，我们的心就容易平静了。

多说几句

① 乘虚而入

战国时期，楚国大夫江乙对令尹（国相）说：“靠金钱与人结交，钱用光了，交情也就断了；靠美色与人结交，色衰退了，交情也就没了。所以，爱妾铺上的席子还没有破损，就被遗弃了；宠臣的马车还没有用坏，就被赶走了。您现在虽然独揽楚国大权，可是自己并没有能够与楚王进行深交的东西，我实在为您担忧啊。”

令尹想了半天也想不出好主意，问：“那可怎么好呢？”

“只有一个办法，”江乙说，“您一定要向楚王表示，跟大王一块去死，为大王殉葬，这样您的地位就不会动摇了。”

三年后的一天，楚王到云梦一带去打猎。一头犀牛发了狂似的冲过来，楚王拉满弓弦，一箭就射死了犀牛。他拔起一根旗杆，按住犀牛头，仰天大笑，说：“今天太高兴了！然而我死了以后又能和谁一起享受这样的快乐呢？”

令尹顿时泪流满面，上前对楚王说：“我在宫内与大王挨席而坐，出外与大王同车而坐。大王百年之后，我愿意追随您而去，在黄泉下做大王的席垫，不让蝼蚁侵扰您，有什么能比这更愉快呢！”

楚王大喜，封他为安陵君。

（清）刘源 绘

这个故事出自《战国策·楚一》。楚王作为大国之君，什么都有，所以很难通过一般交往手段打动他。但他也有“虚”的地方，就是担心死后的孤独。令尹正是抓住这一心理，取得了他的进一步信任。

使用人的诀窍在于发挥他的长处（有），而要使人为你所用，就必须从他的短处（无）入手。

② 避实击虚

三国后期，魏国任命邓艾为镇西将军，与蜀国大将姜维作战。姜维战败，退守剑阁。这一带地势非常险要，蜀军据险而守，魏军一筹莫展。

邓艾向魏国皇帝建议，绕过剑阁，从阴平走小路直趋涪（fú）城。涪城位于剑阁之西400里，距离蜀国都城成都300里，是蜀国的腹心之地。魏军出奇兵袭击涪城，防守剑阁的蜀军一定回军相救，前线的魏军可以趁机出动，攻下剑阁。剑阁一旦失守，蜀军将全线动摇，此时蜀国可破。

相持到冬天，邓艾率一支奇兵从阴平进入蜀国，穿过无人之地700里，沿着羊肠小路到达了江油城。蜀将诸葛瞻得知消息，率军从涪城急驰绵竹，列阵迎击邓艾。结果被邓艾打败，诸葛瞻战死。魏军乘胜进兵雒（luò）城。蜀国皇帝刘禅见大势已去，出成都城投降了。（赵蕤：《长短经·卷六》）

邓艾之所以能够以少胜多，反客为主，取得灭蜀的关键性胜利，就在于避让开“有”，全力打击对方的“虚”。

这方面最著名的战例是“围魏救赵”。战国时期，魏国攻打赵国，齐国派田忌为大将、孙膑为军师率军驰援赵国。田忌打算硬碰硬，直趋前线，与强大的魏军决战。孙膑提出不同意见，他的策略是打击魏军空虚的后方，奔袭都城大梁（今河南省开封市），然后趁魏军回救之机歼灭它。田忌接受了孙膑的意见。结果不仅解除了魏国对赵国的围困，还消灭了大量魏军。

这一幕在13年后重新上演。这次是魏国和赵国联起手来进攻韩国，韩国向齐国告急。齐国仍然派田忌和孙膑率军救援。齐军没有去韩国前线，而是袭击魏军的后方大梁。魏将庞涓得到消息后率军回救，孙膑在马陵（今河北省大名县东南）那个地方的一条狭窄道路两旁设伏，彻底击垮了魏军，庞涓自杀，连魏国的太子都做了俘虏。（《史记·孙子吴起列传》）

避实击虚永远是克敌制胜的法宝。战争如此，其他领域亦如此。

（清）张菊如　绘

③ **以虚钓实**

南宋宰相秦桧府中有一棵石榴树，结的果子又大又甜。秦桧小气，每到结果时，都要记下果实的数目。一天，他发现少了两个石榴，但没有声张。几天后，秦桧突然对手下人说："拿把斧头来，把这棵石榴树砍了。"旁边的一个亲随说："这棵树结的石榴很甜，砍掉太可惜了。"秦桧盯着他说："原来偷石榴的人是你！"（冯梦龙：《智囊·诘奸》）

砍石榴树是假话（无），虚张声势，但却钓出了真实情况（有），这就是虚无的妙用。

2. 道是万物的基础

导 读

有一个人住在城东，人们叫他东郭子。一天，他找到庄子，见面就问："你说的'道'在哪里？"

庄子看了他一眼，说："无处不在。"

"太空泛了。"东郭子摇摇头。"你得指明具体在什么地方才行啊。"

"在蚂蚁身上。"庄子说。

东郭子瞪大了眼睛，"什么？怎么会如此渺小卑贱呢？"

"在稊（tí）草和稗（bài）子里。"庄子继续说。

"更卑下了。"东郭子有些失望。稊草的植株跟谷苗差不多，属于杂草；稗子虽然也是谷苗，但不结谷粒。蚂蚁好歹还是动物，而稊草和稗子则是无用的植物。

"在砖头瓦块里。"庄子接着说。这回由活物换成死物了。

"简直不可思议！"东郭子愤愤不平。

"在屎尿里。"庄子平静地说。

东郭子不做声了，这就是“道”呀？还不如不问呢。

这时，庄子说：“先生您所问的，本来就没有触及问题的实质。您不能把‘道’局限在某种东西上面，没有任何一种东西能脱离‘道’，主导万物的‘道’就体现在万物身上。”

——《庄子·知北游》

原文摘要

东郭子问于庄子曰：“所谓道，恶（wū）乎在？”庄子曰：“无所不在。”东郭子曰：“期而后可。”庄子曰：“在蝼蚁。”曰：“何其下邪？”曰：“在稊稗。”曰：“何其愈下邪？”曰：“在瓦甓。”曰：“何其愈甚邪？”曰：“在屎溺。”东郭子不应。庄子曰：“夫子之问也，固不及质……汝唯莫必，无乎逃物。”

（元）永乐宫壁画

简 议

“道”为什么能够体现在万物上面呢？因为万物根源于“道”，正如孩子出自父母而必定携带父母的基因一样，万物也一定保留着“道”的性质。

“道”对万物的这种根源性可以从三个方面来讲。

一个是“道”产生万物。《老子》把原初存在也就是“道”比喻为万事万物的母亲，“天下有始，以为天下母。”（《第五十二章》）“周行而不殆，可以为天下母。”（《第二十五章》）意思是说，天下有它的起始，这个起始可以被视为天下的母亲。它周而复始运行不息，母亲般地对待万事万物。

一个是“道”养育万物。“万物恃之以生。”（《第三十四章》）道“长之、育之、成之、熟之、盖之、覆之”（《第五十一章》）。意思是说，万物依凭着“道”而生存；“道”生长它们，培育它们，充实它们，成就它们，关爱它们，保护它们。

一个是“道”是万物的归宿。在《老子》看来，万事万物无论怎样运行，最后都一定要回归“道”。“夫物芸芸，各复归其根。”（《第十六章》）各种事物变化纷纭，但终究要返还它们的根源。

“道”对万物的这种本源关系《老子》讲得很抽象，需要作进一步解释。

先看“道”产生万物。关于这一条可以从两个角度理解。一是生成论，也就是“道”是如何演化出各种具体事物的。《老子》这样说：“道生一，一生二，二生三，三生万物。万物负阴而抱阳，冲气以为和。”（《第四十二章》）最初，只有一团混沌，它自己活动起来，也就是“道”生一；它在活动中一分为二，分化为阴、阳两种气；这两种气相互作用，形成另一种气，即和气，就是二生三；和气形成万物，也就是三生万物。一切事物都处在阴与阳的环境中，自身也包含阴阳两个方面，阴与阳在激荡（冲）中走向和谐。这就是《老子》对宇宙形成的基本概括。

另一个角度是本体论，关注的是“道”对万物的本原意义。本体论是哲学的一个领域，是关于存在的理论。前面说过，“道”表示的是原初存在，它没有任何人为的因素，是纯粹的自然。强调“道”对万物的本原意义，是指任何事物，包括人在内，都有一个自然体，事物正是从这个自然体上成长起来的。譬如人，人有自己的一套文化和制度，是社会性的存在物，但不管人如何发展，也脱离不开自然性，他的身体、器官、生理机能、欲望等等是自然的，它们构成了人的存在的前提条件。人是这样，其他事物也是这样。由于事物都具有自己的自然根基，所以上面对话中庄子才说“道”普遍存在于万物之中，体现在万物身上。本体论更强调“道”在逻辑上也就是道理上对万物的优先地位。

生成论的解释属于科学，本体论的解读属于哲学。历代学者基本上是从生成论角度论述“道”生万物的。其实本体论的解释更能体现《老子》思想的真髓。

搞清楚了“道”生万物是怎么回事，后两个方面就容易理解了。事物是从自然体上生长起来的，这本身就意味着它的发展依赖于“道”，正如人的成长，无论是身心发育还是事业成功，都是他的自然机体发挥作用的结果，所以“道”养育万物。事物不管怎样发展，一定要回到“道”，今天人们对返璞归真的疾呼，就是这种返回的一个信号，所以“道”是万物的归宿。

总之，由于万物从产生到运行都取决于“道”，“道”就是万物的基础。

“道”的这种基础地位还表现在动因方面。

《老子》曾用风箱比喻世界，说：“天地之间，不正像风箱一样吗？其中空虚无有，用之不竭，越是鼓动所形成的风力也就越大。”[①]风力就是动力，动力越大，产生的东西也就越加丰富，世界的活力也就越发充沛。空虚表示的是原初存在，对世界来说，正因为去除了人为因素，万物自行发展，世界才更加具有活力；对人来说，正因为人有了需要或者说缺少(虚无)，才去做，才去争取，才去创造。“道”是活力的源泉。

既然“道”是万物的基础，那么“道”是否就是天下的统治者呢？回答是否定的。“道”不统治万物，任由它们自己去运行、发展。

《老子》说：“大道像泛滥的河水涌出两岸漫向四方。万物靠着它的滋润生生不息，然而它并不干涉万物；万物靠着它的养育成熟结果，然而它并不居功自傲。它像父母给孩子穿衣服、盖被子那样呵护万物，但并不

① 天地之间，其犹橐籥（tuó yuè）乎？虚而不屈，动而愈出。（《老子 · 第五章》）

主宰万物，而是永远保持着毫无欲望的状态，所以显得很微小；万物归依于它，但感觉不到它的统治，所以又显得很伟大。”①

这就是“道”，像一个无私而民主的母性，生育子女，养护他们，同时任由他们凭着天性而发展。

多说几句

① 玄牝

《老子》说：“玄牝之门，是谓天地根。”（《第六章》）据《说文解字》，牝读匕（bǐ）。学者任继愈认为，牝是雌性动物的生殖器。玄表示悠远深邃，将玄与牝合用，玄牝指的就是幽深的女性生殖器。这句话是说，幽深的母亲生殖器的出口，是天地之根。这是用女性生殖器形容“道”，由此突出“道”的本原性。

庞朴先生认为玄表示水流的漩涡。漩涡为凹形，中心空虚。这样看，玄也可以说是女性生殖器的正面图案，那么太极图也就有了女性生殖器的象征意义。

哲学家、心理学家弗洛伊德（奥地利，1856~1939年）曾经对梦作过大量深入分析，发现梦里的事物具有强烈的象征性，一些包含较明显的空间性和容纳性的事物，诸如坑、洞穴、罐子、瓶子、箱子、盒子、橱柜、口袋等等，往往代表女性生殖器；房屋的子宫象征意义最为鲜明，在这里，门表示的

太极图

① 大道泛兮，其可左右。万物恃之以生而不辞，功成而不有。衣被万物而不为主，常无欲，可名于小；万物归焉而不知主，可名为大。（《老子·第三十四章》）

就是阴户。

按照这一说法，漩涡表示女性生殖器就是可信的，它比坑洞、瓶罐之类物件更形象、生动，更具私密性。

《老子》用女性生殖器比喻“道”，反映了以老子为开创者的道家思想对女性的崇拜，后面我们还将看到，这种崇拜不仅是生理上的，也是性格上的、文化上的。

② **创世**

最初，宇宙一片黑暗，空虚混沌，什么都没有，只有上帝之灵在运行。于是他开始了创造世界的工作。

上帝说：“要有光！”光明降临，将白天和黑夜分开。夜幕退去，清晨到来，世界迎来了第一天。

上帝说：“要有苍穹！”苍穹呈现，将大水分为上下两部分。这是第二天。

上帝说：“要有陆地！”下面的水汇集于一处，形成海洋，大水退去的地方露出陆地。上帝又说：“要有植物！”大地长出了青草、蔬菜和果树，生机勃勃，郁郁葱葱。这是第三天。

上帝说：“要有时间！”天空出现了日、月、星辰，它们运行不息，形成了四季。这是第四天。

上帝说：“水中和空中要有生命！”水中出现了游鱼，天空出现了飞鸟。这是第五天。

上帝说：“地上要有动物、牲畜、昆虫和野兽！”各种生命出现在大地上。上帝又说：“要有人来治理这一切！”于是便按照自己的形象创造了男人和女人，让他们来管理土地、海洋和天空上的生命。这是第六天。

上帝用了六天时间创造了包括人在内的天地万物。他看到自己的创造已经十全十美了，便在第七天停止了工作。这一天是安息日，也称圣日。（《圣经 · 旧约》）

西方的创世是神的事情，而《老子》的宇宙生成是自然的运动。从源头上中西方文化走的就不是同一条路。西方重信仰，而中国重自然，称之为“天道”（道家）、天理（儒家）。

③ **泡泡**

当代最具影响力的天体物理学家、剑桥大学教授霍金认为，宇宙最初是没有规定性的，只有许多像是小泡泡状的东西。它们不断地形成，又不断地坍塌、消失，但其中有一些能够膨胀到一定程度而逃避坍塌，然后以更快的速度膨胀。由于区域密度不同，高密度区域的引力使自己区域内的膨胀减缓，造成膨胀到一定程度的“泡泡”坍塌，被压缩成星系和恒星。

这就是宇宙最初的演化图景，后来的一切，地球、海洋、生命、人类等等，都是早期宇宙量子起伏的产物。

泡泡中间是空的，外层被物质所包裹，可以说是“无”与“有”的统一体。有些像《老子》说的混沌。

（清）山水

④ AVPRIa 基因

通常认为，一个人是否慷慨完全由后天因素决定，譬如他所拥有的财富以及他的文化教育背景等等。以色列耶路撒冷大学的艾瑞尔·纳弗科研小组的研究颠覆了这种认识，他们的成果表明，决定一个人慷慨与否的关键是 AVPRIa 基因。这种基因能够使名为“精氨酸抗利尿激素”的荷尔蒙作用于大脑细胞。他们还发现，AVPRIa基因内有一个起促进作用的部分，这个部分越长，基因就越活跃，基因越活跃，人也就越慷慨。

这一成果提示我们，人的社会性行为是不能脱离自然的，它是从自然基础上生成的，受着人自身的自然性的制约。

⑤ **虚无与创造**

在萨特哲学中，有两种存在。一种叫“自在的存在”，指的是物质；另一种叫“自为的存在”，指的是意识。萨特说，凡是意识一定是对某物的意识。意在强调，并没有单独的意识，它只有成为某物的意识时才出现、才存在。意识本身不能独立存在，它必须依附在某物上面，所以意识是虚无。物质也是虚无，因为在我们意识到某物之前，它与别的东西一样，没有任何意义，只有当它被意识到，才有了它是什么的规定性，从而作为某物而存在，由于在被意识到之前，物质什么也不是，只能说它是虚无。

这实际上是说，在个人进行意识活动之前，世界是虚无，存在是后来的事情，只有当意识活动起来，包括个人自己在内的周围事物，才有了意义。

意识活动其实就是个人选择。那么人为什么进行选择呢？因为缺少(无)。就像吃饭，人之所以去吃，是由于饥饿，吃就是填充肠胃的空虚。

从时间上看，可以把人的存在划分为过去、现在、将来。由于选择，人的过去被否定了，也就是虚无化了，来到了现在。但人现在仍旧感到缺乏，还要进行选择，现在又被否定了，虚无化了，于是人进入将来。这时，现在变成过去，将来变成现在。但人仍然不满足，还要进行选择，虚无化又重新上演。这就是人的存在，由一连串的选择、一系列的否定（虚无化）所构成。选择就是超越，人永远在超越，超越自己，超越环境。

虚无是创造的动力、存在的结构、人生的实质。

本篇小结

(1)“道”的核心

《老子》关于“道”的思想，其核心是自然。这个自然是纯粹的、去除掉了人为的东西，所以又是虚无。强调“道”的世界本原地位，就是为了突出世界的自然性，挑战违背自然天性的人类文化、制度和观念。

(2) 天人合一

人们都说，中国传统文化的核心观念是天人合一。说得对，但属于泛泛之谈。因为它没有指出这种合一的本质、基础是什么？这才是问题的核心。

在儒家那里，天人合一的重心偏向于人。朱熹（南宋，1130~1200年）认为，最初只有“理”（道），它没有形体，没有限度，是形而上；后来又有了阴气和阳气，这两种气相互作用产生了天地、人以及万物，而在他们形成的同时，“理”也就介入了。理是什么？是仁、义、礼、智一类的根本道理，被称为天理。所以人一出生，心中就存在着天理，“理”在人之先，是根源性的东西，是人之所以为人的依据。显然，朱熹走的是以“人道”来解说“天道”的路子。这恰恰是《老子》所要反对的。

我们今天关于天人合一的认识，一定程度上仍然没有跳出儒家思想的樊篱，以人的眼光，从功利角度来讲人与自然的和谐。由于环境污染、技术滥用、过度开发等等，人的生存受到了严重威胁，人才去与自然和谐。这样的合一可靠吗？能彻底解决问题吗？进一步说，以人为主角的合一不是一直在进行吗？利用、改造也是一种合一，把自然合到人的需求中去。

《老子》的天人合一正好相反，其重心在自然，是人服从自然的合一。

《老子》说：“故道大，天大，地大，人亦大。域中有四大，而人居其一焉。人法地，地法天，天法道，道法自然。”（《第二十五章》）意思是说，世界上有四种东西最伟大，即道、天、地、人，人只是其中之一；人取法地，地取法天，天取法道，而道则取法自然。自然不在四大之列，它作为本原，存在于天、地、人（社会）以及道之中。大地、上天、“道”比人都伟大，它们都服从于自然，更何况人呢？

（3）社会性与自然性

人与其他事物不同，他是社会性与自然性的统一体。自然性也就是人们常说的天性，社会性主要指人所创造的秩序性产物，像制度、道德体系、价值观念等等。儒家是主张以社会性来制约、改造自然性的，“不做圣人便为禽兽”就是这一观念的集中体现，所以儒家的主要任务就是运用“礼”、“义”、“理”来重新塑造人。

以老子和庄子为代表的道家则不同，其主旨是解放人。用作为原初存在的“道”去消解作为派生物的礼制和仁义道德，也就是以自然性去对抗社会性。

儒家是往前走，一直走向理想人格；道家是向后退，一直退回到自然。

（清）花卉

二、得道以简约为根本

二、得道以简约为根本

要义　得道是一种生活方式，其核心是“静”。所谓静，就是去除世俗欲望与世俗智慧，回到自然。

（一）得道是一种生活方式

“道”是纯粹的自然，人只有回到淳朴的生活，才能把握“道”。为什么这么说呢？

1. 向自然学习

导读

孔子去见老子，诉苦说：“我修订《诗经》《尚书》《礼经》《乐经》《周易》《春秋》六部经典，已经很长时间了，自认为掌握了其中的精义。然而，我用它游说了七十二位国君，阐述先王的治国之道以及周公、召公的事迹，竟没有被一位国君所采纳。唉，人真是太难说服了，‘道’真是太难说明白了。”

老子望了孔子一眼，说：“你应当庆幸才是，多亏没有遇上想要有所作为的君主，要不你就闯大祸了。”

孔子一惊，愕然地望着老子。

老子说：“你修订的六经，那是先王留下的陈迹，不能成为治理天下的根本道理。打个比方吧，陈迹好比是脚印，脚印是脚踩出来的，我问你，脚印等于脚吗？”

这下孔子明白了，老子说的闯祸，指的是自已理解的先王那套治理办法不适用于现实。

老子自顾自地说下去："白鹢（yì）这种水鸟只要互相对视，眼珠不动，就能怀孕；有的昆虫，雄的在上风头鸣叫，雌的在下风头应和，也能怀孕，这是因为它们属于同类。我的意思是说，要是获得了'道'，不管在什么样的情况下，都能行得通；要是失去了'道'，什么情况下都行不通。"

孔子闭门三个月不出，又来见老子，说："我得道了。乌鸦、喜鹊用交尾的方式繁殖后代，鱼儿用把对方的唾液含在嘴里的方式繁殖后代，细腰蜂用抚养螟蛉幼虫的方式繁殖后代，而在人那里，生了弟弟，哥哥就哭。我作为人来说，脱离自然的时间太久了！脱离自然而做人，怎么能说服别人呢？"

"行，"老子说，"孔丘得道了！"

——《庄子·天运》

原文摘要

孔子谓老聃曰："丘治《诗》《书》《礼》《乐》《易》《春秋》六经……夫人之难说也，道之难明邪！"……孔子不出三月，复见，曰："丘得之矣。乌鹊孺，鱼傅沫，细要者化，有弟而兄啼。久矣，夫丘不与化为人！不与化为人，安能化人？"老子曰："可，丘得之矣！"

老子（清）任渭长　绘

简议

儒家是道家的批判对象，这种批判在庄子那里往往带有戏谑（xuè）

味道。他喜欢借用孔子师生说事，其中绝大部分用的是小说笔法，纯属虚构。这篇即是其中之一。

孔子悟到了什么？向自然学习。

上一篇引用过《老子》的话："人法地，地法天，天法道，道法自然。"大家都要效法自然。效法什么？自然而然的状态，也就是我们常说的依照天性而自由发展。孔子所谈的体悟，从乌鸦、喜鹊用交尾的方式繁殖后代到生了弟弟哥哥就哭，说的都是没有人为干涉的自然而然，都是率性而为，其中没有一丝一毫的做作和虚假。从这里孔子终于明白了，自己先前的那一套完全背离了"道"，所以尽管跑断了腿、磨破了嘴，也没人搭理他，为此他决心改弦易辙，放弃用礼制和德治改造人以及社会的主张，回到自然，也就是所谓的"顺天"。所以老子说"孔丘得道了！"

不只像孔子这样的大宗师要向自然学习，就是微不足道的小人物也要效法自然，只要想活得踏实舒心，只要想在社会上站住脚，只要想办成事，就一定不能违背"道"。《老子》把"道"比喻为"万物的祖宗"[①]，称它是"天下的范式"[②]。老祖宗的榜样能不效法吗？天下的标准能不遵循吗？

那么，学习自然的人是怎样表现的呢？

《老子》认为，正如"道"是难以言说的一样，这样的人也是深不可识的，只能凑合着说几句。大致可以从以下七点来形容：第一，他像是初冬踩着薄冰过河的人，战战兢兢；第二，他像是担心邻居侵袭的人，小心翼翼；第三，他像是去别人家里做客的人，恭恭敬敬；第四，他像是融化的冰一样，消释前嫌；第五，他像是没有加工的木料一样，朴实敦厚；第

① 似万物之宗。(《老子 · 第四章》)
② 为天下式。(《老子 · 第二十八章》)

六，他像是空虚的山谷一样，胸襟豁达；第七，他像是泥沙混杂的水潭一样，混沌不分[①]。

这七点可以概括为两大方面，一是处世，低调做人，不张扬，把自己当成是大众中的普通一员；二是本性，保持自己的淳朴状态。做到了这两个方面也就达到了自然。

多说几句

① 得—德

《说文解字》把得解释为“行有所得也”。行是走路，人在走路中捡到了好东西就是得。

得又通德，《管子》说：“德者，得也。”（《心术上》）儒学大师张载（北宋，1020～1077年）也说：“得天下之理之谓德。”（《正蒙·至当》）显然，获得了“道”就是有德。

《老子》一书又叫《道德经》，分上、下两篇，上篇为“道经”，下篇为“德经”。“道经”偏重论道，“德经”主要讲“道”的体会和运用。得道就是明白了“道”的自然本质。

② 家龙和野龙

被人收养的家龙和野龙相遇。

家龙说：“你这是何必呢？总是在天地之间往返不停，天冷了就藏起来，太阳出来了又再飞上天，你不累吗？要是能像我这样住得舒舒服服的，不是很好吗？”

野龙仰起头来，笑着说：“你怎么龌龊到了如此地步！上苍赋予我们

① 古之善为道者，微妙玄通，深不可识。夫唯不可志，故强为之容：豫兮若冬涉川，犹兮若畏四邻，俨兮其若客，涣兮其若冰释，敦兮其若朴，旷兮其若谷，混兮其若浊。（《老子·第十五章》）

形体，头顶角身披鳞；上苍赋予我们品性，下能潜到源泉，上能直插云天；上苍赋予我们灵气，可以吞吐云雾，驾驭风暴；上苍赋予我们职责，让我们抑止骄阳，滋润大地。我们能看到宇宙之外，栖居在八荒之野，穷尽万物的开端和变化。这难道不是最大的快乐吗？

“而你现在却满足于这块马蹄般大的水洼，在泥沙中打滚，与蚂蝗、蚯蚓之类为伍，所贪恋的不过是一点点残羹剩饭。你虽然跟我在形体上相同，但你我的乐趣却大相径庭！你以被人玩耍而换取利益，人家扼住你的喉咙、把你切成肉块的那一天就要到来了。我看你可怜本来想拉你一把，不想你却要把我拉到陷阱里，这样下去你免不了被宰割的下场。”（陆龟蒙：《笠泽丛书》）

家龙和野龙同属一个祖宗，但命运完全不同，前者依赖别人过日子，往昔的志向已经被优越舒适的生活消磨殆尽，而后者的胸襟则寄于天地之间，耕云播雨，造福万物。正是由于这种区别，前者变成了家畜，后者仍旧保持着自身。龙一旦成为家畜，尽管它还有着龙的形体，但生命已经变了质。

龙　汉画像石

2. 得道的人

导读

鲁国的国君鲁哀公碰上一件事，想了很久也弄不明白，就找孔子请教。

事情是这样的：卫国有一个男人，名叫哀骀它，相貌奇丑无比。但奇怪的很，男人跟他相处，都不愿意离开；女人见了他，不仅没被吓跑，反而争着嫁给他，哪怕当妾都成。鲁哀公以为此人一定有过人之处。但一打听，根本不是那么回事。他没有提出过什么见解，时常附和别人；也没有高人一等的地位，不能救人于水火之中；更没有经济实力，不能解决他人的饭碗问题。于是，鲁哀公把哀骀它召到鲁国。一见面，着实吓了一跳，真是名不虚传，丑得能让天下所有人害怕。但跟他一接近，感觉就变了，鲁哀公佩服得五体投地，竟然把国家交给他管理。后来他离开了鲁国，鲁哀公很失落，生活变得没有一点儿乐趣。

鲁哀公问孔子："为什么会是这样呢？"

孔子说："从前我到楚国去的时候，看见一群小猪崽闹哄哄地拱着母猪的奶头吃奶。可是不大一会儿小猪崽突然惊恐起来，纷纷跑掉了，原来是母猪死了。尽管它的身体还在，但灵魂已经消失了。可见，猪崽之所以爱恋母猪，不是因为它的形体，而是主宰着形体的那个东西。这么看，哀骀它一定是一个才全而德不外露的人。"

"什么是才全呢？"鲁哀公问。

孔子的回答是，守持自己的天性，不受外界名利之类的东西的搅扰，顺天应人，就叫才全。

"什么是德不外露呢？"鲁哀公又问。

孔子的回答是，保持内在的活力而外表上不动摇，形成平和的修养，就叫德不外露。

——《庄子·德充符》

原文摘要

鲁哀公问于仲尼曰："卫有恶人焉，曰哀骀它……"……仲尼曰："丘也尝游于楚矣，适见豚子食于其死母者，少焉眴（shùn）若，皆弃之而走。不见己焉尔，不得类焉尔。所爱其母者，非爱其形也，爱使其形者也。"

（明）陈洪绶 绘

简议

哀骀它是得道的人。《庄子》中的得道者不少是相貌丑陋和肢体残疾的人，如王骀（tái）、申徒嘉、叔山无趾、支离疏，等等。王骀被砍掉一只脚；申徒嘉跟他一样也被砍掉一只脚；叔山无趾好点儿，被切去了脚趾头；支离疏驼背，下巴与肚脐眼看齐。除支离疏外，那几位都是因为触犯了刑律遭受惩罚而致残的。

庄子拿他们做文章说事，是为了强调，得道者不是高高在上、一呼百应的所谓成功人士，而往往是那些被社会所不容的人，不起眼儿的人，甚至是被视为怪物的人。相貌丑陋和肢体残疾其实是一种隐喻，表示以社会通行的标准来衡量，有欠缺，不够格。

然而，尽管被社会所不容、所歧视，但他们一点儿也不在乎，仍旧我行我素，坚持着自己的天性，守护着精神的自主，保持着内心的平静。表现于外，就是与世无争，顺天应人，但又不人云亦云、趋炎附势。活并独立着。

这是一种简单而平常的生活，它与把追求金钱、名声、权力、事业等作为人生最终目标的生活方式格格不入。用《老子》的话来概括，就是“见素抱朴，少私寡欲”(《第十九章》)。

素是没有经过染色的生帛，朴是没有加工成器具的木材，二者表示的都是原生态。私是为自己盘算，欲是需求，二者指的都是自我。《老子》这句话主张，人应该少强调自我，将欲望限制在自然水平上，保持淳朴状态。这样的活法才能使人得道。

为什么呢？

因为这样的生活使人心静。像上面的故事一样，庄子也是借孔子之口，在谈到另一个身有残疾的得道者王骀时说，正如人们不会把流动的水面当做镜子一样，只有人自己的心静止了，才能映现出“道”(《庄子·德充符》)。

这种映现不是我们通常讲的认识，而是通达。知识把握不了“道”，因为它是人为的产物，而“道”则是纯粹的自然。所以要得道，必须回到自然，首先是人自身的自然。“见素抱朴，少私寡欲”的生存方式就是人的自然。

在道家看来，包括人在内的具体事物是变动不居的，而“道”是其中不变的东西，用《老子》的话来说，就是“常”、“恒”。心浮气躁是杂乱无章的动，与静止的“道”是不对路的。没有外界的诱惑了，心静了，人才可能体味到“道”。正如上一篇“去人为”中引用过的《老子》话，“静”意味着返还本原、回到本性，而本原、本性就是“道”。

简单平常的生活是自然的生活，是与“道”相通的生活。

多说几句

① 鞋匠

国王微服私访，来到一个鞋摊上。鞋匠熟练地补着鞋，嘴里哼着一支欢快的曲子，看得出来，他是一个快乐的人。国王问："在你看来，在我们国家谁最快活？"

"那还用问，当然是国王啦。"鞋匠想都不想地说。这是明摆着的事，作为一国之主，他还不是想要什么就有什么，想怎么着就怎么着。

于是，国王请鞋匠喝酒，把他灌得不省人事，然后把他送进王宫。

鞋匠一睁眼，见嫔妃和大臣都围着他，管他叫国王。还没等他反应过来，就被他们簇拥着来到朝堂。没等他坐稳，文件便雪片似的飞来，顷刻就堆成了小山，人们走马灯似的提出各种问题，要他拿主意，请他定夺。

一天下来，连喘口气都顾不上，可把他折腾苦了，全身的关节又酸又疼，像被人狠狠地揍了一顿。最后，他是被人抬回后宫的。

（清）任渭长　绘

再也听不到他哼曲子了，那个快乐的鞋匠哪里去了？（《六度集经》）

这是一个佛教故事。它告诉我们，当人的生活由简单变为复杂，由平常变为奢华，人就再也享受不到自然所带来的宁静与和谐了。生活越单纯，人越朴实，他的心态也就越自然。

多一份平实，少一点烦恼。

② 百万富翁打工仔

25岁的卢克·皮塔德是英国威尔士地区加的夫市的一名快餐店培训员，他买的一张彩票中了130万英镑大奖，一不留神成了百万富翁。他马上买了一幢豪宅，用一场豪华婚礼把女友娶回家。

过了一年多挥金如土的日子，他厌倦了，越来越忍受不了游手好闲、无所事事的生活，日益怀念原来的工作和工友。终于他作出了一个惊人决定：回快餐店打工。

这位百万富翁打工仔现在每天上5小时班，老板给他的报酬是1小时5.85英镑。他现在手里的奖金还有100万英镑，年利息收入是5万英镑。这就是说，他早出晚归干上一年，所得到的工资也远远低于奖金带来的利息收入。

当顾客得知给他们端盘子跑前跑后的伙计竟然是一位百万富翁时，惊讶之余，乐不可支。卢克说："大家认为我有点儿疯狂，但我要说的是，人生还有一些比金钱更重要的东西。我非常喜欢从前的工作，现在回到快餐店，见到这么多熟悉的面孔，我开心极了。"

快餐店经理凯瑟琳·琼斯说："卢克一直都是我们团队的重要一员，他能回来跟大家在一起，我们都很高兴。"

卢克称自己是世界上最幸运的人，不仅因为中了大奖，而且更是因为能够做自己愿意做的事情。

（二）得道是生活的减法

心静者得道，那么，怎样才能做到心静？

1. 去欲望

（1）欲望

导 读

曾参住在卫国的时候，穿的袍子是用麻絮成的，外面连布面都没有，麻丝乱糟糟地露在外头；他吃不上饭，脸都肿了起来；手和脚长起了厚厚的茧子。常常是一连三天不生火做饭，已经有十年没做过衣服了。他的衣服鞋帽都糟朽了，想端正帽子，用手一扶，帽带断了；想整理衣襟，用手一拉，胳膊肘露了出来；想把鞋子穿上，用手一提，鞋后跟掉了。

日子过成这样，他一点儿也不沮丧，趿拉着鞋子高唱“商颂”，歌声就像击打铜钟和石磬发出来的声音一样，清越激厉，在天地之间久久回荡。

天子不能使他做臣子，诸侯不能使他做朋友。可见，修养志向的人忘记了身体，保养身体的人忘记了利益，而致力于“道”的人连心念都忘记了。

——《庄子·让王》

原文摘要

曾子居卫，缊（yùn）袍无表，颜色肿哙，手足胼胝（pián zhī），三日不举火，十年不制衣。正冠而缨绝，捉衿而肘见，纳屦（jù）而踵决。曳縰（xǐ）而歌“商颂”，声满天地，若出金石。天子不得臣，诸侯不得友，故养志者忘形，养形者忘利，致道者忘心矣。

曾子（清）任渭长 绘

简 议

曾参是孔子的学生，被庄子描绘成一个致力于追求“道”而抛弃了人间一切的形象。在这里，志向、身体需要、利益、心念都属于世俗欲望，对这些曾参已经忘得干干净净。

欲望人人都有，它是自然的产物。《老子》说："化而欲作。"（《第三十七章》）化是生化，欲是欲望。这话是说，包括人在内的万物在生化中一定会产生欲望。所以有欲望是最正常不过的事情。

然而任由欲望发展下去就不是好事了。特别是由于人的追求而使一些本来平常之物变得稀少珍贵，在它们的刺激诱惑下，人的欲望急速膨胀，变成贪婪，这时候争斗就加剧了，盗贼也会大量增加（"法物滋彰，盗贼多有"，《第五十七章》）。

《老子》说："甚爱必大费。"（《第四十四章》）甚爱可以理解为过分追求，也就是贪欲；大费指的是巨大耗损。这句话的意思是，贪欲势必带来巨大损失。劳心劳力、花费钱财还算是轻的，说不定连性命也搭上。

正因为如此，《老子》给贪欲下了这样的结论："罪过没有比贪欲更重的了……祸患没有比贪得更大的了。"①

这样看，人身上的欲望可以分为两种，一种是自然欲望，另一种是人为欲望，或者叫社会欲望。人为欲望是自然欲望的过界，欲望一旦脱离自然轨道，进入人的领域，就具有了"贪"的性质，成为罪过和祸患的根源。

不妨看一下儒家学者的观点，这可以帮助我们理解欲望问题。朱熹把人性分为两个部分，即"天地之性"和"气质之性"。前者来自于理，表现为仁、义、礼、智一系列根本道理；后者来自于理气混杂，表现为欲望。欲望分为两种，一种符合理，是善的；另一种违背理，是恶的。拿食欲来说，吃饭喝水，是人的生存所必需的，是善的欲望；而追求美味、铺张浪费则属于恶的欲望，因为它违背了节俭爱物的道理。在朱熹那里，后一种欲望被称为人欲。朱熹的那句名言"存天理，灭人欲"要灭掉的就是

① 罪莫大于可欲……咎莫大于欲得。（《老子 · 第四十六章》）

欲望中“恶”的那部分，并不包括合理的欲望。为什么一定要灭人欲？因为它压制住了天理，使人忘记了、丢失了人性中的善。

在这里，儒家与道家尽管出发点不同，儒家强调的是道德，道家强调的是自然，但仍有共同之处，就是都把欲望分开来谈，肯定合理（儒家）、合自然（道家）的欲望，反对贪欲。

多说几句

① 一夫多妻制

古人娶妻纳妾，主要目的有三个：一是生子，二是满足性欲，三是扩充社会关系。性欲是人的最基本欲望，儒家经典《礼运》说：“饮食男女，人之大欲存焉。”男女指的就是性欲，属于人的最大欲望。

氏族社会中，人为的东西最少，人的性欲基本上处于自然状态。随着私有制的出现，贫富差距拉大，性欲也就有了显著的社会意义。社会上层拥有最多的社会财富，同时也就获得了占有更多异性的条件，由此也就出现了一夫多妻制。在这种社会制度下，人的性欲变质了，成为一种不平等的关系，男性可以占有诸多女性，而女性只能献身于一个男性，也就是她的丈夫。性欲就这样畸形膨胀起来，妇女成了被消费的对象，而男性为了满足这一消费，不得不去追求更多利益和更大权力。

仅仅从这个例子就可以看出，自然欲望与社会欲望有多大的差别，也多少可以理解古代贤人为什么主张回到人的自然性了。

② 房奴

房奴是近几年在国内流行的新名词。有媒体下了这样一个定义：所谓房奴，就是每个月必须拿出全家收入一半以上去偿还房屋贷款和利息的族群，是为了满足购房欲望而不得不给银行、地产老板等资本所有者打工的男男女女。

他们早早住进了房子，当上了“业主”，但却无法踏踏实实地享受生活，为了交“月供”，他们不敢请假、不敢调换工作、不敢参加聚会、不敢旅游、不敢生病、不敢要孩子、不敢孝敬父母、不敢吃烤鸭、不敢……不仅自己忍受折磨，而且还带累了亲人。据调查，所有购房者中，有三成是靠父母出钱。真是一人买房，大家受罪。

这就是欲望的代价，正应了《老子》的那句话：“甚爱必大费。”

（清）虫

③ **犬儒**

第欧根尼（约公元前404～约前323年），是古希腊犬儒学派最著名的代表人物。犬儒的意思是“像狗的人”。在哲学上，它形成了一个学派；在社会学上，它形成了一个族群。犬儒一词表示的是一种与主流社会格格不入的思维方式和生活方式。

第欧根尼崇尚简单自然的生活状态，主张把欲望压至最低。他把金钱看成是勾起贪欲的万恶之源，而人的贪欲一旦被激发出来，什么坏事都干得出来。而人也同时成了贪欲的奴隶，他想什么、做什么都由贪欲来决定，他还要像守财奴一样看护好他的钱，随时都必须提防窃贼和强盗，还必须对那些惦记着他的财产的人保持高度警觉，尽管他们是自己的朋友、邻居、兄弟、妻子、儿子。

同样的，性爱也是束缚人的锁链。爱情之火一旦点燃，人就被对方牵着鼻子走了。因为相爱的人总想厮守在一起。要是结婚成家，麻烦更大。如果妻子面目丑陋，丈夫也许会背着她另寻新欢，偷偷摸摸地像是做贼；如果妻子美丽动人，丈夫会整天疑神疑鬼，生怕她跟别人跑了，惶惶不安地守望着。要是有了孩子，就更有人们受的了，必须供他们吃、管他们穿，还要操心他们的教育和前途，一辈子当牛做马，至死方能解脱。

犬儒学派与道家思想是相通的。

(2) 制欲

导 读

颜回发现了一个问题，向孔子请教。

他说："我坐船过河，摆渡人划船的技巧出神入化。我见了心中好生羡慕，就问：'划船可以学会吗？'摆渡人回答可以。他说，'只要会游泳，学几次就能够掌握；如果会潜水的话，即使没有见过船，只要一上手便可以操作。'我再进一步问，他却不说了。请问先生，他说的这些有什么深意吗？"

孔子说："会游泳的人学了几次就可以划船，是因为他忘记了水。会潜水的人虽然没有见过船，但一上手就可以操作，是因为他把深渊和翻船根本不当做一回事，无论什么都不能扰乱他的心，所以任何时候他都能从容不迫。"

颜回明白了，他们之所以能够很快驾驭船只是由于他们眼中根本就没有水、没有船。

孔子接着说："赌博的人用瓦片做赌注，他的技巧很高超；解下身上的衣带钩做赌注，他就变得小心谨慎起来；要是用黄金做赌注，他就有些昏乱了。赌博是这样，划船也是这样，道理是一样的。人一旦有所顾忌，就会精力分散，被外在的东西所牵制。凡是看重外物的人，内心没有不笨拙的。"

——《庄子·达生》

原文摘要

颜渊问仲尼曰："吾尝济乎觞深之渊，津人操舟若神。吾问焉，曰：'操舟可学邪？'曰：'可。善游者数能。若乃夫没人，则未尝见舟而便操之也。'吾问焉而不吾告，敢问何谓也？"仲尼曰："善游者数能，忘水也。若乃夫没人之未尝见舟而便操之也，彼视渊若陵，视舟之覆犹其车却也。覆却万方陈乎前而不得入其舍，恶往而不暇？以瓦注者巧，以钩注者惮，以黄金注者殙。其巧一也，而有所矜，则重外也。凡外重者内拙。"

（明）陈洪绶　绘

简　议

赌注反映的是人的欲望，赌注越大，欲望也就越大。瓦片不值一文，拿它做赌注，形同游戏，与赢钱的欲望无关，没有一点压力，所以赌技很高。换了身上的衣带钩，性质就变了。衣带钩是用玉石制作的，价值不低，有了赢钱的欲望在里面，人就缩手缩脚了。再升级为贵重的黄金，人就昏乱了，因为他想赢钱、怕输钱的欲望太强烈。这说明，人一旦有了贪欲，就会变得愚蠢低能。

法家集大成者韩非在其著的《韩非子》中有一篇专门解说《老子》，篇名叫《解老》，其中有这样一段话："人有了欲望，计算就会发生错乱；计算错乱，欲望就会更加强烈；欲望强烈，邪恶的心思就会占据上风；邪念控制了人，办事就会失去准则；办事没有了准则，祸患就会找上门来。"说的就是这种情况。

那么，欲望与得道的关系是怎样的呢？

《老子》这样说：“五彩缤纷令人眼花缭乱，音乐歌曲令人听觉失灵，美食甘味令人嗅觉迟钝，纵马狩猎令人心神狂荡，稀有财货令人心生不轨。”[①]说的是，人的欲望太盛、追求过多，就会心理失衡，精神浮躁。用今天的话说，就是失去起码的辨别力、判断力、感受力、思索力、抑制力。心乱了，神散了，又怎么能够得道呢？

所以《老子》说：“人只有时常保持着没有欲望的状态，才能体悟到‘道’的奥妙；要是经常被欲望所搅扰，所关注的就只能是功利了。”[②]这里说的欲望，指的是人的欲望，也就是贪欲。

贪欲是得道的大敌，要想得道必须去除贪欲。

人去除了贪欲，不仅可以使自己的欲望回到自然，同时也使事物从功利性中解脱出来，恢复自己的本性。这也就是《老子》说的“不欲以静，天下将自正”(《第三十七章》)。人没有了贪欲，心就清静了，回到常态了，天下自然也就安宁了，走上正道了。在这个基础上，人与万事万物和谐相通。这个境界，就是进入“道”的境界。

多说几句

① 蒙汗药

近些年来，利用假金佛、假元宝、假古董诈骗的案件屡屡发生。报案人在讲述受骗上当过程时往往有一个共同情节，就是被骗子下了蒙汗药，致使自己失去了起码的警觉和判断力，稀里糊涂地将巨款拱手交给骗术拙劣的骗子，拿回一堆假货。

一位老人甚至回忆起这样的细节：当她与骗子商谈时，对方掏出一

① 五色令人目盲；五音令人耳聋；五味令人口爽；驰骋田猎，令人心发狂；难得之货，令人行妨。(《老子·第十二章》)

② 故常无欲以观其妙；常有欲以观其徼。(《老子·第一章》)

个小瓶子，手指一按，喷出一股粉红色气体，于是她像被施了魔法一样，顿时没了主见，骗子说什么她信什么，完全被人所操控，最后花重金买回一只假玉镯。

（清）鸟

这位老人的损失不算大。有一位老板花巨资从一伙假冒是同乡的建筑工地民工手中买了47尊假金佛，据说倒手可以净赚360万元。发现上当后，不相信自己那么蠢，连这种小儿科的骗局也看不出来，认定对方给他下了蒙汗药。

骗子们后来一个个落网了，经审讯和调查，没有一起案子使用过蒙汗药。其实，这种具有迷幻作用的药只在武侠小说里面有，现实生活中还真找不到。如果说这种药一定存在的话，那它就是人的贪欲。

从这里我们可以看到，贪欲是怎样使人变得愚不可及的。

② 可悲的猩猩

猩猩是一种喜欢饮酒的动物。山脚下的人掌握了它们的习性，就摆上酒壶，将大大小小的酒杯排列好，又把许多草鞋连在一起，放在路边。猩猩们一眼就看穿了人们的诡计，破口大骂，连他们的祖宗都不放过。

骂了一会儿，可能是口渴了吧，一只猩猩建议道："咱们干吗不尝上一点儿，只要不喝多就没事儿。"于是，它们就拿起小杯子喝酒，喝罢，骂着去了。

不久，猩猩们又回来了，拿起大一些的杯子喝酒，抹抹嘴，仍旧骂着离去。

这样来来去去三四回，猩猩们的防线终于被沾在嘴唇上的酒香突破了，便敞开了大喝起来，完全忘记了这样下去会醉倒的。于是，它们都喝醉了，斜着眼睛看对方，打闹嬉戏，把脚伸到草鞋中学人走路。

这时人们追上前去，猩猩们脚上的鞋连在一起，一个也跑不脱。别看猩猩吃了这个亏，但后来的猩猩还是照样上当。

猩猩是很聪明的生灵，但仍然经受不住诱惑，最后难免一死，这全是贪欲造成的结果啊。（刘元卿：《贤奕编·譬喻录》）

贪欲太可怕了。猩猩对人的那一套阴谋操作一清二楚，明明知道酒是诱饵，草鞋是捕捉它们的工具，甚至知道先是小酒杯继而是大酒杯的诱骗过程，但还是上了当。

这则寓言告诉我们，如果心生贪欲，即使懂得道理也等于零。

2. 去智慧

(1) 智慧

导 读

宋国的国君半夜梦见一个人，这人披头散发，从门框旁边探进脑袋说：“我是清江的使者，要去见河神，不想半道上被一个叫余且的渔夫抓住了。”

宋君醒来后命人占卜，说是托梦的是一只神龟。宋君吩咐人去查一查有没有一个叫余且的渔夫，查的人回复说有这么个人。宋君派人叫来余且。

宋君问：“你打鱼捕到了什么？”余且说：“一只白色的大龟，龟壳足有五尺。”宋君命他献上来。

白龟送来后，宋君一会儿想杀了它，一会儿又想放了它，心中很是犹豫。于是又去占卜。得到的喻示是：杀掉，用它的腹甲做占卜器具有利。宋君杀掉了白龟，取下它的腹甲用来占卜。一共占卜了72次，没有一次不灵验。

孔子听说了这件事，说："神龟能给宋君托梦，却不能逃脱余且的罗网；能预先知晓72次占卜的结果，却不能逃脱杀身之祸。这样看来，智慧是有其局限的，即使是神灵也有达不到的地方。就是智慧再高，也抵挡不住众人的谋算。"

——《庄子·外物》

原文摘要

宋元君夜半而梦人被发窥阿门，曰："予自宰路之渊，予为清江使河伯之所，渔者余且得予。"……仲尼曰："神龟能见梦于元君，而不能避余之网；知能七十二钻而无遗荚，不能避刳肠之患。如是，则知有所困，神有所不及也。虽有至知，万人谋之。"

龟（商）铜盘图案

简 议

龟甲是古人用来占卜的器具，据说最为灵验，而占卜又被认为是智慧的高深形式，为祭司所独掌。然而，在这个故事中，代表智慧的神龟竟被描绘成一个可怜巴巴的愚蠢角色，先是落入渔夫的罗网当了俘虏，之后又被它所求助的国君宰杀，取它的腹甲做成占卜器具。这么有智慧的东西，连自己的安全和生命都保证不了，有智慧又能怎么样？

这样的智慧是人为的东西，属于《老子》说的"前识"，也就是所谓的先知先觉，诸如仁义、礼制之类的知识，它们徒有其表，美妙动听，但根本与"道"沾不上边，是愚昧和混乱的开端。（《第三十八章》）

为什么这么说呢?

远古时代，民性淳朴敦厚，人民没有心机，大家和谐相处，其乐融融。自从有了智慧，世道就乱了。“智慧出，有大伪。”(《第十八章》) 虚伪、作假、诈术等等都是智慧带出来的，是心机的产物。于是人的天性丢掉了，人的淳朴生活方式消失了，人与万物的自然关系改变了。

智慧是属人的、社会性的东西，为人这个物类所独具，按理说人们应该为它感到庆幸和自豪。但以老子和庄子为代表的道家不这么看，在他们心目中，智慧的作用是负面的，与自然格格不入。

这种对智慧的怀疑情绪在现代西方哲学中可以特别强烈地感受到。工业彻底改变了自然界，科学技术突飞猛进，现代化进一步塑造世界，这些都是人类智慧的成果。不错，在这场翻天覆地的改变中，人类是最大的也是唯一的受益者，然而人同时又是最大的也是最后的失败者。且不说人类创造了能把自己消灭多少遍的原子弹之类的杀人武器，只说生存方式。人们的生存从来没有像今天这样依赖于技术及其产品，其生活节奏完全由工具所操控。工业时代是机器，如同电影中卓别林所演示的那样；信息时代是电脑，我们今天正在经历着。哲学家把这种现象称为“异化”，也就是主体与他的创造物之间的关系颠倒了。主体创造出某种东西，应该统治它，不想却反过来被它所支配。这就是迷信智慧的后果。这样的智慧难道不应该怀疑吗?

多说几句

① 失乐园

《圣经》中描述了一个有关“智慧”的故事。

上帝按照自己的样子用泥土做了一个人，起名亚当；又取出亚当的一根肋骨，造了一个女人，起名夏娃。

亚当和夏娃生活在东方的伊甸园中。那是一个美丽而富饶的极乐世界，果树成荫，百花盛开，河流缓缓流淌。世界的正中生长着两棵树，一棵是生命之树，一棵是智慧之树。上帝叮嘱亚当，智慧树结的果子绝不可以吃，吃了必死无疑。

伏羲、女娲交尾图

上帝创造的万物中，蛇最为狡猾，阴险恶毒，一心想搞破坏。它设下奸计，问夏娃："上帝真的不让你们吃智慧树上的果实吗？"夏娃答："是的。园中的果子都可以吃，唯独这棵树上的果子不能吃，也不能摸。如果摸它、吃它，人就会死掉。"蛇说："其实不是这样，你吃了这棵树上的果实不会死去。上帝是怕你们吃了这种果实，会变得像他一样有智慧，能够分辨善恶。"

夏娃抵御不住蛇的诱惑，摘下一个果子吃了。接着又摘下一个果子拿给亚当，亚当也吃了。吃下果子后，两个人立即有了智慧，见自己赤身裸体，羞愧难当，便采摘了一些无花果树的叶子，围在腰间遮羞。

上帝见他们躲避自己，知道他们偷吃了禁果。他先惩处蛇，罚它用肚子爬行，终生吃土，世代与女人为敌。接着惩处夏娃，罚她生孩子受罪，被男人统治。然后惩处亚当，罚他永远劳累，汗流满面方能糊口。最后上帝将亚当和夏娃逐出伊甸园，让他们到地上耕作。(《圣经 · 旧约》)

亚当和夏娃违背了上帝的意志，他们的后代也就是人类必须世世代代赎这个罪，这就是原罪。正是因为智慧，人类失去了乐园。

② 电脑病

随着电脑在工作和生活中的普及应用，今天的人们，特别是被称为白领的阶层，越来越依赖于这种工具。电脑成为他们与外界联系的主要手段，与客户的联系依靠网络，与同学、朋友的联系也通过网络进行，不要说见面，就是连电话都很少打了。他们无时无刻不担心自己的邮件，总想打开邮箱看看，否则心里就不踏实，即使人不在电脑前，心也系在线上。有的白领为了不漏掉信息，开通手机上网功能，24 小时都在线。专家把这种现象称作“白领网络焦虑症”。

不仅与外界的联系依赖网络，他们处理自身关系也依赖网络。只要发现自己不懂或者拿不准的事情，立即上网查询。如果觉得身体不适，也要把个人资料以及症状输入电脑。他们已经习惯了“三不”，就是不再费力去记忆，不再努力去思索，不再尽力去争论。遇到问题，用不着动脑子，只要在键盘上敲几下，答案就到手了。专家把这种现象称为“搜索依赖症”。据调查，中国网民对网络的依赖已经超过了美国，年龄在16岁到25岁之间的中国网民中，42%的人有时感到自己网络成瘾，近25%的人表示自己做不到一天不上网。

如果算上“网络游戏成瘾”，电脑带来的负面影响就更大了。

电脑是当代人类智慧的最大成果，它深刻地改变着人们的生活，在给人们带来便捷的同时，也带来了紧张和折磨。智慧是一把双刃剑。

(2) 克智

导 读

黄帝巡游来到赤水北岸，登上昆仑山向南眺望。

返回时丢失了“玄珠”，黄帝决定把它找回来。他挨个看了一遍跟随的人，他们分别是智、离朱、喫诟（chī gòu）和象罔。智善于思索，再艰深的问题也难不倒他；离朱善于明察，再细小的毛病也逃不过他的眼睛；喫诟善于雄辩，再复杂的事情也能说得清清楚楚；只有象罔好像没有什么特长，一副迷迷糊糊的样子。

黄帝先派善于思考的智去寻找“玄珠”，智没有找到。又派出明察秋毫的离朱，离朱什么也没有发现。接着是喫诟，也空着手回来了。最后，无人可派了，只好打发心不在焉的象罔前往。象罔回来了，手里拿着“玄珠”。

黄帝说：“真是奇怪呀！难道只有象罔这样不用心的人才可以找到‘玄珠’吗？”

——《庄子·天地》

原文摘要

黄帝游乎赤水之北，登乎昆仑之丘而南望，还归，遗其玄珠。使知索之而不得，使离朱索之而不得，使喫诟索之而不得也。乃使象罔，象罔得之。黄帝曰：“异哉！象罔乃可以得之乎？”

龙　汉画像石

简　议

这是《庄子》中最富于哲理性的一篇寓言，其中处处包含着隐喻。古人观念中，山脉构成了大地的骨架，而昆仑山是众山的最高中心，赤水是发源于昆仑山的一条河。玄与“道”都是原初存在的名字，“玄珠”表示“道”。智、离朱、喫诟分别是智慧、聪明、言辩的化身，代表的是世俗智力。罔的意思是蒙蔽，象罔就是愚笨、不开化之人。结果是被世人丢失的

"道"，依靠智力找不到，却被愚笨找回来了。

老子怀疑智慧，但同时也提倡智慧。这种智慧是一种心灵畅通状态，他把它称作"明"，说"知常曰明"(《第十六章》《第五十五章》)。常指的是"道"；明字表示的是月光从窗子中照进屋，意思是见到光明。用在这里，就是"道"的映现使人心中豁然开朗。

那么怎样才能达到"明"呢？

最主要的就是"绝圣弃智"(《第十九章》)。圣是圣人，圣人是具备最高德行和学问的人，如周公和孔子；这里的智指的是知识，如儒家的仁义礼智信之类。为什么放弃对圣人的追随、抛弃知识才有可能得道呢？因为"多闻数穷"(《第五章》)。穷是不通畅，接受的知识越多，心里越乱，越不明白。相反，"绝学无忧"(《第二十章》)，割断与知识的联系，心中没有烦愁，心思反倒清朗起来。去掉了知识遮蔽，心灵就畅通了。

这样的人就是上面寓言中象罔一类的人。用《老子》的话来说，就是"愚人"。其实，这类人并不是真的愚蠢，只不过是与世俗智慧拉开距离罢了。他们是"大巧若拙"(《第四十五章》)，也就是人们常说的大智若愚。

知识属于社会，"明"属于自然。什么时候人去掉了世俗智慧，恢复了自己的淳朴天性，"道"就呈现出来了。

多说几句

① 手表定理

手表是查询时间的工具。人们戴一只手表，可以很方便地知道时间，那么如果佩戴两只手表是否可以更精确地知道时间呢？

答案是否定的，因为无论工艺多么高超，两只手表指示的时间都不可能绝对一样。所以同时查看两只手表只能把信息搞乱，失去对时间的准确把握。

这就是手表定理。用在知识上就是一个人不能同时接受两种以上的观念，否则势必陷入思维混乱，从而离真理越来越远。正如一个人，如果同时接受两个领导的指挥，一个命令他往东，一个吩咐他向西，他一定不知如何是好，最后连东南西北都分不清了。

② 选择

萨特曾经讲过他亲身经历过的一件事：纳粹德国占领法国期间，他的一个学生登门请教。这位学生打算偷渡到英国加入自由法军去打击德国人，为死于德军枪弹下的大哥报仇，但又不忍心把与他相依为命的母亲独自抛下，他面临着两难抉择。

怎么解决这个难题呢？基督教的教义说，要博爱。然而，应该爱谁？是母亲还是那些进行抵抗的战士？不知道。康德的伦理学说，不能把他人当手段而要当做目的。然而，如果把母亲作为目的而自己留下来，就把战士们当成了手段；如果反过来的话，母亲又成了手段。答案还是不知道。可见，现行的价值体系并不能对他的选择起任何指导作用，只能使人陷入更大的矛盾。

怎么办呢？萨特对他说：没有任何普遍准则能够给你指明道路，你是自由的，你去选择去创造吧！这就是说，一切全凭自己，谁也无能为力。

萨特想告诉人们，选择是没有支撑点的，包括道德、价值观在内的任何知识，都不能对人的选择提供实质性帮助。这是萨特对其自由观的一种通俗表达，没有支撑点意味着没有束缚，而没有束缚就是自由。

③ 普遍怀疑

笛卡儿（法国，1596～1650年），是近代第一位哲学家，同时还是一位有成就的物理学家、数学家、生理学家。

普遍怀疑是笛卡儿哲学的一条重要原则、一个基本方法。其目的是发现确凿无疑的存在。人可以怀疑一切，但唯独不能怀疑自己心灵的存

笛卡儿

在，因为是人的心灵在进行怀疑。所以普遍怀疑恰恰表明我自己的存在是真实的，这就是“我思故我在”。这个结论是每一个思考者都能得到的第一个也是最为确实的知识。

对于知识，笛卡尔提倡采取怀疑的态度。他认为，人的知觉常常欺骗人，经验也往往不真实，外部世界也有可能是假象，因此以它们为基础形成的认识、观念就是靠不住的。人们从幼年开始就不断接受着虚假、错误的知识，无论是自己通过亲身感受获得的还是别人教给他的，都是如此。正是这些知识使人们头脑中充满了偏见，阻碍对真理的追求。随着年龄的增长，人们离真理越来越远。笛卡儿主张，一个人在一生中至少要进行一次大扫除般的总清算，把自己历来信以为真的所有见解统统清除出去，然后在这块洁净的基础上重新开始沉思。

普遍怀疑的观念反映了17世纪欧洲社会由封建时代向近代资本主义转型时期人们的必然心态。宗教改革也好，政治重组也罢，都一定以新思想、新观念为前导，而它的前提就是怀疑，以此来撼动旧社会的根基，冲击传统意识和心理。不仅这个特定的历史时期是这样，任何一个社会变局都伴随着怀疑的声音。

④ 大智与大愚

一则寓言这样说：一个山洞里装满了与人的欲望相对应的事物，它们分别是权力、地位、金钱、美色，等等。能够进入这个洞穴再走出来的人，一定具有超人的智慧和品性。

一群人走进了山洞。最后只有两个人抵御住了欲望的诱惑，转了一圈后顺利出来了。他们一个是寺院里的老法师，功力第一；另一位竟是一个十八九岁的小痴呆，他天生就对那些东西无动于衷。在这里，大智与大愚画上了等号。

本篇小结

(1) 静—虚

得道的核心是“静”，只有自己的心思静下来，“道”才得以显现，人也才能体悟到“道”。

关于这一点，庄子有一个形象的说法：“虚室生白。”(《庄子·人间世》)室是房间，白是亮堂，也可以理解为“明”。空空荡荡的房间最为明亮，屋里装的东西越多光线越昏暗，也就是说，只有心思进入虚无状态，人才能与“道”相通。

(2) 减—简

去除欲望和智慧的生活，追求的是简约。将欲望降到最低、智慧减到最少，人还能有多少要求呢？这种生活独立于主流社会之外，它与名、利、时尚等世俗的一切无缘，自得其乐。

当然，去除欲望和智慧，并不是根除欲望和智慧，如果这样，人就真的成为木石了，而是强调不为世俗所动，使自己天然的欲望和智能不被社会所干扰、污染，保持着身心的洁净。

《老子》说：“追求‘道’的人，走的是减少又减少，一直减少到无所作为的路。”①

这告诉人们，眼睛不要总盯着上面，要往下看，简约的生活是最接近自然的生活，是最平安、最恬静、最自在、最踏实、最和谐的生活。

(3) 批判性

从政治思想上看，《老子》的除欲去智是有的放矢，锋芒对准的是儒家。儒家鼓励人们特别是士人（文人和武士）通过礼制和德治积极参与社会的改造，为自己求名求利。道家的除欲去智，是对儒家所鼓动的名利心

① 为道者日损，损之又损，以至于无为。(《老子·第四十八章》)

的纠正，是对儒家所提倡的政治、思想秩序的制约。如果没有道家，社会（人）的失衡将更加厉害。

（清）竹

跟老子学生存

三、人生以生命为根本

三、人生以生命为根本

要义 生命是人生的最高价值。保持生命的关键是吝啬。吝啬意味着超越身外之物以及自我。只有坚守着自己的天性，回到自然，才能健康长寿。

（一）生命与世俗

生命与身外之物相比，哪个更贵重？《老子》的回答是生命。

1. 生命第一

(1) 贵生

导 读

鲁国国君听说颜阖（hé）是位德才兼备的大贤人，派人带着礼物上门表达敬意。

使者在小巷深处找到了颜阖隐居的地方，只见一个身着粗布衣服的人正在喂牛。

使者问："这是颜阖的家吗？"

那个人答："是的。"

使者又问："颜阖先生在吗？"

那人答："我就是颜阖。"

使者打量了他一番，献上礼物。

颜阖摆了摆手，说："您恐怕没有听清楚名字。要是您搞错了的话，贸然送上礼物，会遭到国君的处罚的。您不妨回去核对一下再说。”

使者也觉得没有把握，决定回去问清楚。等他再来找颜阖时，人已经不见了。

像颜阖这样的人，并不是跟富贵有仇，而是始终把生命放在第一位——为了生命，他们宁可逃避富贵。世上的君主以为自己掌握了权势、财富就可以傲视德高才茂之人，根本不懂得他们的思想境界，不是太可悲了吗？

——《吕氏春秋·贵生》

原文摘要

鲁君闻颜阖得道之人也，使人以币先焉。颜阖守间，鹿布之衣，而自饭牛。……颜阖对曰："恐听缪而遗使者罪，不若审之。"使者还反审之，复来求之，则不得已。故若颜阖者，非恶富贵也，由重生恶之也。世之人主多以富贵骄得道之人，其不相知，岂不悲哉？

（明）陈洪绶　绘

简议

《吕氏春秋》是战国末期秦国丞相吕不韦主持编撰的一部巨著，思想内容以儒家和道家为主，兼顾法、名、墨、农、阴阳等诸家，被称为杂家。这则故事表达了道家突出自然生命的思想主旨。

在讲完这个故事后，《吕氏春秋》议论道："所以说，'道'的真谛首先在于保全生命，然后是治理国家，最后才是安定天下。"这里的次序很清楚，个体生命第一，国家其次，天下最轻。

为什么这么说呢？主要理由有两点。

首先，生命是根本。《老子》说："名声与生命哪一个离人更切近？财富与生命哪一个对人更重要？获得与丧失哪一个令人更忧心？过分追求一定会造成极大耗费，过多贮藏一定会带来严重损害。所以，知道满足就不会招致屈辱，知道停止就不会导致危亡，只有这样才能够长久保全自己的生命。"[①]国家、天下与名声、财富一样，都是生命享用的对象，它们只有在生命存在的前提下才有价值，如果以生命为代价，即使获得了数不清的财物乃至富有天下，又有什么意义？

《吕氏春秋》中还有一个故事，越国一连三个国君被杀。有个名字叫搜的王子，非常害怕，躲到一个山洞中藏起来。国家不能没有君主，越国人到处找他，追踪到山洞。好说歹说，他就是不肯出来。没法子，人们只好点燃艾蒿用烟熏。王子搜顶不住了，走出了山洞，手拽住马车上的拉手仰天大呼："王位啊，王位啊，怎么就偏偏不放过我呢！"为了保住命，宁可不当王。

其次，珍惜生命是治理国家和天下的前提。《老子》说："只有把自己的生命放在天下之上的人，才配去治理天下；只有爱自己的生命超过爱天下的人，才可以把天下托付给他。"[②]越国人为什么死死揪住王子搜不放？因为王子爱自己的生命胜过爱王位。

还有一位贤人，叫子州支父，圣君尧帝打算把天下让给他，他借口身体有病推辞掉了。天下比王子搜的国家要大得多，用世俗眼光衡量，没有什么比它更宝贵了，但子州支父不会因为它而损耗自己的生命。正因为如此，尧帝才看中了他。（《吕氏春秋·贵生》）

---

① 名与身孰亲？身与货孰多？得与亡孰病？甚爱必大费，多藏必厚亡。知足不辱，知止不殆，可以长久。（《老子·第四十四章》）

② 故贵以身为天下，若可寄天下；爱以身为天下，若可托天下。（《老子·第十三章》）

拿自己当回事的人才可能把别人当回事，敬畏自己生命的人才可能敬畏万物，会打理自己身体的人才会打理国家，只有这样的人才具备了掌管天下的资格。

多说几句

① 酒神精神

尼采（德国，1844~1900年）把世界看成一个生命整体，在一种必然力量的驱动下生生不息，汹涌澎湃。这一现象被尼采称为生命意志，是世界的本质。

尼采对生命意志的高扬特别强烈地表现在对人的生命冲动的讴歌上，他从希腊神话中取材，称之为酒神精神。酒神名叫狄俄尼索斯，是果实和酿酒之神。酒可以使人沉醉和亢奋，与此紧密联系的是音乐和舞蹈，所以酒神代表着狂欢。狄俄尼索斯根苗不正，是万神之王宙斯乱伦的产物，一生下来就遭到诸神的迫害，终于没能逃过追杀，被肢解了放进水里煮。宙斯的女儿雅典娜抢出他的心脏，另一个女神塞墨勒吞下这颗心，又把他生了出来。狄俄尼索斯历经磨难而不死，展示了生命的顽强。

为了庆祝酒神的复活，希腊人纷纷走出家门，举行盛大狂欢。庆祝仪式充满了野性的冲动，所有道德的、习俗的束缚都被远远地抛到了一边，人们毫无节制地大口喝酒，在高歌狂舞中行进，人的自然本性充分解放，生命的充盈展露无遗。

仪式高潮是分食血肉。人们捕捉一只羊或一头牛，把它切碎——血和肉象征酒神——然后虔诚地喝下血吃掉肉。随着血肉滑入喉咙，人们认为神灵进入了自己的身体，占有了灵魂，人与神合而为一。他们大声地呼叫，把自己的名字加在酒神名字的后面，坚信自己获得了永生。希腊人把这种颠狂状态叫做“狂喜”，是一种摆脱了死亡的体味。

这就是酒神精神，在死亡和苦难的不幸中寻求生的意义，以强盛的生命冲力欢呼生的胜利，表达了人对生命的无限向往和不懈追求。

尼采称自己是酒神哲学家。

② **苏轼的两个朋友**

苏轼曾经交过两个朋友，一个叫谢景温，一个叫章惇（dūn）。

苏轼与谢景温一起漫步。一只小鸟受了伤，从树上跌落到地上，扑棱翅膀一个劲儿地挣扎。谢景温抬脚就把小鸟踢到一边。苏轼见状，大失所望，认定这个朋友不可靠，轻贱生命的人是不会忠实于友谊的。

谢景温与王安石家是亲戚，他的妹妹嫁给了王安石的弟弟。靠着这层关系，再加上自己钻营，谢景温担任了御史杂事一职。苏轼与王安石政见不同，王安石身居相位，苏轼自然斗不过他。谢景温抓住这个机会，竟然硬给苏轼扣上一顶运售私盐的罪名，用朋友的身家性命邀功请赏。

苏轼
（清）上官周　绘

苏轼与章惇结伴出游，来到一处绝壁前。苏轼文章诗词冠天下，一手字出神入化，章惇请他在峭壁上留字。但绝壁和他们之间隔着一道深渊，上面只架着一根树干，东坡望望下面，不由双腿打颤，摇了摇头。章惇哈哈一笑，不慌不忙地过了独木桥，用绳子系在树上，爬上峭壁，写上“苏轼章某来此”，然后又走回来，面不改色心不跳。

苏轼抚摸着他的背叹道：“能自拼命者能杀人也！”果不其然，章惇后来做了宰相，豁出一切的性格派上了用场。章惇与苏轼政见不合，把他贬到当时的偏远地区惠州（属今广东），仍嫌不够，再把他贬到蛮荒之地儋（dān）州（属今海南），令苏轼吃尽了苦头。章惇连死人也不放过，编撰《资治通鉴》的司马光是对立面的领袖，已经去世了，他竟然想开坟掘墓，鞭打司马光的尸首。可见，不尊重自己生命的人，也不会看重别人的生命。

(2) 养生

导 读

一个姓丁的厨师给魏国的国君分割整头牛，国君在一边看着，乐队奏着音乐。

厨师手接触的地方，肩抵靠的地方，脚踏踩的地方，膝盖顶住的地方，无不发出“嚯嚯”响声，尖刀刺进牛的身体也“嚓嚓”作响。分割牛的过程与音乐的旋律和谐一致，似乎是按照《桑林》舞曲的节拍举手投足，跟着《经首》乐章的节奏运用刀锋。

国君看得目瞪口呆，赞道：“太了不起了，世上怎么能有如此高超的技巧？”

厨师放下刀，答道：“臣热衷的是‘道’，已经超过技巧了。刚开始分割牛的时候，看到的是整头牛；三年后眼里就只有牛身上一个一个的部位了；现在已经不用眼睛看牛，而是用意识来看牛了。

“臣依顺牛的天生结构，剖开筋肉之间自然形成的缝隙，通过骨节的空腔进行分割，运刀没有一点障碍。技艺高超的厨师一年换一次刀，技艺一般的厨师一个月换一次刀，我分割的牛有好几千头，一把刀使用了十九年，锋刃还像刚刚磨过的一样。为什么？因为我的刀只在牛的关节缝隙处游走，刀锋好像没有厚度。用没有厚度的刀对付关节之间的空虚，完全是绰绰有余啊。就这样，我手中的刀轻轻一动，牛肉就像泥土一般散落在地上，而我则提刀立在当地，环顾四周，悠然自得。”

国君说："太妙了！我听了厨师的一番话，从中明白了养生的道理。"

——《庄子·达生》

原文摘要

庖丁为文惠君解牛，手之所触，肩之所倚，足之所履，膝之所踦(yǐ)，砉（huā）然响然，奏刀騞（huō）然，莫不中音。……庖丁释刀对曰："……方今之时，臣以神遇而不以目视，官知止而神欲行。依乎天理，批大郤（xì），导大窾（kuǎn），因其固然。技经肯綮（qìng）之未尝，而况大軱（gū）乎！良庖岁更刀，割也；族庖月更刀，折也。今臣之刀十九年矣，所解数千牛矣，而刀刃若新发于硎（xíng）。彼节者有间，而刀刃者无厚；以无厚入有间，恢恢乎其于游刃必有余地矣，是以十九年而刀刃若新发于硎。……谍（huò）然已解，如土委地。提刀而立，为之四顾，为之踌躇满志，善刀而藏之。" 文惠君曰："善哉！吾闻庖丁之言，得养生焉。"

牛（唐）石刻线画

简 议

国君明白的道理是什么？是省。厨师一把刀，19年不换，锋刃依然如初，就因为他的刀从来不碰坚硬的筋骨，只在空虚处出入，用得非常节省。

用《老子》的话来说，这叫“啬”。“治人事天，莫若啬。”（《第五十九章》）这里的治人指的是养生，事天是治理天下。养生与治理天下都遵循同一个道理，就是吝啬。《老子》说：“养生与治理天下，没有什么比吝啬更重要了。正因为如此，人们应该及早遵从这个道理；做到了这一点，就叫做多积德。德积累得多，没有什么事情不能办到。什么事情都能办到，就具备了无限的发展能力。有了无限的发展能力，保有国家就不成问题。掌握了保有国家的窍门，就可以国运长久。总之，吝啬是根深蒂固、长生不老、稳坐天下的根本道理。”①

这里，养生、治理天下、道德、安定国家联为一体，都贯穿着吝啬。“德”，前面说过，是对“道”的获得，有了这个前提，才谈得上德行。所以，吝啬是“道”的一个具体化。养生最忌讳的就是过分。一个劲儿地放纵欲望追求名利是过分，一个劲儿地追求养生也是过分。前一种在上篇已经说过了，看后一种。《老子》说：“刻意地奉养生命的躯体，会导致不祥，有意地鼓动生命的气息，会造成损伤。事物发展到强盛一定要走向反面。这就叫做违背‘道’，违背了‘道’就会过早死亡。”②类似的话《老子》还说过，意思是，人们为了长寿，过于在意生命的养护，结果走上了死路（《第五十章》）。

总之，过分追求外物与过分追求生命，其危害是一样的。之所以如此，就在于二者都背离了“啬”，过度地消耗自己。

那么，怎样才是做到了“啬”呢？

很简单，就是回到自然，以虚无的态度对物对己，既不人为地追求外物也不人为地追求生命，一切顺其自然。“不失其所者久。”（《第三十三

---

① 治人事天，莫若啬。夫唯啬，是以早服。早服谓之重积德。重积德则无不克，无不克则莫知其极。莫知其极，可以有国；有国之母，可以长久。是谓根深固柢、长生久视之道。（《老子·第五十九章》）

② 益生曰祥。心使气曰强。物壮则老，谓之不道，不道早已。（《老子·第五十五章》）

章》）其所，就是原本，本来的状态。要想活得健康长久，用不着忙这忙那，保持自己的原生态（天性）就是了。

多说几句

① 小鼠与香精

英国心理学家威廉以小鼠模拟人类，进行了上千次实验，以探讨外物对生命的影响。

威廉发现，不同的香精对小鼠具有不同的影响，这种关系与外物对人的作用相当，都会从某个方面产生强烈的精神刺激，相当于权力、名利、成功这些目标对人的心理影响。于是，他在鼠笼四周点燃这些香精，使小鼠从早到晚生活在各种目标的刺激中。小鼠各个精神振奋，睡得安稳，吃得香甜，一副踌躇满志的样子，那架势似乎自己就是世界的统治者。

不久，威廉开始撤除香精。这下糟了，不管拿掉代表哪一种目标的香精，小鼠都能立即明显察觉到，变得焦虑不安，满笼子乱窜，到处寻找那种香精，竟然能够一连几天不吃不睡。随着香精的减少，小鼠的焦虑相应增加，等到香精全部撤除干净，小鼠的精神几乎崩溃。它们垂头丧气，拒绝进食，免疫力大幅下降，最后沮丧而亡。

这一实验再次提醒人们，人越是追求外物、依赖外物，生命越是脆弱。

② 欲火

中医有“心火”一说。所谓心火，就是欲望过盛所引起的精神上的烦躁。欲望太强，而现实又满足不了，就会着急上火，所以又叫“欲火”。欲火危害身心，因此中医主张把

（清）树

降低欲望作为养生的有效途径。医典《内经》说："恬淡虚无，精气从之，精神内守，病安从来？"

③ 特内雷之树

非洲尼日尔的大沙漠中，生长着一棵大树，在风沙和干旱的严酷环境中，历经1800多年而不衰，被称为"特内雷之树"。

它强大无比的生命力令人赞叹不已。为了表达敬意，路过此处的人们往往从随身携带的宝贵饮水中节约出一些，浇到大树的根上。当人们滞留时，便把汽车停放在太阳照射或者风沙吹来的一面，为它遮阳挡沙。

一天，一辆汽车没有停好，撞到了树干上。大树没有抗过这次撞击，慢慢枯萎了，最后死去了。

人们很是奇怪，生命力如此顽强的大树，历经1800多年的沧桑，为何竟然遭受不了一次并非多么严重的撞击？后来大家终于弄明白了，是人的格外关照害了它。本来它一直生存在恶劣的环境下，在与日晒和风沙的抗争中形成了一套机能。人的善心破坏了它的自然机能，使它可以轻轻松松地活下去，而且活得很好。于是，它变得娇嫩了，一次意外事故断送了它的生命。

这好比是过分追求养生，生命不能承受之重。

2. 生命的基调

(1) 活着

导 读

淮阴侯韩信是淮阴（在今江苏省淮阴市西南）人，平民出身，家里穷得很，又没有出众的德行，所以没人推荐他去做官。他不会做买卖，无法谋生，经常到别人家里混吃混喝，弄得大家都很讨厌他。淮阴有一个乡叫“下乡”，那里有一个叫“南昌”的亭，韩信经常跑到亭长的家里吃住。几个月后，亭长的妻子烦了，清晨做好饭，在睡觉的草席上就吃掉了。等韩信来吃饭的时候，人家已经开过饭了。韩信知道他们的用意，一气之下转身离去。

淮阴有个屠夫，瞧着韩信不顺眼，当着许多人的面拦住他，说：“别瞧你长着这么大的个子，还带着剑，其实是个孬种。”见韩信不说话，眼角扫了下众人，提高了声调说：“你小子要是不怕死，就拔出剑捅了我，替我偿命；要是不敢，就从我裤裆下头钻过去！”

韩信定睛看了他一会儿，又看看众人，然后慢慢伏下身子，从屠夫的胯下爬了过去。“轰”地一声，人们笑了起来，都说韩信是胆小鬼。

——《史记·淮阴侯列传》

原文摘要

淮阴侯韩信者，淮阴人也。始为布衣时，贫，无行，不得推择为吏，又不能治生商贾，常从人寄食饮，人多厌之者。常数从其下乡南昌亭长寄食，数月，亭长妻患之，乃晨炊蓐（rù）食。食时信往，不为具食。信亦知其意，怒，竟绝去……淮阴屠中少年有侮信者，曰：“若虽长大，好带刀剑，中情怯耳。”众辱之曰：“信能死，刺我；不能死，出我袴（kù）下。”于是信孰视之，蒲伏。一市人皆笑信，以为怯。

（清）任伯年 绘

简 议

韩信自此背上了骂名，与人对阵，时常被对方讥为“袴夫”，就是钻别人裤裆的胆小鬼。韩信胆小吗？胆小。为了活命，竟然从别人裤裆下手脚着地爬过去，不是胆怯是什么？然而，又不是胆小。以一个男儿堂堂之躯、腰上佩剑的“士”的身份，强压下心中的怒火（从韩信与南昌亭长家绝交可以看出他是一个有血性的人），当着那么多人的面，钻过别人的裤裆，而对方不过是个杀狗的无赖，面对自尊，这又需要多大的勇气！

谁都能想象得出来，如果韩信一怒之下拔出腰中长剑捅了屠夫，结果将会怎样。不错，为尊严而战的场面一定很悲壮，可谓痛快、解气，但不会再有后来的韩信了，他的生命也许会到此止步，至少命运会因此而改变。

韩信是勇者吗？按照《老子》的观点，回答是肯定的。《老子》说：“勇于敢则杀，勇于不敢则活。”（《第七十三章》）说的是，勇于勇敢的往往丢掉性命，勇于不勇敢的反而能够活下来。道家巨著《淮南子》这样解释这句话：“由此看来，所谓大勇，反而是不勇敢了。”（《道应训》）韩信敢于做到不勇敢，这比做到勇敢更难，需要更大的勇气，所以他是大勇者。

天地给了人生命，人就应该活下去，活着才能展现和享受生命的全部内容。活下去是生命的最基本要求，是合乎“道”的选择。《老子》这样发问：勇敢而丢掉性命与不勇敢而活下来，由上天来评判，哪一种更好呢？回答是：“天之道，不战而善胜。”（《第七十三章》）就是说，“道”是站在不以生命为代价而获得胜利的一方的。活着是热爱生命的基本体现。

《老子》主张人要活下来，但同时又反对把个人存活置于别人生命之上。他说：圣人“自爱而不自贵”（《第七十二章》）。意思是，得道的人爱惜自己的生命，但并不认为只有自己的生命才是唯一尊贵的。

自己活着，也让别人活下来；不让别人活，自己也活不了。

多说几句

① 支离疏

有个叫支离疏的人，残疾得实在厉害：脊背深深地弯下去，脸面在肚脐的位置上，看上去好像藏在肚子下面；两个肩膀高高耸起，比头还要高；臀部朝天，肛门在上，两条大腿支在平常人肋骨的部位。

他非常勤劳，靠给人缝补破衣服，获得的报酬可以糊口；有时候还给人算卦，挣的钱可以养活十个人。国家有战事，他撸胳膊挽袖子，嚷嚷着要当兵上前线。

每逢国家征调大量劳役，他总是因为身患残疾而被排除在外；赶上国家赈济困难群体，他得到了三钟（近400斤）粮食和十捆柴火。

这就是支离疏，一个以如此残疾的肢体来养活自己而终了天年的人。(《庄子 · 人间世》)

支离疏自身条件糟到如此程度，还要活下来，更何况健全人呢？

（清）石

② 坚强

中国汶川大地震中，一个叫保罗的加拿大志愿者奔波于废墟之间抢救伤员。他的感触很多，最深的是两个。一个是惨。他说："地震在这里造成的灾难真是太可怕了。我从来没有见过这样的惨状！"一个是坚强。他说："中国人真坚强！"他是这样解释的："我在这里遇见了很多中国人，他们面对这种惨状的时候，不是痛哭，也没有抱怨，只是深深地叹口气，然后努力做自己的救援工作，即使家人被埋也没有痛哭。"

一个叫彭志军的人被埋在北川县城的一处废墟下，当他冷静下来后，翻遍了所有口袋，只有半盒香烟和几张餐巾纸。他先吃香烟，把一根根卷烟揉成碎末吞下肚；吃完了香烟就吃餐巾纸。实在渴得不成，就喝自己的尿液。就这样熬了整整100个小时，直到被救援队发现。他说："只要坚持，就能多一分钟的生存，就有被救出的希望。"

一个叫乐刘全的女孩，被压在废墟下75个小时。她的冷静与坚强感动了所有人。当救援的军人刨出一道缝，人们看到了一双美丽的大眼睛，她说："我现在还活着，我很高兴。我希望大家不要为我担心，在里面我会自己保护自己的。你们来救我，我很感谢你们！"被救出后，她的母亲拉着女儿的手泣不成声。她说："不要哭，不要哭。我在里面，眼泪就没有流过。不要哭。"

像这样的事情很多，也很平常。汶川大地震将道德的崇高演化到了极致，将生命存在的本能也推到了极致。在这里，人的社会性与自然性得到了完美的统一。

(2) 独立

导读

公文轩见到右师的像，非常惊讶。

右师是舜帝时掌管音乐的官，名字叫夔（kuí），只有一条腿。

公文轩问："呀，这是什么人，怎么会只长着一条腿？是天生成这样，还是后天造成的呢？"

想了想，明白了，说："噢，是天生的，不是人为的。上天要他只长一条腿，如果按照人的样子来修正，一定不是现在的这样，会再给他装上一条腿。从这个推测可以断定，他生来就是一条腿，不是人为的结果。"

沼泽地里的野鸡，走十步吃一口食物，走百步喝一口水，但它绝不会因为生存艰辛而希望被人豢养在笼子里。人养的野鸡看上去很神气，其实一点儿也不好。

——《庄子·养生主》

原文摘要

公文轩见右师而惊曰："是何人也，恶乎介也？天与，其人与？"曰："天也，非人也。天之生是使独也，人之貌有与也。以是知其天也，非人也。"

泽雉十步一啄，百步一饮，不蕲（qí）畜乎樊中。神虽王，不善也。

（清）任伯年　绘

简 议

夔是否只长着一条腿是古代的一桩公案。《吕氏春秋》是这么说的：鲁国国君鲁哀公问孔子，听说舜帝的乐官夔只有一只脚，是这样的吗？孔子说，舜帝命令大臣重黎推荐乐官，重黎相中了夔。舜帝对夔的能力非常满意，重黎还想继续物色，舜帝说了一句话，像夔这样的人，有一个已经足够了。这就是"夔一足"的真正含义，并不是说夔只长着一只脚。(《察传》)

除了怪胎，世界上找不到天生一条腿的人。庄子当然清楚这一点，但他仍然说夔是一条腿。他这么说，是在"独"字上做文章，一条腿的人只能独立。用在人生上，就是保持自己的自然性。庄子通过这则寓言，提醒人们应该顺从自己的天性，对社会保持独立，不要人为地去改变自己，当然也不去改变别人以及其他事物的自然性。庄子说："独有之人，是谓至贵。"（《庄子·在宥》）没有什么比独立于社会更尊贵的了。

这也是《老子》的观点。《老子》所说的独自处于淡泊中（“泊焉未兆”），独自处于被遗忘的角落中（“独若遗”），独自处于糊涂中（“独若昏”），独自处于沉默中（“独闵闵”），独自处于愚顽浅陋中（“独顽以鄙”），讲的都是人的独立（《第二十章》）。宁可被人孤立、遗忘、瞧不起、不搭理，也不向世俗妥协。

尽管独立的人被排斥在大众之外，但自己却一点儿也不气馁，因为“我独异于人，而贵食母”（《第二十章》）。母是“道”的别名，与人相对立。保持独立的人不以大众为榜样，只从“道”那里汲取营养。

为什么这么说呢?

道理很简单，道“独立而不改”（《第二十五章》）。“道”所表示的是原初存在，它是独立自主的，不依赖于任何东西，是永恒不变的，什么也不能使它离开自己。

多说几句

① 羊群效应

一只羊无意中闯进一块草场，在那里吃到了新鲜而营养丰富的牧草。其他的羊乃至一群羊会一拥而上，争抢美味，即使旁边站着残忍的饿狼也根本不顾忌，附近有更好的草场也全然看不见。这就是羊群效应，用在人类身上，叫从众心理。

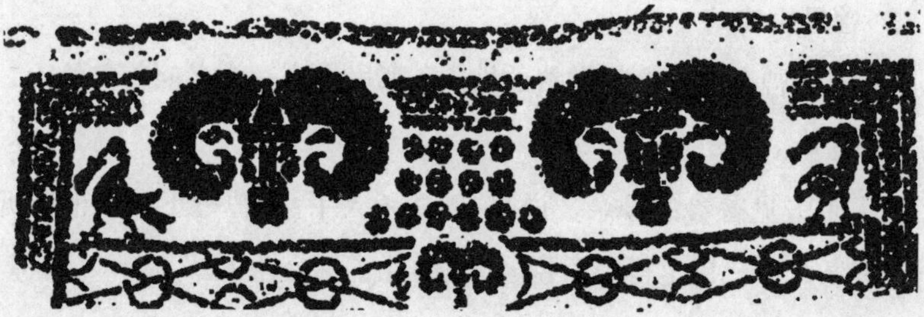

羊　汉画像石

有一个试验很有名。法国有位科学家叫亨利·法布尔，他找来一只花盆，把许多松毛虫放在花盆口的边沿上，让它们一条挨着一条，头尾相接，排成整整一圈。然后他在附近撒了一些松叶，这是松毛虫平常的食物。然而，没有一条虫子离开前面的松毛虫去吃松叶，它们只是跟着前面的同伴爬行。就这样爬了一圈又一圈，整整爬了七天七夜，直到活活饿死，也没有一条虫子离开队伍。

群体天生就具有平均化、一律化的倾向。

② 股神

巴菲特在股市上屡出奇招，匪夷所思，赚取了巨额利润，被人们称为“股神”。

他最著名的一句话是：当所有人贪婪时，我恐惧；当所有人恐惧时，我贪婪。

巴菲特投巨资5亿美元购买中石油H股的股票。当股市走势正在看好，吊起股民贪婪的胃口时，他卖掉了手中所有股票。许多人大惑不解，巴菲特怎么出此昏招，不是糊涂了吧？然而，人们挂在嘴边的嘲笑还未消失，金融危机爆发了，全球股市暴跌，那些贪婪的人如梦方醒，但大错已经铸成，只能眼睁睁地看着手中的股票一落千丈。

算一算，巴菲特在中石油H股上一进一出，以5亿美元收入35亿美元，利润率为700%。

巴菲特的机会来自与众不同。

③ 曾母投梭

有一年，曾参在一个叫做费的地方。那里也有一个名叫曾参的人，这个曾参杀了人。

有人跑去见曾参的母亲，说：“曾参杀人了。”曾母正在织布，听到这样的消息，神色镇定得很，说：“我的儿子不会杀人。”

过了不大一会儿，又一个人跑来告诉她：“曾参杀人了。”曾母神色依然没有变，手中仍旧忙活着，但没有答话。

又过了一会儿，第三个人跑来说："曾参杀人了。"曾母害怕了，扔下织布的梭子，翻过墙头逃走了。

就连曾参这样品德高尚的人，以母亲对儿子的信任，在三个人的迷惑下，就是慈母也信不过素有贤德的儿子，何况别人呢？（《战国策·秦二》）

众人是一种可怕的力量，它足以使一个本来不可动摇的人失去信念，变成他们中间的一员。

（二）生命与自然

生命源于自然，保住自然本质就是保住生命。

1. 平常心

（1）宠辱不惊

导 读

孙叔敖是楚国贤人。一个叫肩吾的隐士问他："楚王三次任命您为令尹（国相），又三次罢黜您的职位，然而您三次接到任命都不显露出荣耀，三次被罢黜也看不出愁苦，起初我疑心您是做样子，可现在仔细观察您眉宇之间的表情，还真是满不在乎。您的心里到底是怎么想的呢？"

孙叔敖一笑，说："我哪里有什么过人之处呢？在我看来，职位的到来，不想接受也得接受；职位的离去，想保留也保留不住。无论是得到还是失去都不取决于我，当然也就没有了喜悲。如此而已，我哪里有什么过人之处呢？

“再说，得与失是发生在令尹的职位上还是发生在我身上？如果发生在令尹的职位上，那就跟我没有关系；如果发生在我身上，那就跟令尹的职位没有关系。所以无论是得与失，都扯不上贵贱这类问题，又怎么能引起我的喜悲呢？”

孔子听到这件事说：“对于古代的真人，智士说动不了他，美人诱惑不了他，强盗劫持不了他，伏羲、黄帝一类的圣君亲近不了他。连生死这样的人生大事，在他们那里也没有一点影响，高官厚禄又能起什么作用呢？这样的人，其精神穿越大山而不损伤，进入深渊而不浸染，处于卑贱而不受困顿，充盈天地之间，越是超出自己，精神越富有。”

——《庄子·田子方》

原文摘录

肩吾问于孙叔敖曰：“子三为令尹而不荣华，三去之而无忧色，吾始也疑子，今视子之鼻间栩栩然，子之用心独奈何？”孙叔敖曰：“吾何以过人哉？吾以其来不可却也，其去不可止也。吾以为得失之非我也，而无忧色而已矣。我何以过人哉？且不知其在彼乎？其在我乎？其在彼邪亡乎我，在我邪亡乎彼。方将踌躇，方将四顾，何暇至乎人贵人贱哉？”仲尼闻之曰：“古之真人，知者不得说，美人不得滥，盗人不得劫，伏戏、黄帝不得友。死生亦大矣，而无变乎己，况爵禄乎？若然者，其神经乎大山而无介，入乎渊泉而不濡，处悲细而不惫，充满天地，既以与人，己愈有。”

（清）任渭长 绘

简 议

所谓真人，就是与“道”合一的人，他们不离开自己的天性、根本，最自然、最真实，所以是本真的人。孙叔敖就是这样的人，他把官爵之类世人所追求的东西视为身外之物，无动于衷，无论是获得还是失去都无所谓，所以身心不受牵制，当然也就没有损伤。这样的人虽然生活在社会中，是开放的，但同时又是独立的自足体。

关于得失，《老子》说过一段话：“宠辱若惊，贵大患若身。何谓宠辱若惊？宠为下，得之若惊，失之若惊，是谓宠辱若惊。何谓贵大患若身？吾所以有大患者，为吾有身，及吾无身，吾有何患？”(《第十三章》)

这里提出两个问题，一个是人为什么宠辱若惊，一个是人为什么贵大患若身。

先看第一个问题。什么叫宠辱若惊？宠是荣耀，辱是耻辱。经受不住荣耀与耻辱，一旦荣耀降临，就大喜；一旦耻辱上门，就大悲，这种状态就叫宠辱若惊。那么人为什么会出现这种状态呢？因为接受荣耀的人把自己摆放在下位，以获得为荣，所以大喜；以失去为耻，所以大悲。

再看第二个问题。什么叫贵大患若身？贵是看重，患是忧患，身是身体。过于患得患失，乃至将得失看得如同身体一样重要，这种意识就叫贵大患若身。那么人为什么会出现这种意识呢？因为人具有身体，而得失总是与身体相关；要是人没有了身体，哪里还谈得上患得患失？

显然，“宠辱若惊”以及“贵大患若身”带给生命的是损伤。怎么办呢？最好的办法就是超越得失，把生命放在第一位，也就是超凡脱俗，不被社会所左右，回到自然。所以，在讲过上面这段话后，《老子》紧接着说，只有把生命看得比天下所有一切都贵重的人，才配去治理天下，才可以把天下托付给他。

能够做到生命至上从而达到宠辱不惊的人是得道的人、本真的人。

多说几句

① 画师

宋国的国君要给自己画像，来了许多画师。他们接受了国君的酬谢，其中一些人立即进入状态，一脸严肃，紧握笔管，调和墨色。因为来的人太多，另外一些画师只能在门外作画。

这时，又来了一位画师。尽管他迟到了，却一点儿也不紧张，神态安闲得很。见了国君也不快步上前，接受了国君的酬谢也不赶紧找地方做准备。他没事人一样，转身穿过两旁侍立的画师行列，径自回馆舍去了。

国君派人去察看他做什么。回来报告说，这位画师脱掉了衣服，光着膀子，大咧咧地叉开双腿坐在席子上，正在纳凉呢。国君说："行，这是真正的画师。"(《庄子·田子方》)

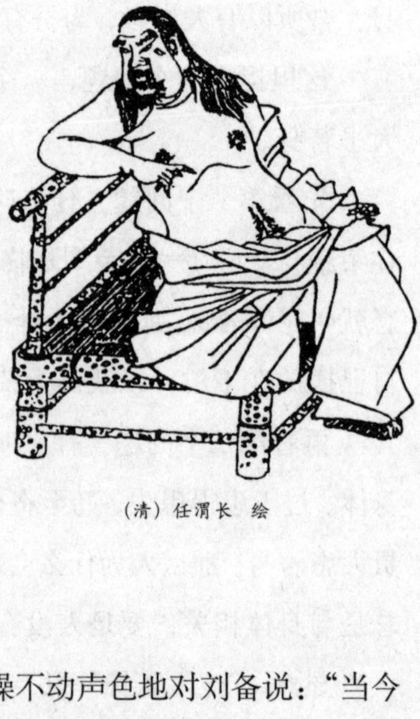

（清）任渭长 绘

给国君画像，是至高荣耀，没有不紧张的。唯独这位画师根本不拿这当回事，他的心思全在作画上，所以国君认定他是真正的画师。

② 一声惊雷

东汉末年，刘备在曹操那里栖身。

一天，曹操与刘备一起喝酒。席间曹操不动声色地对刘备说："当今天下的英雄，只有您和我罢了。袁绍之流是不能算数的。"

刘备大吃一惊，以为自己奉汉献帝密诏诛杀曹操一事败露，手里拿的汤匙、筷子都掉到了地上。此时，恰好天上响起惊雷，乱云翻滚，电光闪闪。刘备面现怯意，对曹操说："'圣人讲过：'遇上疾雷暴风，一定要改变容颜。'这话是有根据的。真没想到，这一声惊雷的威力，竟然大到

这种程度！”（冯梦龙：《智囊 · 捷智》）

刘备的人生目标是夺取天下，把权势和名声看得很重，所以当曹操点破他时，他大惊失色，举止错乱。如果不是凭着多年历练出的机智，他的命兴许就丢了。

但他毕竟名利心太重，宠辱若惊，最后因决策冲动，贸然进攻东吴，兵败身亡。

③ **梁漱溟**

梁漱溟是当代哲学家，新儒学的代表人物之一，毛泽东曾经亲自写文章严厉批判过他。

解放后梁漱溟在北京大学教书，“文化大革命”中自然难逃一劫，成为重点批判对象。他的家被抄，本人屡遭批斗，手稿、藏书、字画被付之一炬。但他泰然自若，每天照打太极拳不误，即使被拉上台斗争，下面群情激愤，口号震天，他都能视而不见听而不闻，专心致志地摄气炼神。像这样被最高领导人点过名的人，竟然能够顺利渡过那场浩劫，真是奇迹。

点名、批斗、抄家是人格的侵犯、尊严的践踏，手稿、藏书、字画被焚烧是物质财富的损失，都属于莫大耻辱，但梁漱溟看得很轻，想得很开，从容不迫，可以说是宠辱不惊了。

老人心地纯净质朴，性格天真可爱，96 岁寿终正寝。

(2) 适可而止

导 读

楚国有一个人，祭祀过祖先后，把一壶酒赏给了身边的人。酒只有一壶，而人却有好几个。人们犯了难，如果大家都来喝，一壶酒显然不够；如果只给一个人喝，富富有余。有人出了这么一个主意：每个人在地上画一条蛇，谁先完成，酒就归谁。

于是大家便蹲下身子，开始画蛇。一个人最先画成了，拿起酒壶准备喝酒。得意之余，突发奇想，再给蛇添上四只脚不是更能显示本领吗？便左手拿着酒壶，右手给蛇画脚。

这时，另一个人画完了，一把夺过酒壶，说："蛇本来是没有脚的，你怎么给它添上脚呢？"就把酒喝掉了。就这样，给蛇画脚的人失去了那壶酒。

——《战国策·齐策二》

原文摘要

楚有祠者，赐其舍人卮（zhī）酒。舍人相谓曰："数人饮之不足，一人饮之有余。请画地为蛇，先成者饮酒。"一人蛇先成，引酒且饮之，乃左手持卮，右手画蛇，曰："吾能为之足。"未成，一人之蛇成，夺其卮曰："蛇固无足，子安能为之足。"遂饮其酒。为蛇足者，终亡其酒。

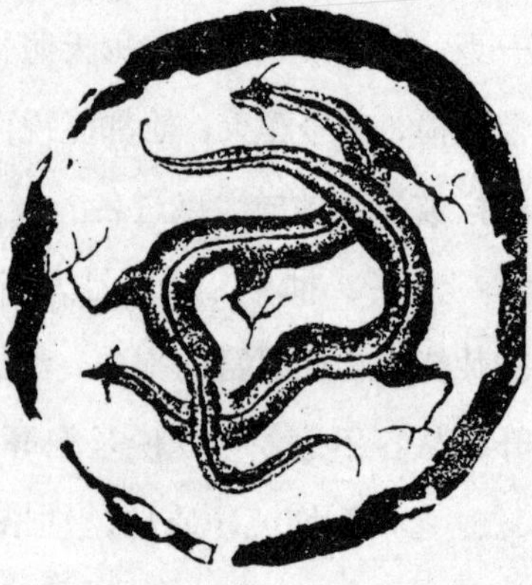

蜥蜴　汉瓦当

简 议

这个人画好了蛇，事情已经完成了，照理说应该收手，但他仍嫌不过瘾，为了显能，继续画下去，异想天开地给蛇添加四只脚。到了这一步，此人败局已定，且不说原先落后的人会超过他，只说他画的东西，那不是蛇，而是怪物。

这人输在不能够适可而止上。

《老子》说："知止不殆。"（《第四十四章》）这句话在《第三十二章》也说过："知止可以不殆。"止是停止、限制，殆是危险。意思是，知道自我限制，适可而止，祸害就不会找上门来。祸害远离人，人才能够平安永伴，保存生命。所以《老子》说："知止不殆，可以长久。"（《第四十四章》）

那么，人为什么一定要适可而止呢？

万物从自然基体上成长起来，形成它自己，有了性质，成为某一种具体事物，于是便有了名字。名字其实就是疆界，就是限制。比方说上面故事中的蛇，蛇是名字，表示的是没有脚的爬虫，这就是这种动物的界限，超出这一界限，就不是蛇了。同样的，人这个名字也是一个界限，如果谁不做人事，就会被骂为不是人。

这个道理用在人们的行为上，就是适可而止。《老子》说："'道'生化出万物使之具有名字，既然事物有了名字，人们就应该知道限制，知道了限制就可以避免危险。"①

适可而止体现了对自然的敬畏。蛇原本不长脚，人却非要给它添上脚，之所以做出如此蠢事，是为了满足世俗的虚荣，结果输了，成为大家的笑柄，也算是一种惩罚吧。

多说几句

① 一只老虎

一个打柴人，在山中遇到一只老虎，便跑到山洞里躲避，老虎也跟了进去。山洞口大里小，曲折幽深，打柴人辗转着往深处躲藏，洞越来越窄，已经难以容下老虎的庞大身躯，但它仍不放弃，强挤着随在后面。

紧要关头，打柴人突然发现旁边有一个小洞，大小刚刚能容纳他的身子，便像蛇一样地爬了进去。没想到刚爬了几步，眼前一亮，竟然出了

① 始制有名，名亦既有，夫亦将知止，知止可以不殆。（《老子 · 第三十二章》）

山洞。

打柴人奋力搬来几块石头，堵住老虎的退路，然后在前后两个洞口点燃柴草。滚滚浓烟熏得老虎大声吼叫，山谷都被震动了。没一顿饭的工夫，老虎就死了。

这件事，足以成为那些应当停止但却不肯停止的人的鉴戒了。（纪昀：《阅微草堂笔记·姑妄听之》）

不知道适可而止，见好就收，有时会付出生命代价的。

虎　汉画像石

② 会办事的田叔

西汉时期，诸侯国梁国的国君梁孝王派人刺杀朝廷丞相袁盎，汉景帝命令田叔前去调查这件事情。田叔查清了事情的原委，然后一把火把所有材料烧掉了，两手空空地回来向皇帝复命。

汉景帝问："梁王有刺杀袁盎的事情吗？"

"有。"田叔答。

"证据在哪里？"汉景帝又问。

"烧了。"田叔说。

汉景帝生气地问："为什么毁灭证据？"

田叔说："陛下知道就可以了，不必再追查梁王的事情。"

"为什么不追查？"汉景帝问。

田叔说："一旦陛下继续追查，梁王的罪责坐实，如果不处以死罪，朝廷的法令不能取信于民；如果处以死罪，太后将寝食难安，陛下心里也一定难过。"梁孝王是太后的小儿子，汉景帝的亲弟弟，很得太后的宠爱。

皇帝认为田叔在这件事情的处理上很是得当，派他到诸侯国鲁国任国相。（《汉书·卷三十七》）

有时候，适可而止是一种"术"，是接人待物的一个诀窍。

2. 去自我

（1）自我

导 读

列子为一个名字叫伯昏无人的隐士表演射箭。他把弓拉得满满的，胳膊肘上放一杯水，然后再把箭射出去。他的动作快极了，刚射出一支马上又搭上一支，发出去的箭一支连着一支。从一旁看，他就像是个木头做的射箭机械。

面对如此高超的技法，伯昏无人却不以为然。他说："你还是有心射箭的射法，没有达到无心射箭的境界。如果我和你登上高山，站立在悬崖边上，下边是深渊，你还能射出箭吗？"

于是，他们攀上高山。伯昏无人站在一块半边悬空的石头上，下临百丈深渊。他背对悬崖，一步步后退，直到脚后跟悬在了石头外面才停住。然后朝列子拱拱手，请他像自己一样走过来放箭。

列子腿一软，趴在了地上，惊出了一身汗，一直流到脚后跟。

伯昏无人说："纯粹朴素的人，上能看透苍天，下可探入黄泉，精神无拘无束纵横八方，神情在任何情况下都不会改变。而现在你的心被眼睛看到的这么一点点情况就吓坏了，还谈什么射中目标！”

——《庄子·田子方》

原文摘要

列御寇为伯昏无人射，引之盈贯，措杯水其肘上，发之，适矢复沓，方矢复寓。当是时，犹象人也。伯昏无人曰：“是射之射，非不射之射也。尝与汝登高山，履危石，临百仞之渊，若能射乎？”于是无人遂登高山，履危石，临百仞之渊，背逡巡，足二分垂在外，揖御寇而进之。御寇伏地，汗流至踵。伯昏无人曰：“夫至人者，上窥青天，下潜黄泉，挥斥八极，神气不变。今汝怵然有恂目之志，尔于中也殆矣夫！”

列御寇（列子）任渭长 绘

简 议

列子名列御寇，道家代表人物。故事中的列子是个射箭高手，达到这样水平的人不多，射箭在他那里已经成了一种下意识行为，人与弓箭、射术合为一体，所以看上去像是个木头人。但在伯昏无人眼中，这还属于常人的技巧，也就是心中仍然装着个“我”，受着自己的限制，一旦换个环境就败下阵来。

这种情况好像体育比赛。有些球队，对付不如自己或者水平相当的对手，如同表演一般，行云流水，精彩绝伦，但遇上实力和名气强过自己的球队，就不会打了，要多难看有多难看。这样的球队打的不是球，而是面子。

这就是“自我”的局限。《老子》说：“自视者不章，自见者不明，自伐者无功，自矜者不长。”(《第二十四章》)自是自我；视是看，见是见到，伐是夸耀，矜是傲慢；章是清楚，明是明智，功是功业，长是长久。这句话的意思是，从自我的角度去看，是看不清楚的；自我所见到的东西，往往不明白；自我夸耀的人，别人并不买账；自高自大的人，一定长久不了。

有两个笑话。老师在课堂上提问：哪位同学回答一下，为什么我们先看见闪电，然后才听到雷声？一个同学抢着回答：因为眼睛在前面，耳朵在后面。妈妈带刚上幼儿园的儿子去动物园，看见一只刺猬，儿子指着它惊讶地叫道：看啊，这里有一只会走的仙人球！都说孩子是天生的诗人，一点儿也不假。但从科学上说，这两个孩子的认识显然是错误的。为什么会这样呢？因为他们是以自我来解读周围世界的。

要想达到明智，要想保持生命长久，就必须放弃自我，去掉世俗形成的个人偏见，回到与万物同一的最初状态。去除自我就叫做“自胜”。《老子》说：“胜人者有力也，自胜者强也。”(《第三十三章》)战胜别人的人有力量，战胜自己的人才是真正的强者。

多说几句

① 大脖子病

南岐这个地方在秦岭的山谷中，那里的水虽然甘甜，但水质有问题，凡是喝这种水生长的人都会患上“大脖子病”，所以当地居民没有一个人不是脖子肿大的。

山外的人来到这里，小孩和妇女立即围上前去观看，指着他笑着议论道：“瞧，这个人的脖子真是奇怪呀！枯瘦得像是根干柴，跟我们一点儿都不一样。”

山外人说：“你们的脖子肿得又粗又大，这是一种疾病！你们不去寻找良药治病，却来讥笑我，不是怪事吗？”

这些人说：“我们这里的人都是这个样子，我为什么要除掉它！”

那里的人始终不认为“大脖子”是丑陋的。(刘元卿《贤弈编·应谐录》)

（清）任渭长 绘

生活中类似这样的事情很多。一些人在出租房院里加工熟肉，污水遍地，臭气熏天。工商人员现场检查，认定为生产有害食品，予以取缔。他们不服，一人抓起一块肉放进嘴里，吃给检查人员看，问：“怎么有害了？我们能吃，为什么别人不能吃！”

2009年“两会”期间，大家讨论中国医疗体制改革问题。有人发言说，中国不存在看病难、看病贵的问题，所谓“难”和“贵”，其实都是患者过分要求医疗条件和待遇所造成的。此言一出，舆论大哗。

从自我出发看问题，没有不出错的。

② **巨额奖金**

发源于美国、危害全球的金融危机，其始作俑者是金融机构。这些机构不深刻反省过错，一边接受政府大量援助，一边继续维持高待遇，引起了社会强烈愤慨。美国国际集团（AIG）宣布，按照合同条款，应该向员工发放1.65亿美元奖金，实际上发放了2.18亿美元。这家金融机构由于资金困难，已经接受了政府1700亿美元的巨额救援，但经营毫无起色，濒临倒闭。总统奥巴马怒不可遏，发誓不惜一切手段阻止这一倒行逆施的行为。民意机构国会众议院高票通过了惩罚性议案。

然而，金融机构高管们却有自己的看法。一位银行家对政府征收高额奖金重税的措施抨击道：“这是我一生所见到的最反美国的事情。”有人甚至认为，金融精英以数百万人失业为代价积累巨额财富乃是人类进步的一个主要特征。

这些人与大众的认识差距为什么如此之大？不言自明的问题在他们那里为什么就是无法理解？

是自我造成了他们的偏执。

③ 上厕所

有一家宾馆，厕所里只有三个小便池。这天，来了许多外国游客，厕所外立刻排起了等候的长龙。然而令人不解的是，三个便池，他们只使用两个，是那一个坏了吗？

不是，那个便池好好的。他们为什么这样做？开始大家觉得稀奇，后来终于弄明白了，他们是怕自己人多，如果一旦把三个便池都占满了，会耽误别人上厕所的，为此特意留一个出来给别人用。只要有其他人来上厕所，站在他们后面排队，他们就会彬彬有礼地请他去那个池子方便。没有谁要求他们这样做，他们之间也没有商量过，完全是一种习惯，一种下意识的举动。

不自我其实很平常，只要心里装着别人，生活中处处可以体现出来。

(2) 超我

导 读

鲁国有个叫王骀（tái）的人，因为受刑被砍掉一只脚。他与孔子一样，也举办私学招生授课，而且追随他的人跟追随孔子的人一样多。

孔子的弟子常季不服气，问老师："王骀是个受过刑罚被斩断脚的人，鲁国的学生中，他的学生和您的学生各占去一半。从来没有见过他站着讲授学问，总是坐着评论对错，而学生们来的时候空空如也，离去的时候满载而归。先生，世上真有不通过语言、形体只是用心灵教成学生的吗？王骀究竟是个什么样的人呢？”

“圣人。”孔子说。

常季说：“如果说他超过了先生，那么他超过平常人也就太多了。像这样的人，他的心思有什么特别的地方吗？”

孔子答道：“要是用差别的眼光察看，肝与胆虽然都是人身上的部位，但二者的差别就像楚国与越国这两个敌对国家那样大；要是用同一的眼光观看，万物都是相同混合的。像这样视万物为一体的人，不去理会事物之间的差异，只看重它们之间的混同。王骀看待自己断了一只脚，就像是大地掉了一小块泥土一样。”

——《庄子·德充符》

原文摘要

鲁有兀者王骀，从之游者与仲尼相若。常季问于仲尼曰：“王骀，兀者也，从之游者与夫子中分鲁……是何人也？”仲尼曰：“夫子，圣人也……”常季曰：“彼兀者也，而王先生，其与庸亦远矣。若然者，其用心也，独若之何？”仲尼曰：“……自其异者视之，肝胆楚越也；自其同者视之，万物皆一也……物视其所一而不见其所丧，视丧其足犹遗土也。”

（清）任渭长 绘

简议

王骀的社会条件和生理条件都不如孔子，但门下的学生与孔子一样多，说明他的思想魅力与人格魅力在孔子之上。王骀为什么能够胜过孔子？最根本的是他超越了自我，达到了与自然合为一体的境界。也就是故事中孔子所强调的，他不是把自己放在与万物的差异中，而是放在与世界的混同中。所以，尽管他的身体有残缺，但他的精神很完整，根本不在意别人怎么看他，当然也不会用个体的眼光去看世界。心大，吸引力也就大。

《老子》把这种无差别境界称为“玄同”（《第五十六章》）。前面说过，玄表示幽深，是原初存在、自然，与“道”的意义相同。“玄同”就是在最深的层次上，在自然本体基础上，个人与世界相贯通。这个境界是道的境界。

怎样才能进入这一境界呢？《老子》说：“塞其兑，闭其门，挫其锐，解其纷，和其光，同其尘。是谓玄同。”（《第五十六章》）意思是，堵塞自己的感官，封闭自己的一孔之见，锉平自己的个性锋芒，消除争强好胜的心态，不管是光明还是污垢，都一律对待。达到了这一步，就做到了“玄同”。

眼睛等器官的感觉，欲望、见地、脾气、心思、好恶之类，都是个体性的东西，抑制它们就是去除自我，也就是人们常说的去私。只有去除自我，生命才能长久。《老子》说：“天地之所以能够长久存在，是因为它不生养自己而生养万物，反而获得永恒。因此，深谙此道的圣人从自我中退解出来，将生命置于肉体之上。由于把生命放在自我之外，反而得以保全自身。这不正是因为他无私吗？所以无私可以成就自身。”①

人为什么超越自我，生命反而能够长久呢？因为人消除了与外界、与

---

① 天长，地久。天地之所以能长且久者，以其不自生也，故能长生。是以圣人退其身而身先，外其身而身存，不以其无私邪？故能成其私。（《老子·第七章》）

自身的对立，做到了人与物、人与自己的和谐。

去自我，以天地为榜样，是“道”的精神。

多说几句

① 图腾

青海大通县上孙家寨新石器遗址出土一件彩陶盆，图案的主体部分是先民的狂欢。他们手拉着手快乐起舞，每个人都拖着一条长长的尾巴。在他们的意识中，人与动物并没有严格的界限，大家都是亲戚，常来常往。

先民常常羡慕动物，因为它们比人跑得快，比人力气大，比人会躲藏。这种羡慕进一步发展，便形成了图腾崇拜。人们认定自己是某种动物的亲属或后代，期望并相信能够得到它的保护和帮助，这种动物就叫图腾(totem)。图腾一词是北美印第安阿尔冈昆部落奥吉布瓦方言，不同地区有不同叫法。我国鄂温克人把它称做“嘎布尔”。图腾不止是动物，还有植物和其他东西，像树、竹、仙人掌、太阳、月亮、火、石头等，但最多见的是动物。

我们在今天仍然可以看到这种现象的遗存。比如，法国的公鸡、日本的太阳、罗马城的狼、柏林城的熊、印度的牛，等等。

龙和凤是华夏民族最具有普遍性的图腾，虎和龟也比较有影响力。由此也就形成了“四灵”，即青龙、白虎、朱雀（凤）、玄武（龟蛇合一）四神兽。

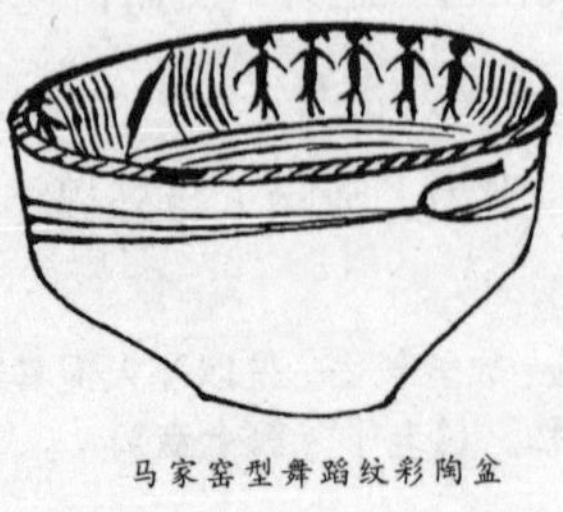

马家窑型舞蹈纹彩陶盆

这从一个侧面表明，自然状态下，人的意识中还没有自我，是朦胧的，也就是《老子》所说的“混成”、“恍”、“惚”、“玄同”。

② **忘记对别人的恩典**

秦国大军包围了赵国的都城邯郸，赵国危在旦夕。

赵国向魏国求救，魏王派大将晋鄙率军前往，但按兵不动。魏国的公子信陵君假传魏王命令，杀掉了晋鄙，统率大军驰援赵国，挽救了邯郸，击败了秦军，保全了赵国。

为表示感激，赵王亲自到郊外迎接信陵君。

贤士唐雎对信陵君说：“我听人说，有的事情不能知道，有的事情不能不知道；有的事情不能忘记，有的事情不能不忘记。”

“这话怎么讲？”信陵君问。

“别人憎恶我，我不能不知道；我憎恶别人，不能让人知道。别人对我有恩，我不能忘记；我对别人有恩，不可以不忘记。如今您解救了邯郸，这对赵国来说是极大的恩泽。赵王亲自到郊外迎接您，等一会儿见到赵王，我希望您能忘掉解救赵国的事。”唐雎说。

信陵君深以为是，说：“我遵从您的教诲。”（《战国策·魏四》）

忘记对别人的恩德，就属于去自我，这是一种高贵。

信陵君假传王命，回不了魏国，只好在赵国住下来，一住就是10年。显然他记住了唐雎的话，要不他早就待不下去了。正是这种高贵，使他威望大增。10年后，他返回魏国，被5个国家推举为对抗秦国的联军统帅，大家都听他的。在他的领导下，各国齐心协力击败了强大的秦军，给他挣足了面子。

③ **换位**

每个人都有自己的社会位置，人们早已习惯了从自己所处的位置看问题。由于位置不同，视角不同，矛盾也就不可避免。那么，我们能不能换一个角度，站在对方的立场上体验一下呢？这就是换位思考，是一种超出自我狭隘界限的方法。

有一家国内媒体，举办了一期节目，请两位少年互相交换他们的生存环境，彼此体验对方的生活。他们一位是省城的富家子弟，一位是偏远落后地区贫苦人家的儿子。富家子弟到了贫苦人家，无法承受贫困生活，哭了；穷人家儿子坐在富人豪华的宝马车中、面对满桌子精致菜肴，哭了。两位少年都上了一堂严峻甚至残酷的社会课，原来在自己的生活之外还有另一种生活。富家子弟看到了父母是在怎样艰难环境中养育下一代的，体会到了父母的伟大和坚韧，临别时长跪不起，表达天下儿女的无上敬意。穷人家儿子看到了发达地区的人们是怎样享受现代文明的，体会到了财富的力量，立志要努力学习，通过自己的奋斗改变命运。

换位使他们开始突破自我，走向一个更大的世界。

本篇小结

(1) 生命

生命是人生的最高价值。它大于名、利、权、位等天下一切，也就是大于社会；它大于欲望、个性、好恶等主观的一切，也就是大于自我。为了保持生命，天下的一切可以抛弃，主观的一切可以去除。在生命面前，一切都应该低下头，不管是高贵的还是卑贱的。

生命是自然的杰作。对生命的推崇实际上包含了一种人通过自身回到自然的思路。

(2) 吝啬

保存生命的诀窍是吝啬。生命资源是有限的，细水长流，耗损越少延续的时间也就越长。名声、利益等社会性的东西是生命的敌人，欲望、好恶等自我性的东西是生命的杀手，因为它们加大加速了生命的耗损。

人对社会的依赖越大，生命所受到的干扰也就越大。只要看看周围就清楚了，我们被迫吸有毒的废气，被迫听装修的噪音，被迫看低俗的广告，被迫喝污染的脏水，被迫忍受危机带来的冲击，被迫……凡此种种，逼迫人们不得不格外付出。

吝啬是以“静”为宗旨的简约生活方式的具体化。韩非在解读《老子》时说：“圣人运用心神遵循的是静，静就是少消耗，少消耗就叫做‘啬’。啬作为一种方法，来自于道理。”①

（3）平等

包括人在内的万物，从根子上说是没有差别的。自然状态下，人与人，人与物，比方石头、树、动物，都是一样的，各自存在着罢了。是人、社会使这一切生出了差别，于是有了你、我、他，有了富人和穷人、权贵和平民，有了金子和泥土。其实，这是一个巨大的误区，事物在差别中绕了一圈，最后都要消亡，归于虚无，无一例外。出于平等，归于平等，这就是“道”的运行，是“道”告诉人们的真理。

敬畏生命，不只是敬畏自己的生命，同时是敬畏一切。这种普遍的敬畏意识是我们保持生命长久的前提。

（清）花卉

① 圣人之用神也静，静则少费，少费之谓啬。啬之谓术也，生于道理。（《韩非子·解老》）

跟老子学生存

四、生活以真实为根本

四、生活以真实为根本

要义 婴儿是人的自然状态，是真实的化身，具有最强大的生命力，是人效法的榜样。要想找回失落的天性，返璞归真，就必须如同婴儿那样无差别地对待周围的一切，去除机巧、雕饰等人为的东西。

（一）婴儿的启示

婴儿具有最强大的生命力，最接近于“道”。为什么这样说呢？

1. 什么是真

导 读

孔子在外面游历，遇到一位老人，人们叫他渔父。

孔子向渔父请教。渔父说：“如果你能够通过修身守住本真，与世无争，就没有什么拖累了。”

孔子心中一亮，恭恭敬敬地问：“请问什么是真？”

渔父说：“真乃是精诚的极致状态。不精不诚是不能打动人的。强作哭泣的人，看上去悲痛，却绝不哀伤；强作愤怒的人，看上去厉害，却绝不威严；强作亲爱的人，看上去和蔼，却绝不切近。出于真心的悲痛，即使还没有出声但已经悲戚动人了；出于真心的愤怒，即使还没有发作但已经让人感到威慑了；出于真心的亲近，即使还没有露出笑意但已经让人感到亲和了。只有心是真诚的，表现出来的神态也才能有感染力，这就是真的可贵之处。”

真属于诚的范围，是诚的精魄。孔子听明白了，点了点头。

渔父继续说："把真诚用在道德上，对待亲人自然就会慈孝，事奉君主自然就会忠贞，饮酒聚会自然就会欢乐，身处丧事自然就会悲哀。"

"你说的是遵守礼制吧？"孔子试着问。

"不。"渔父摇摇头，"礼仪制度是世俗人为的规定，真诚是天赋予人的本性。世俗的东西可以改变，自然本性是恒常不变的。所以圣人效法天道，以真诚为贵，根本不拘泥于世俗，而愚蠢的人正好相反。你把天道放在一边，处处照顾世俗看法，不知道真诚的可贵，庸人自扰地随波逐流，所以是人为有余而真诚不足。可惜啊，你在人情世故中陷得太深了、太久了。"

——《庄子·渔父》

原文摘要

孔子愀然曰："请问何谓真？"客曰："真者，精诚之至也。不精不诚，不能动人。故强哭者，虽悲不哀；强怒者，虽严不威；强亲者，虽笑不和。真悲无声而哀，真怒未发而威，真亲未笑而和。真在内者，神动于外，是所以贵真也。其用于人理也，事亲则慈孝，事君则忠贞，饮酒则欢乐，处丧则悲哀……礼者，世俗之所为也；真者，所以受于天也；自然不可易也。故圣人法天贵真，不拘于俗。"

（明）陈洪绶 绘

简 议

这里庄子告诉人们，真是诚心的极致状态，是人的天性，它与世俗相对立；自然代表真诚，人为代表虚假，正是礼制之类的社会力量使人矫揉造作，离开了天性的真挚。

极致、天性指向的是源头。《老子》正是在本原的意义上来界说“真”的。“道之为物，惟恍惟惚。惚兮恍兮，其中有象。恍兮惚兮，其中有物。窈兮冥兮，其中有精。其精甚真，其中有信。”（《第二十一章》）这句话的意思是，“道”这种东西，恍恍惚惚。虽然恍惚，但其中又孕育着一切形象；虽然恍惚，但其中又有万物的苗头。虽然幽深昏暗，但其中却实实在在。实在得非常真确，令人完全相信。总之，“道”、原初存在就是真。从哲学上说，原初存在叫做实体，从实体讲真，真也就具有了“实”的意义。《老子》的真不是现实意义上的真，不是具体事物的真，而是世界观上的真。

老子从婴儿那里看到了真实。在婴儿身上，心（精神）与身（肉体）浑然一体，不存在后来那种身体是自然的而心思却是社会的分裂现象；身心都处于自然状态，呼吸专一，身体柔软，心灵清澈纯净，没有一丁点儿世俗的尘垢[①]。婴儿是人的开端，天性最为充分，体现了“道”的精神。

其实，圣人就是婴儿。圣人对待天下，没有自我，他的意识与包括人在内的万物浑然一体，老百姓的心都向着他，他完全像孩子一样真诚地对待一切[②]。圣人是人的极致，婴儿是人的初始，极致与初始是一回事。

多说几句

① 真实在现象的背后

在柏拉图（希腊，公元前427～前347年）哲学中，世界有两个，一个是现象世界，也就是一般人时常沉溺于其中的那个世俗领域；再有一个是理念世界，这是一个纯粹的精神领域。比方说三角形，现实生活中各种

① 载营魄抱一，能无离乎？专气致柔，能如婴儿乎？涤除玄鉴，能无疵乎？（《老子·第十章》）

② 圣人在天下，歙歙（xī）焉，为天下浑其心。百姓皆注其耳目，圣人皆孩之。（《老子·第四十九章》）

三角形物体属于现象世界，三角形概念则属于理念世界。这两个世界哪个是本体呢？柏拉图认为是理念世界。每一个具体的三角形，都是按照三角形概念造出来的，以概念为原型，所以概念在先。

那么这两个世界哪个是真实的呢？显然是理念世界。完美的、绝对的、永恒的三角形只存在于概念中，现实的三角形只是现象，它们有生有灭，存在着种种缺憾。我们都知道，三角形的三个内角和等于180°，然而我们在现实世界中根本找不到这样的三角形，即使工艺再高超再严格，也造不出这样的三角形，具体的三角形总有误差。

这就告诉我们，看到的、摸到的并不一定就是真实，真实在现象的后面。

柏拉图哲学也是在原初存在的意义上谈论真实的。当然，老子与他有所不同，老子所说的原初存在不是概念，而是物、自然。但这并不妨碍两种文化之间的相通。柏拉图高扬理念，是为了给现实世界提供一个理想样板；老子高扬“道”，是为了给现实世界保持其自然本质提供根本理由。柏拉图哲学与《老子》都怀着同样的批判精神。

② 皇帝的新衣

从前有一个国王，非常喜欢好看的新衣服，每个小时都要换一次衣装。

一天，来了两个骗子，说自己能织出世界上最漂亮的布，用它做成衣服，不仅华丽无比，而且还有一项奇异功能，就是愚蠢的人看不见。国王动了心，因为他想知道自己的国家中，哪些臣民是聪明人，哪些是傻瓜。于是便给了那两个家伙许多钱，命令他们立即开工。

两个骗子弄来两台织机，装模作样地干了起来，不时地要求国王增加原料和金钱。当然，这些东西一点儿都没有用上，都被装进了他们的腰包。织机上空空的，他们只是在那里动动手，动动脚，假装忙碌罢了。

国王不放心，派了一位一向诚实善良的年老大臣前去察看。织机上什么都没有，但他不敢讲，因为他不想让别人说他是傻瓜。于是他回去向国王汇报，说那两个人织的布料美丽极了。不久，国王又派了一位诚实的大臣前去察看，他也什么都没看见，但他同样不想让别人说他是傻瓜，向国王作了一样的汇报。后来，国王自己亲自去检查，织机上连一根线也没有，但国王不敢讲，因为傻瓜是不配统治一个国家的。作为这个国家最聪明的人，他说："啊，布料真是美极了！"

（清）上官周 绘

终于，骗子向国王报告，布织好了。国王用神奇的布做了一身衣服，穿着它参加游行大典。人们都赞叹道："国王的新衣服真漂亮！"其实，他们看到的是一个光着身子走路的国王，但没有一个人敢说真话，谁都不愿意被人当成傻瓜。

这时，一个孩子高声叫道："看呀，国王光着身子！"

孩子的话传开了，最后大家都说："国王什么都没穿。"

听到大家的议论，国王也觉得不对劲儿，但没有办法，只好光着身子走完游行全程（《安徒生童话》）。

大众往往是虚假的代名词。童言无忌，之所以如此，是因为他们尚未被大众化掉。

2. 真者无敌

导 读

南荣趎（chú）背着干粮走了七天七夜来到老子住处，请教保养生命的道理。

老子说："你能做到保守纯一吗？能做到不丧失本性吗？能做到不占卜就知道凶吉吗？能做到心灵静止吗？能做到熄灭思虑吗？能做到不求助别人而依靠自己吗？能做到无所牵挂吗？能做到顺畅无阻吗？能做到像婴儿那样吗？"

一连九个"能做到吗"把南荣趎问蒙了。别说九个了，他一个也做不到。

老子说："婴儿虽然从早到晚啼哭不止，却不见喉咙嘶哑，是因为出于自然；整天拳头攥得紧紧的，但手指却没有变成弯曲，是由于出于天性；总是睁大眼睛看，但眼球却不转动，是因为他的注意力不在外面的世界。"

停了停，老子总结道："行动时不要惦记着往哪里去，停下来也不要在意住在何处，与自然合拍，随遇而安。这就是保养生命的道理。"

见南荣趎还是不太明白，老子又说："婴儿活动完全没有个人目的，不知道要干什么。身体像枯死的树枝，心灵像是死灰。这样的人，灾祸找不到他头上，福祉也离他远远的。福祸跟他都没有关系，哪里还会有谁来害他！"

——《庄子·庚桑楚》

原文摘要

南荣趎赢粮，七日七夜至老子之所……老子曰："卫生之经，能抱一乎？能勿失乎？能无卜筮（shì）而知吉凶乎？能止乎？能已乎？能舍诸人而求诸己乎？能翛（xiāo）然乎？能侗（dòng）然乎？能儿子乎？儿子终

老子

日嗥而嗌不嗄（shà），和之至也；终日握而手不掜（yì），共其德也；终日视而目不瞚（shùn），偏不在外也。行不知所之，居不知所为，与物委蛇而同其波。是卫生之经已。”

简议

身若槁木，心若死灰，表示的是身与心都没有自我，完全融入了自然。这样的人根本不去追求什么福分，当然也就不会有灾祸，全然超越了世俗。婴儿就是这样，他与周围相混同，生命最为安全。

庄子的这个故事是对《老子》下面这段话的演绎。这话这样说：赤子，“马蜂蝎子一类的毒虫不蜇他，虎狼一类的猛兽不伤他，鹰雕一类的猛禽不抓他。他的筋骨柔弱，但手却攥得紧紧的，一旦抓住东西便牢牢握住。虽然不懂得男女交合之事，但小生殖器却有力勃起，这是由于精气极为旺盛。他终日号哭不止，而气息仍然顺畅，这是因为呼吸极为和谐。知道和谐叫做懂得恒常，懂得恒常叫做明白道理。刻意地奉养生命的躯体，会导致不祥，有意地鼓动生命的气息，会造成损伤。事物发展到强盛一定要走向反面。这就叫做违背‘道’，违背了‘道’就会过早死亡。”①

老子说的赤子，是刚生下来的婴儿，赤是红色，红色的小生命没有一点儿社会污染，最为真诚，人们常说的赤子之心表达的就是这个意思。婴儿的意识混沌不分，与自然完全和谐一致，虽然不懂事，但本能地符合“道”。由于他与万物没有区别，不与谁为敌，当然也就没有敌人。他很柔弱，谁也打不过，然而却又是最强大的，因为没人把他当敌人，就连毒虫猛兽都不去伤害他。

---

① 毒虫不螫（shì），猛兽不据，攫鸟不搏。骨弱筋柔而握固。未知牝牡之会而朘（zuī）作，精之至也。终日号而不嗄，和之至也。知和曰常，知常曰明，益生曰祥，心使气曰强。物壮则老，谓之不道，不道早已。（《老子·第五十五章》）

动物学家发现，当人与猛兽遭遇，如果人不表现出异常，比如惊异、恐惧、戒备、攻击等情绪和举动，而是当没事一样走自己的路，猛兽要是不饿极了，一般不去主动攻击人；如果反应激烈，猛兽会以为人对它不怀好意，为了保护自己而本能地发起进攻。婴儿不懂得什么猛兽，该怎么着还怎么着，他的适应性也很强，所以常常转危为安。印度、俄国等国家曾经发现过狼孩、豹孩，就是一个证明。要是换了成人，早就成了恶狼的食物了。

说婴儿的生命力强大，不是因为他的年龄优势，而是因为他身上的自然性最多，婴儿人在社会，但身心却在自然。

多说几句

① 婴儿的自保本能

科学家发现，婴儿天生就具有排斥苦味道的能力。这种能力来源于人类漫长的进化过程。苦味道通常由生物碱造成，而生物碱则包含在植物的毒素中。植物的毒素具有自我保护作用，为了防止自己被动物吃掉，植物便分泌出有毒物质。同样的，排斥苦味道也是人的自我保护功能，人为了避免中毒，通过世世代代的选择，形成了对苦味道的敏感和拒绝。所以婴儿天生就讨厌具有苦味道的食物。

科学家建议，如果母亲希望她们的孩子喜欢吃蔬菜，就应该给孩子创造条件，让他们适应蔬菜的味道。一项实验证明，母亲可以通过遗传影响自己的孩子。譬如，经常喝芹菜汁的母亲，孩子比较容易接受芹菜的味道；母亲喜欢大蒜，孩子对蒜味也不大讨厌。

② 射虎

楚国有位叫熊渠子的人，一天走夜路，猛地看到地上躺着一个东西，以为是卧着的老虎，便拉满弓，一箭射去，正中目标，那支箭入得很深，

虎 汉画像石

竟然连箭尾都插进去了。

熊渠子走过去仔细一看，哪里是什么老虎，分明是一块大石头，朦朦胧胧的，像只老虎罢了。于是对准石头又射出一箭，不想箭一触到石头就弹跳起来，消失得无影无踪。

熊渠子显示出了他的诚心，金石都为他开裂，更何况人呢？（《韩诗外传》卷六）

为什么两次射箭的效果不同？因为心态不一样。第一次面对的是意识中的真老虎，是真心去射；第二次面对的是石头，明知是假，思想已经放松了。

这就是真实的力量。

③ **周期率**

1946年抗战胜利后，国共两党在中国发展方向问题上产生了重大分歧。担任民盟、民建两个民主党派主席的黄炎培前往延安，与毛泽东长谈。

黄炎培说："我生六十多年，耳闻的不说，所亲眼见到的，真所谓'其兴也浡焉，其亡也忽焉'，一人、一家、一团体、一地方、乃至一国，不少单位都没有能跳出这周期率的支配力。大凡初时聚精会神，没有一事不用心，没有一人不卖力，也许那时艰难困苦，只有从万死中觅取一生。既而环境渐渐好转了，精神也就渐渐放下了。有的因为历时长久，自然地惰性发作，由少数演为多数，到风气养成，虽有大力，无法扭转，并且无法补救……一部历史，'政怠宦成'的也有，'人亡政息'的也有，'求荣取辱'的也有。总之没能跳出这周期率。"

一个政党，最初朝气蓬勃，能量无限，渐渐地就失去了锐气，迅速衰败，最后被历史抛弃，为什么？用《老子》的思想来分析，可以将其初期比喻为婴儿。政党的生命力在哪里？在民众。最初它没有自己特殊的利益，就像婴儿那样没有“自我”；它与群众打成一片，所谓“想群众所想，急群众所急”，意识、情感完全一致，就像婴儿那样与环境浑然一体；它真诚廉洁，谦虚谨慎，就像婴儿那样与万物和谐相处，所以他有着强大的生命力，没有任何力量能够阻挡它的前进步伐。然而随着发展，实力渐渐膨胀，“物壮则老”，此时稍一放纵，就会把自己推向反面，一旦有了自我利益并且去谋取这种利益，与民众离心离德，日子就到头了，这时候任何手段都挽救不了它。

3．真者无失

导读

有一个名叫庆的人，担任梓的职务。梓是管理木工的头，人们都叫他梓庆。他用木材制作的鐻（jù），也就是悬挂乐器的架子，上面雕刻的鸟兽图案活灵活现，简直是鬼斧神工，见到的人没有不称奇的。

鲁国的国君问他：“先生是凭着怎样的诀窍做成的呢？”

梓庆说：“臣在制鐻之前，绝不敢耗损精气，定然斋戒静心。

“斋戒三天，心中不敢再有庆贺、奖赏、爵位、俸禄的念头。

“斋戒五天，不敢再有非议、赞誉、智巧、笨拙的念头。

“斋戒七天，心中寂然不动，忘记了自己有四肢形体。到了这个时候，心中没有了朝廷命令，精力完全集中在事情上，所有干扰都消除了。然后臣进入山林，观察鸟兽的神情形态，体会成熟了，先制成乐器框架，接着动手雕刻。如果达不到这一步，臣绝不动手。就这样，臣把自己的天性与自然事物的天性合而为一。人们惊叹臣做出的东西鬼斧神工，诀窍就在这里！”

——《庄子·达生》

原文摘要

梓庆削木为鐻，鐻成，见者惊犹鬼神。鲁侯见而问焉，曰：“子何术以为焉？”对曰：“臣，工人，何术之有？虽然，有一焉。臣将为鐻，未尝敢以耗气也，必齐心静心。齐三日，而不敢怀庆赏爵禄；齐五日，不敢怀非誉巧拙；齐七日，辄然忘吾有四肢形体也。当是时也，无公朝，其巧专而外骨消。然后入山林，观天性形躯，至矣，然后成见鐻，然后加手焉，不然则已。则以天合天，器之所以疑神者，其是与！”

（清）任伯年　绘

简　议

梓庆做出的东西，人们怀疑是鬼神之力，而不是人的活计。梓庆为什么能够达到鬼斧神工？因为他突破了自己和人类的界限，名利得失等世俗的一切在他那里已经荡然无存，完全融入自然之中，从而达到自己的真实与对象的真实合而为一。这种境界，就是浑然天成。人做不到，鬼神才能做到。

能够做出这样的东西，是大得，最高收获；能够得到这样的评价，是大得，至高荣誉。前面说过，得就是德。梓庆的成就是在“道”的基础上也就是通过自然途径达成的，所以他的大得同时也就意味着大德。大所得与大德行共生共存。

在老子看来，婴儿天生就具有大德，是那些修养德行的人的样板。《老子》说："含德之厚者，比于赤子。"（《第五十五章》）含德是蓄含道德，赤子是真诚的婴儿。道德深厚的人，可以跟真诚的婴儿相比。《老子》又说："常德不离，复归于婴儿。"（《第二十八章》）常是恒久。永久保持道德而不离开的人，就是重新回到婴儿状态的人。

在真实的基础上讲道德，突出的是自然而然，由此也就为人们提供了一种理解道德的独特视野。儒家的道德，本质上是一种制度（礼），不管你愿意不愿意，自觉不自觉，一定要按照道德规范去做。道家不这么要求，做不做，怎么做，完全凭真实。比方说孝亲。老人病重，需要照料，对子女来说，有两种情形，一种主要是出于责任，一种主要是出于真情。出于责任的，有时难免不耐烦，甚至心生抱怨，正如俗话说的"久病床前无孝子"；而出于真情的，很少有牢骚，因为他心甘情愿。哪一种更理想？显然是后者。但这样的人少之又少，因为俗人太多。

总之，真实的人没有什么损失，因为他根本不在意世俗得失。正因为他不把心思放在功利上面，他常常收获最多。

大得来自大德，而真实本身就是德。

多说几句

① 煮粥

唐朝功臣英国公李勣（jì，徐懋功）有一个姐姐，身体不好，经常闹病。每逢姐姐生病，他一定亲自煮粥服侍。有时候太专心，竟然被炉火烧焦了胡须。姐姐心里过意不去，说："家中仆役、侍妾不少，你干吗非要亲自动手，辛苦成这个样子呢？"李勣说："姐姐和我岁数都不小了，算是老人了。我给姐姐煮粥还能煮多久呢？今后就是想煮，怕也是机会不多

了。”(《唐语林》)

有一个女儿，非常喜欢吃母亲煮的粥。母亲眼神不好，煮饭时头总是垂得很低，几乎凑到了锅上，聚精会神地用长木勺不停地在锅里搅动。叫她一声，扭过头，脸上总浮着笑。女儿离开家到外面闯荡，想起了母亲的粥，便按照母亲的配方煮了一锅。喝一口，远不是那味道。愣愣地想半天，终于明白了：母亲的粥里有真情，而自已煮的粥里却没有。

② 实话实说

南宋的孝宗皇帝赵眘（shèn），颁布了一道命令：禁止朝廷官员在工作时间扎堆儿聊天，原因很简单，聊天耽搁公事。当时有一个叫李安国的人担任郎中。一天，有人带来一位方士，大家对方术挺感兴趣，就聚在一起聊起有关命运的事情来。第二天，孝宗皇帝派人责问，昨天大家聚在一起是不是议论与公务无关的话题。同僚们都很不好意思，想找个借口蒙混过关。李安国说：“不妨实话实说。照实说，即使有罪，也不至于杀头；不照实说，就是欺君，罪过可就大了。”于是，据实禀报，并引咎辞职。三天后，皇帝降旨，升李安国为吏部侍郎。(周密：《齐东野语》)

（明）陈洪绶 绘

老实人也许常吃小亏，但绝不会吃大亏。有时候诚实不仅可以使人安渡难关，可能还会带来意外收获。

然而，要在生活中做到实话实说非常困难。有一种谎言叫善意的谎言，亲人或同事患了不治之症，十有八九的人会隐瞒真相，告诉病人他并无大碍。英国《每日邮报》做过一项调查，英国人每天平均要撒4次谎，一年下来就是1460个谎言，男人比女人更能撒谎，而女人说起谎来更自然。谎言中的绝大部分都是善意的，人们也不会为此而愧疚。然而，只要说谎，即使是为了别人好，也一定要付出代价。一旦谎言败露，说谎者的信誉将大打折扣，今后人们对他的话总要掂量掂量。

③ 杯酒释兵权

赵匡胤（yìn）在陈桥发动兵变，建立了宋朝，是为宋太祖。一天，他设宴款待功臣，说："没有你们这帮人，哪有我的今天？"一句话，说得大伙心头热乎乎的，人人都期待地望着他。不想赵匡胤却摇摇头，说："可如今我这个做皇帝的，还不如当初当节度使快活，晚上连觉都睡不踏实。"功臣们大惊，纷纷离座叩头，问："现在天命已定，谁还敢怀有二心？陛下何出此言？"

赵匡胤叹了口气，说："大富大贵，哪个不想？一旦有人把皇袍加在你们身上，到时候你们就是不想做皇帝，恐怕也推不掉。"当年在陈桥，就是部下把皇帝的袍子披在赵匡胤身上，由此将他拥上帝位的。赵匡胤接着说："人生短暂，就像是白色的龙驹从缝隙中穿过去那样，只是一眨眼的工夫。还不如多得些金银，购买田地宅院，留给子孙后代；自己在歌舞升平中度过一生，得享天年，使我们君臣之间没有猜忌，何乐而不为呢？"

第二天朝会的时候，功臣们纷纷上奏身体不适，请求皇帝开恩解除掉自己的兵权。太祖批准了大家的奏请，改封他们有职无权的闲官，并赏赐了很多东西。（《宋史 · 石守信传》）

赵匡胤说的句句真实。正是这番真情告白，打动了跟他打天下的老弟兄们，使他们主动交出兵权，国家得以长治久安。赵匡胤的手段比那些杀戮功臣的做法高明得多。

用得好，真实是一种最有效的招数。

（二）返璞归真

学习婴儿，目的是找回失落的天性，回到原初状态，也就是人们常说的返璞归真。那么，怎样才能达到这一境界呢？

1. 超越对立

导读

黄河之神河伯乘着夏日泛滥的洪水浩然东去，河面宽阔得看不清对岸的牛马，便以为天下的壮美都汇聚于自己一身。等到达了东海才骤然发现，原来海是那样的广大，不禁对大海之神北海若大发感慨。

北海若告诉河伯，大海也不是最大的，“它处在天地之间，如同是一块小石子、一棵小树苗处在泰山中一样。人只是万物中的一个，他所生存于其中的九州，不过是宇宙的万分之一，与宇宙相比，人就像是长在马身上的一根毫毛。”

河伯问：“照这么看，说天地最大、毫毛最小可以了吧？”

北海若说：“不可以。万事万物，从量上看，是无穷的；从时间上看，是无尽的；从界限上看，是无常的；从始终上看，是无定的。因此有大智慧的人观察事物，小的并不小，大的并不大，怎么能说毫毛是最小的而天地是最大的呢？”

河伯又问：“那么，怎样去区分大小呢？”

北海若说：“相比较看，事物与比它小的东西相比，万物没有不大的；与比它大的东西相比，万物没有不小的。天地在比它大的事物面前，就像是米粒；毫毛在比它小的事物面前，就像是大山。”

——《庄子·秋水》

原文摘要

河伯欣然自喜，以天下之美为尽在己。顺流而东行，至于北海，东面而视，不见水端。于是焉河伯始旋其面目，望洋向若而叹……北海若曰："……以差观之，因其所大而大之，则万物莫不大；因其所小而小之，则万物莫不小。知天地之为稊（tí）米也，知毫末之为丘山也，则差数睹矣。"

（清）大海

简 议

事物分出大小，完全是比较的结果。所谓大，是相对比它小的东西而言；所谓小，是相对比它大的东西而言，根本不存在绝对的大或小。大小是这样，其他差别，诸如高低、贵贱等也是这样，一切都是相对的。

《老子》问："唯与诃（hē），其相去几何？美与恶，其相去何若？"（《第二十章》）唯，唯唯诺诺的应承，表示服从；诃，呵斥、训斥，表示支使。意思是，应承与支使，二者相差多少？善与恶，二者距离多大？与此相类似的还有雄雌（强弱）、黑白、福祸、正邪等等。

其实，这一切都是人为的区分。比方正邪。正，是人规定的，如果人作相反的规定，那么被认为是正的东西就不正常了，而成为反常，善良也会成为邪恶①。所以，应承与支使，善良与邪恶，实在没有什么差别。《老子》叹息道："望呵，其未央才！"（《第二十章》）望指的是远远地看，表示世人的观念；未央是没有尽头。意思是，按照世人的观念，这样分辨

① 其无正也。正复为奇，善复为妖。（《老子·第五十八章》）

下去，哪里还有个头！

我们可以从当代社会价值观的变化中找到证明。20世纪50~60年代，毫不利己专门利人被人们普遍认同，而现在利己被认为是第一位的。从前作为反面的自私，现在成了合情合理的事情。

那么，对于这些差别应该采取什么样的态度呢？老子拿自己说事："世人高兴欢乐，如同参加盛大的宴会，又像登上高台眺望春天的美景。唯独我淡漠没有反应，就像是一个还不会笑的婴儿那样。疲惫懒散啊！像是无家可归。世人都智慧有余，唯独我有所失。我有的只是愚笨人的心肠啊，愚不可及！世人都明白清醒，唯独我昏昏沉沉！世人都目光敏锐，唯独我糊里糊涂！在这如同大海一样广阔无边的世界上，大家都有所作为，唯独我愚顽鄙陋。人群中唯有我与众不同，像婴儿吃奶那样只从'道'那里汲取营养。"[①]老子的态度是超越，超越"唯与诃"，超越"美与恶"，也就是回到人为区分前的状态。这个状态是婴儿的状态，是真实状态。

超越善恶是否意味着放纵坏人坏事呢？《淮南子》讲过这样一件事：有一个人在女儿出嫁时叮嘱道："你到夫家后，千万小心了，不要做善事！"女儿很奇怪，问："难道去做坏事吗？"父亲答道："善事尚且不去做，何况不善的事情呢！"《淮南子》提示说，这位父亲说的是保全天性的道理（《说山训》）。意思是，不要刻意地去做，而应顺其自然。比方前面说过的孝亲，怕别人说自己不孝才去服侍老人，就是执著于差别；而发自内心地去做，根本不考虑舆论，就是超越了善恶。前者是假，后者才是真。

---

① 众人熙熙，若飨于大牢，而登春台。我泊焉未兆，若婴儿未咳。累呵！如无所归。众人皆有余，我独遗。我愚人之心也，惷惷（chǔn）呵！鬻人昭昭，我独若昏呵！鬻人察察，我独闵闵呵！滗呵，其若海；望呵，其若无所止。众人皆有以，我独顽以鄙。吾欲独异于人，而贵食母。（《老子·第二十章》）

多说几句

① **爱与恨**

伦敦大学的斯米尔·泽基和约翰·保罗·罗麦亚做过一项试验。他们请试验对象观看他们憎恨的人的照片，同时对他们的大脑进行扫描，然后确定产生憎恨情绪的相关部位。这个部位被称为“憎恨电路”，包括大脑中壳核和脑岛的部分。当人们看到所憎恨的人时，“憎恨电路”就会接通，从而活跃起来。

令人惊奇的是，“憎恨电路”的这两个部分，也是人们产生爱的情绪的部位，当人们看见自己所爱的人的时候，这两个部分也活跃起来。

从大脑的活动来看，二者的差别只是量上的。爱的情绪产生时，主管判断和理性的大脑皮层大部分区域不活跃，而产生恨的情绪时，同样的部位中，只有小部分区域不活跃。

以自然的眼光看，爱与恨实在没有多大的差别。

② **摸象**

从前有一个国王叫镜面，很有智慧，可他的臣民们却鼠目寸光。镜面王想教育大家，就找来一些天生盲人，让他们摸大象，然后说出大象的样子。

国王问：“大象像什么？”

一个人答道：“大象像是一只装漆的竹筒。”——他摸到的是象腿。

一个人答道：“大象像是一把扫帚。”——他摸到的是象尾巴的末梢。

一个人答道：“大象像是一根手杖。”——他摸到的是象的尾巴。

一个人答道：“大象像是一面鼓。”——他摸到的是象的肚皮。

一个人答道：“大象像是一堵墙。”——他摸到的是象的肋部。

一个人答道：“大象像是一张高凳子。”——他摸到的是象的背部。

一个人答道：“大象像是一只簸箕。”——他摸到的是象的耳朵。

一个人答道：“大象像是一只大臼。”——他摸到的是象的头部。

一个人答道：“大象像是一只角。”——他摸到的是象的牙齿。

一个人答道：“大象像是一根粗绳子。”——他摸到的是象的鼻子。

大家当着国王的面争论起来，都说自己是对的。

国王哈哈大笑，说了四句偈：“盲人相争论，唯有自己对，指责他人错，实为一隅见。”（《六度集经》）

象　汉画像石

执著于部位就是执著于差别。局限于差别看问题，是不能得到正确结论的。

2. 去机巧

导读

子贡带着学生南去楚国游历，返回晋国的路上，在汉水南岸遇见一位老人。他站在井边，用陶罐把水提上来，然后抱着陶罐走到菜地，把水浇到地里。

子贡摇摇头，这种干法太笨拙了，吃力不说还没有效率。就向老人提议：“现在有一种机械，一天能浇上百畦地，很是省力，老先生不想试试吗？”

老人停下手里的活儿，问：“什么机械？”

子贡上前说：“用木头做一根长杆，后头重前头轻，提水像是抽水一样，这种机械叫桔槔（gāo）。”

老人冷笑一声，不屑地说：“就这种东西呀。”听口气，好像知道这种机械。

“您既然知道这种提水方法，干吗不用呢？”子贡很是奇怪。

老人把陶罐垂到井里，说：“我听我的老师讲过，使用机械的人做起事来一定投机取巧，而做事机巧的人动起心思来一定充满了机变。机变存在于胸中，原本纯粹洁净的心灵就不完整，而心灵不完整，精神和本性就不安定。精神和本性不安定，就不能载‘道’。年轻人，我不是不知道您说的那种办法，是实在不愿意那样做呀。”说着，提上一罐水，把水倒进菜地里。

子贡满面惭愧，转身离去。走出30里地才缓过劲儿来。

一个学生问：“老人的几句话为何竟使先生情绪如此低落？”

子贡长叹一声，说：“原来我以为天下圣人只有孔夫子一人，不想还会有这样的人。我听先生讲，做事要求可行，功业要求成就，用力要少，见效要快，这就是圣人之道。现在看来并非如此。那位老人使我明白，只有守持‘道’的人德行才完备，德行完备的人形体才健全，形体健全的人精神才完整，精神完整才是圣人之道。这样的人，心中绝无功利机巧，不同于自己志向的不追求，不同于自己心思的不去做。他们才配得上叫做德行完备的人，而我只能叫做心神波动的人。”

——《庄子·天地》

原文摘要

子贡南游于楚，反于晋，过汉阴，见一丈人将为圃畦……曰：“始吾以为天下一人耳，不知复有夫人也。吾闻之夫子，事求可，功求成，用力少，见功多者，圣人之道。今徒不然，执道者德全，德全者形全，形全额神全，神全者，圣人之道也。托生与

（清）任伯年　绘

民并行而不知其所之，汒（máng）乎淳备哉！功利机巧必忘夫人之心。若夫人者，非其志不之，非其心不为……是谓全德之人哉！我之谓风波之民。"

简议

汉阴老人明明知道高效省力的工具却偏偏不用，宁可使用笨重的陶罐从井中提水，然后再抱着罐子走到菜地，将水浇到地里，他为什么这样做？意图是保持人的淳朴天性。在他看来，机械是投机取巧，随着它的使用，人的心思也会变得复杂起来，心眼儿越来越多。心机智慧的发展并不是什么好事，因为它破坏了人的自然的心理平衡。

关于这一点，《老子》是这样说的："民多利器，国家滋昏；人多伎巧，奇物滋起；法物滋彰，盗贼多有。"（《第五十七章》）利器，指效率高的工具；伎巧，即技术、技能；法物，是好东西。意思是，民众运用的精致高效的工具越多，国家混乱越严重；人们掌握的技能越巧妙，新奇贵重的物品就越多地被生产出来；吸引人的物品越多，强盗窃贼也就越多。

为什么技术含量高的工具越多，社会越混乱？因为人的心机多了，不再淳朴了，人们之间斗起了心眼儿，大家整天琢磨着怎么斗，社会还能保持安定吗？新奇贵重的物品也是混乱的诱因，好东西永远是稀罕物，大家一定去争抢，狼多肉少，不打起来才怪？所以盗贼多也就是必然的了。

总之，机巧导致了人心的混乱，人心的混乱造成了环境的混乱，而环境的混乱又进一步加剧人心的混乱。所以人要想回到本真的状态，就一定要去除机巧。

多说几句

① 粘知了的老人

孔子到楚国去，路过一片树林，出了林子，看到一个老人举着一根顶端黏了胶的竹竿正在捕捉树上的知了。他已经很老了，腰也弯了，背也驼了，但手中的竹竿却像长了眼睛，又快又准，从树上捉知了就像从眼前摘取东西一样容易。

知了

孔子上前问："老先生的技巧真高明啊！请问其中有什么'道'吗？"

老人也不谦虚，说："不错，我是有'道'。经过五六个月的练习，我就在竹竿顶端叠放两个弹丸，练到弹丸不掉，捕捉知了的时候就很少失手了；接着再加上一个弹丸，练到三个弹丸不掉，失手就只有十分之一了；然后再加上两个弹丸，练到五个弹丸不掉，捕捉知了就像用手拾取一样了。

"这个时候，我的身体站得稳稳当当，像是一段木桩子立在那儿；我举起竹竿的手臂，像是一根枯枝伸出去；尽管天地很大，事物繁多，但我一概感觉不到，只看见知了的翅膀。不管发生了什么，我都毫不受干扰，不因外物而改变对知了翅膀的注意力，这样做哪有不成功的！"

孔子回头对弟子们说："运用心志而不分散，就能聚精会神，说的就是这位驼背老人呀！"（《庄子 · 达生》）

像金庸先生小说讲的那样，武功的至高境界是没有武艺，到了这一步，人与剑合为一体，人与环境合为一体，捕蝉老人也是这样，练到最后，身如槁木心若死灰，这时候已经没有机巧了，无论是身体还是精神，都完全融入了自然。

练习技能是为了没有技能。

② 魏源

当西方战舰的大口径火炮轰开中国国门的时候，当大量工业品以精良的质量和低廉的价格涌入中国市场的时候，最先对现代工业给以足够重视的中国人是魏源。他是道光朝的进士，在江苏的高邮当过知州，最重要的经历是在鸦片战争中给两江总督裕谦当幕僚，亲身参加了浙东的抗英战役，所以对工业产品的威力有切身体会。

魏源的认识可以概括为三句话：第一句叫“奇技淫巧”（魏源：《海国图志·卷二》），第二句叫“师夷长技以制夷”（魏源：《海国图志原叙》），第三句叫“造炮不如购炮，造舟不如买舟”（魏源：《圣武记·军政篇》）。这三句话影响了中国人的思想意识好几十年。

第一句话表达了他对工业文明的总体感受，作为深受农业文明浸染的士大夫阶层中的一员，他对工业是厌恶的，甚至是恐惧的，所以说它是“奇技淫巧”。奇是反常，淫是放纵。那么，凭什么说工业是反常而放纵的技艺呢？标准就是农业文明下人的天性。他与那位汉阴老人一样，认为机巧是对人的淳朴本性的威胁。这就是中国传统文化的价值取向，人性的完整、道德的纯净、生活的安定永远是第一位的。所以，凡是有可能损害和改变宗法社会的东西，统统都应该遭到拒斥。

这句话给后面的两句话定了性。中国人学习西方技术的目的是什么，不是提高自己，而是抗拒西方。既然如此，自己就不要造船造炮了，还不如掏银子向西方那帮异类购买。

这样看，魏源对工业文明的评价就不是迂腐可笑所能概括的了，里面有着深深的哲学诉求，正如今天以存在主义为代表的西方哲学思潮所表达的那种反技术情绪一样，他们的最大忧虑是人的异化。

3. 去雕饰

导读

庄子坐在濮水岸边钓鱼，楚王派来的两个使者找到了这里，代表楚王向他致意。

使者说："楚王打算把国家的政事托付给先生，希望您能答应。"这是邀请庄子去楚国做主持政务的国相呀。庄子现在穷得很，有时连稀饭都喝不上。

庄子手持钓竿，盯着水面，头也不回地说："我听说楚国有一只神龟，死了三千年了，楚王非常尊崇它，用上好的丝帛包裹着，装在精美的箱子中，小心翼翼地珍藏在宗庙殿堂里。那么请问，这只龟是愿意死去而使自己的尸骨高高地被供奉着，还是愿意虽然拖着尾巴在泥水中爬行但却活着呢？"

使者说："当然是愿意拖着尾巴在泥水中爬啦。"

庄子挥了下钓竿："那好，请回去吧！我将拖着尾巴在泥水中爬。"

——《庄子·秋水》

原文摘要

庄子钓于濮水，楚王使大夫二人往先焉，曰："愿以境内累矣。"庄子持竿不顾，曰："吾闻楚有神龟，死已三千岁矣。王巾笥（sì）而藏之庙堂之上。此龟者，宁其死为留骨而贵乎？宁其生而曳尾于涂中乎？"二大夫曰："宁生而曳尾涂中！"庄子曰："往矣，吾将曳尾于涂中。"

（清）任渭长 绘

简 议

在泥水中拖着尾巴爬，虽然极其平常，但却是龟的本真生活状态；而被包上丝帛装进箱子珍藏于庙堂，尽管风光无限，但却是以丧失生命和本性为代价。所以，庄子宁可生活在贫困和寂寞中，也绝不接受富贵和荣华，哪怕是送上门来的好事。

这样的话《老子》也说过："不欲琭琭（lù）如玉，珞珞（luò）如石。"（《第三十九章》）琭琭，形容华美；珞珞，形容粗鄙。这话是说，不追求华美如玉的生活，保持质朴如石的状态。

《老子》不喜欢外表的修饰和张扬。他告诉人们"信言不美，美言不信"（《第八十一章》）。真实的话不动听，动听的话不真实。什么好东西，一经修饰就变了味道。他最看不上那种来势汹汹的炫耀，把那些身着华丽衣服、腰佩锋利宝剑、面前摆满了山珍海味的统治者称为强盗，说他们完全背离了"道"（《第五十三章》）。

与此相反的是大丈夫和圣人。"大丈夫处其厚，不居其薄；处其实，不居其华。故去彼取此。"（《第三十八章》）大丈夫，独立而有见识的人。这样的人，心地厚道，无刻薄之意；注重的是内在的充实，不介意外表的华美。所以人们应该像大丈夫那样，选择厚实，抛弃虚华。与大丈夫一样，圣人走的也是质朴的路子。"圣人被褐怀玉。"（《第七十章》）褐，粗布做的衣裳。圣人身穿粗布衣，怀里揣着宝贝，外表很平常，但内心非常丰富。

有句老话："天然去雕饰。"去除了人为的东西，就见到自然了，见到了自然就见到了真实。

多说几句

① 一张古琴

一个叫工之侨的人得到了一块优良梧桐木，用它做成一张琴，装好琴弦弹奏，声音如同金钟和玉磬发出的声音一样和谐动听。在他看来，这是天下所能奏出的最美的乐声的琴了，便将它献给朝廷主管礼乐的官员太常。

太常请全国最好的乐工鉴定，结论是，这张琴不够古老。太常把琴退还给工之侨。

（清）上官周 绘

工之侨回到家里，请油漆工在琴上画了一些断断续续的花纹，又请雕刻工在上面刻了几行难以分辨的古字，然后把琴放在盒子里，埋进土中。

一年之后，工之侨取出琴，抱着它来到市场。一个有钱有地位的人见到这张琴，用100两银子买下来，献给了朝廷。

乐官们争先传看，都说这张琴是当今世上绝无仅有的珍品。

工之侨听说后，叹道："可悲的世俗啊！岂止是一张琴，什么事情不是这样呢？"（刘基：《郁离子 · 千里马》）

世俗喜欢雕饰，结果把真的也变成了假的。

② **原生态民歌**

中央电视台举办的"青年歌手电视大奖赛"增加了原生态民歌项目，那些来自田间、草场、山林、河湖的民间歌手的演唱，深深地打动了专家评委和无数观众。

它的魅力来自哪里？

质朴。歌手们不是演员，而是生活者，歌唱的是自己生命中的亲人、爱情、美酒、骏马、白云、回声……总之，都是最平常、最亲切的事物，他们像日常跟人、动物、植物说话那样用本嗓唱出自己的感受，单纯、自然，根本无须通过修饰去讨好谁，不需要任何花里胡哨的外表，只要掏出心就足以打动对方了。原生态是生命的歌唱。

真实。单纯意味着真实，越单纯质朴，真实度也就越高。他们的歌

（清）花卉

是祖先的歌，世世代代传唱了不知多久，但始终没有离开故土，也没有被专家加工过，是真正原汁原味的乡土文化。真实是艺术的生命，它引起人们的共鸣，把人带进感动。

纯净。歌手们生活在远离城市喧嚣和浮躁的地方，那里既没有工业的污染也没有功利意识的侵蚀，几乎就是现代世界的圣地。他们的身心都非常干净，歌声和意境当然也就非常干净。听他们的歌不仅是艺术享受，而且是生命的沐浴，听觉的清洗，灵魂的清洗。

《老子》说："味无味。"(《第六十三章》) 真正的好味道是没有加过工的味道。原生态民歌就是这样的味道。雕饰打造的是商品，自然平实表达的才是生命的本真。

③ **南浔的出局**

南浔曾经被誉为水乡风貌最好、明清建筑群最完整、私家园林最丰富、民俗风情最淳朴的中国江南古镇，至今已有750多年历史，最近参加了"文化遗产"申报。万万没有料到，这样一个呼声极高的古镇，竟然在评审中被首先淘汰出局。

这个结果一点儿也不冤枉。

进入古镇，将人引向深处的是一条具有欧式风格的石子路。名字是当地的，叫象门街，但人们将其戏称为"西洋街"。据说是为了加深文化氛围、壮大门面新修建的，原来这里是一片民宅，其中大半是清朝末年和民国初年的老宅子，将近100年历史的遗产就这样被毁掉了。像这样西式的东西，古镇中还有一些。一处挂着文物保护单位牌子的传统民宅的后面，几根罗马柱矗立着，地面铺着水泥。

不用多，像这样的东西有一两件，原来的和谐就被破坏了，古镇的风韵失去了本真之美。

古镇的价值在于古，在于几百年的历史文化积淀而成的自然形态，人们一定要用今天世俗的眼光来装扮它，无疑等于自杀。

本篇小结

（1）婴儿

婴儿本来是最弱小的，但《老子》却认为他的生命力最为强大。这种强大主要不是因为他的生命相对最长，而是因为真实。真实是自然的一个代名词，婴儿虽然是人，但他的身体和心灵仍属于自然。对婴儿的推崇，意味着对成人的批判。人在社会中浸染越久，越不真实，越是脆弱。婴儿代表自然，成人代表社会；婴儿代表真实，成人代表虚假。

后来的道教发挥了这一思想，提出“正为人，逆为仙，只在其中颠簸颠”。所谓逆，就是向婴儿状态回复，这样才能修成仙道，永葆生命活力。

（2）本真

本真是一个哲学词汇。本是本体，独立自存的实体，世界的本原，将本与真联在一起，从根子上突出了真实的地位。《老子》中虽然没有这个词，但他正是在本体的意义上来讲真实的，所谓“其精甚真”（《第二十一章》），说的就是“道”的真实。

所以，说婴儿代表真实，并不是说只有开始才是真实，而是强调状态上的真实。只要效法婴儿，只要保持天性，人就是真实的。

（3）返璞

回到婴儿状态就是返璞，返璞与归真是一回事。璞是雕琢之前的玉石，返璞就是去掉人为，恢复质朴。这种质朴同样是根本意义上的，是没有差别的万物混为一体的状态，也就是超出“自我”的自然状态。真实不是突出自我，不是突出个性，而是平凡。平凡的人、平凡的生活最真实。

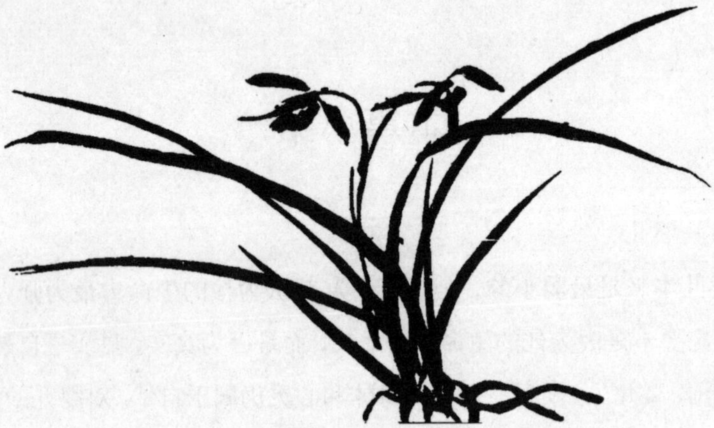

（清）花卉

跟老子学生存

五、道德以公正为根本

五、道德以公正为根本

> **要义** 德从“道”出发，以有利于人和万物为目的，其基本精神是公正。道德中有三个内容最重要，它们是慈、俭、谦。

（一）道德的本质

《老子》把道德分为两种，一种是上德，一种是下德，道家主张上德。那么，什么是上德呢？

1. 道德关系

（1）德与道

导 读

孔子见到老子，大谈仁义。

老子不以为然，说：“簸米糠的时候，糠飞进眼睛，弄得人什么都看不清楚，天地四方都变了形；晚上睡觉，蚊虫叮咬皮肤，搞得人整夜不得安稳。仁义好比蚊虫，它叮咬的不是人的皮肤，而是人心。在它的刺激下，人的心思活泛起来，离开自然大道，没有比这更大的祸害了。

“你要想保持天下人的质朴和纯真，根本用不着去奔走呼号，只要随着自然之风而动，完善的道德就会自己树立起来。你又何必大声叫嚷着像是敲着大鼓寻找丢失的孩子那样宣传仁义呢？

“鹤并不天天洗澡，但羽毛白净；乌鸦并不天天熏染，但羽毛乌黑。白与黑是明摆着的，用不着去进行辩论；做得好的，自然有好的道理，用不着安上好名声去大力推广。泉水断流了，鱼儿被困在干涸的河床，吹出潮湿的气息互相安慰，吐出唾液互相滋润，尽管如此，也比不上彼此之间谁也不管谁地生活在江河湖海之中好。”

——《庄子·天运》

原文摘要

孔子见老聃而语仁义，老聃曰：“夫簸糠眯目，则天地四方易位矣；蚊虻噆（cǎn）肤，则通昔不寐矣。夫仁义憯然，乃愤吾心，乱莫大焉。吾子使天下无失其朴，吾子亦放风而动，总德而立矣。又奚杰然若负建鼓而求亡子者邪？夫鹄（hú）不日浴而白，乌不日黔而黑。黑白之朴，不足以为辩；名誉之观，不足以为广。泉涸，鱼相与处于陆，相呴（xǔ）以湿，相濡以沫，不若相忘于江湖。”

老子
（清）任渭长　绘

简 议

孔子推行仁义，殚精竭虑，却被老子兜头泼了瓢冷水，说他纯属多余。为什么？这涉及这样一个根本性问题，即人们出于本性自然地去行动好呢，还是人为地规范人们的行为好？道家认为前者好，正如故事中的鱼儿一样，危难中以生命的最后之力互相救助，虽然感天动地，但也不如谁也不管谁地在江湖中畅游来得自在。

《老子》把前者称为上德，后者称为下德，说：“上德不刻意地追求德，结果保存了德；下德生怕失去德，反而没有德。”那么，二者的区别在什么地方呢？就在于是自然还是人为。“上德出于自然，无心地去做；

下德出于人为，有意地去做。”[①]这就是故事中老子与孔子的分歧。老子主张随着自然之风而动，人们觉得怎样合适就怎么去做，一切凭自愿自觉；而孔子则诉诸人力，不管人们的感受如何，硬要大家一定按照规范去做。譬如上篇举过的例子孝亲，同样是照料老人，出于真情的、不是怕遭到谴责才被迫去做的，就属于上德；出于责任、义务而不得不去做的，就属于下德。

显然，上德的境界更高。前面说过，德就是得，是对“道”的获得。也就说，德来自于“道”，它们在根本精神上是一个东西。《老子》说：“孔德之容，唯道是从。”（《第二十一章》）孔是大，容是样子。大德的一举一动，完全跟着“道”走。又说：“坚持以‘道’来修身，德才能是真实的；坚持以‘道’来齐家，德才能充沛起来；坚持以‘道’来治乡，德的延续才能长久；坚持以‘道’来治国，德才能丰足；坚持以‘道’来平天下，德才能普遍存在。”[②]一个人，他的行为有德，说明他获得了“道”，他的行为无德，说明他失去了“道”（《第二十三章》）。总之，德与“道”互相映现，这样的德才可以称为道德。

德的作用主要在于发展、涵养。“道”演化出万物，万物凭着自己的天性去运行，这就是德，所以《老子》说：“道生之，德畜之……是以万物莫不尊道而贵德。”畜是蕴涵，万物从一开始，就包含着德在里面，德抚育、推动它成长壮大。这样看，德又是一种能力。人生来就具有这种能力，知道应该怎么做，所以根本用不着再从外部强行规定。

从与“道”的关系来看，上德体现着“道”的精神，是自然之德；下德背离了“道”，是人为之德。

---

① 上德不德，是以有德；下德不失德，是以无德。上德无为，而无以为；下德为之，而有以为。（《老子・第三十八章》）

② 修之于身，其德乃真；修之于家，其德乃余；修之于乡，其德乃长；修之于国，其德乃真丰；修之于天下，其德乃普。（《老子・第五十四章》）

多说几句

① **花花**

山城重庆有一个地方叫珊瑚坝，位于长江边上。一年发大水，江水漫上岸，把珊瑚坝与陆地相连的部分淹没了，从前临水的一端成了孤岛，距离陆地足有1000多米。

人们发现，每天都有一只褐白相间的母狗从长滨路上跃入江中，破开汹涌的波浪奋力游向孤岛。它高昂着头，拼命划动四条腿，一个浪头打过来，它被冲出去好几米，但仍然不后退，一直坚持向前划。过不了多久，它又游回来，到岸上寻找食物。每天打两个来回，从不间断。后来，人们在孤岛的一个工棚中找到了四只小狗，估计也就出生10天左右，眼睛还没有睁开。原来，母狗是这四只小狗的母亲，发大水之前，它把小狗生在了工棚里。大水断了路，岛上没有吃的，为了养育自己的孩子，它只好游到岸上觅食，然后再游回来给小狗喂奶。狗妈妈的事迹感动了市民，人们给它起名花花，把肉和食物摆在它上岸的地方，这样它可以节省一些力气。

狗不懂得什么规范，它这样做完全是出于本能。

② **母爱**

汶川大地震中，救援队从废墟中发现一个女人。透过缝隙可以看到，她双膝和两手撑地，上身弯曲，身子在砖石的重压下已经变形。人们叫她，她不回答；用手碰她，她没有反应。显然她已经死了。救援人员离开这里，去抢救别人。

走到下一个废墟，队长突然反应过来，带领队员返回。队长趴在地上，用力伸进手，在女人身下摸索。猛地，他的手停住了，叫道："有个孩子，还活着！"人们小心清理掉砖石，女人的身躯渐渐显露出来，下面是一个红底黄花的小被子裹成的包袱。孩子就包在里面，只有三四个月大，睡得很安稳，天塌地陷竟然没有惊动他，妈妈在最后一刻用自己的全部生命撑起了一个小小的庇护所。

人们在小被子里找到了一部手机，屏幕上有一条短信，是年轻妈妈留给孩子最后的话：“亲爱的宝贝，如果你能活着，一定要记住‘我爱你’。”

什么是上德？这就是！在如此伟大而又平凡的真情面前，一切规范都是多余的，也是苍白无力的。

凤鸟　汉画像石

③　一片叶子落下来

有片叶子叫弗雷迪，春天它从树枝上冒出来，慢慢长大，经过一个夏天，长得又宽又壮。它的好朋友丹尼尔是这棵树上最大的树叶，丹尼尔什么都知道。弗雷迪特别喜欢夏天，因为很多人都到树下乘凉，每当这时候，它就用自己的身体遮住炎热的阳光。丹尼尔说，这是我们树叶存在的一个理由。

夏天很快过去了。十月的一个夜里，夏天突然走了。白色的霜悄无声息地落在树叶上，弗雷迪从来没有感到这样冷过，所有的树叶都瑟瑟发抖。“这是怎么了？”大家很是害怕。丹尼尔说：“时候到了，叶子该搬家了。人类把这叫死亡。”

“我们也会死吗？”弗雷迪问。

“是的。任何东西都会死，无论大小、强弱。我们做完了该做的事，体验太阳和月亮，经历风和雨，学会跳舞和欢笑，然后就会死去。”丹尼尔回答。

叶子一片一片地落到地上，弗雷迪的伙伴一天天减少，很快树上就空荡荡的了。

“我很害怕。”弗雷迪说。

“这很正常，面对不知道的东西谁都害怕。”丹尼尔说。

“既然生命都会死亡，为什么还要来到这个世界上呢？”弗雷迪问。

“为了太阳和月亮，为了大家在一起的快乐时光，为了给老人、孩子遮出阴凉，为了秋天斑斓的色彩，为了四季，难道这还不够吗？”丹尼尔说。

一天下午，在黄昏的金色阳光中，丹尼尔走了。整棵树上只剩下弗雷迪。第二天，头场雪降落下来，大地一片洁白。一阵风拂过，弗雷迪离开了树枝，静静地、轻轻地飘下来，落到雪上。在落地的一刹那，它朝树望去。它第一次看到了整棵大树，那么强壮，那么牢固，那么顽强。大树一定能够活很久，自己曾经是其中的一部分，为此它感到骄傲。

弗雷迪闭上眼睛，在雪地上睡着了。

这是美国作家利奥·巴斯卡利亚的一篇童话，汶川大地震中曾被无数人传看。如果人们把自己看成大自然中平常的一员，就会像树叶弗雷迪那样对生死怀抱达观态度。道家就是这个思路，尊敬生，静对死。人生大事莫过于生死，以自然的心态去对待，从容平静，不慌不乱，应该是大德了。

（2）德与人

导读

一个姓尾生的人，与一个女子约会，他们说好在一座桥下见面。

尾生来到桥下，等了一些时候，不见女子。不想洪水突然来了，河面陡涨。尾生不肯走，双手紧紧抱住桥柱子。大水很快吞没了他。

尾生就这样死了，全是信用惹的祸。

——《庄子·盗跖》

原文摘要

尾生与女子期于梁下，女子不来，水至不去，抱梁柱而死。

……

尾生溺死，信之患也。

（清）任渭长　绘

简　议

这就是著名的“抱柱信”，尾生由此成了守信的典型，连约会这样的小事，尚且能把信用放在生命之上，更不用说别的事情了。为信用而献出生命，值得吗？儒家认为值得，正是在道德完成中，人充实了自己，证明了自己。但在庄子看来，尾生是为了追求名声而送命的，完全是舍本求末，很傻很可笑。是谁害了他？道德。庄子对儒家子弟说：“不要遵照你的那套标准去做，不要去为道义而献身，否则会失去你本来应该做的事；也不要把追求德行的完善作为目标，不要去为名声而献身，否则会失去你的天性。比干被挖了心，伍子胥被挖了眼，这是忠心惹的祸；直躬揭发自己父亲偷了别人的羊，尾生抱着桥柱子被洪水淹死，这是信用惹的祸；鲍焦抱着树干活活枯死，申生不作分辩而自杀，这是清廉惹的祸；孔子不见母亲，匡子不见父亲，这是道义惹的祸。这些都是从前传下来的并为后人所褒奖的士人的美德，按照这个标准来纠正自己的言论、端正自己的行为，没有不倒霉的。”（《庄子·盗跖》）①

① 比干：商朝最后一个帝王纣王的叔叔、大臣，拼死谏争，被纣王开胸取心。
伍子胥：春秋时期吴王夫差的大臣，多次劝谏，被赐自尽。
直躬：春秋时期楚国人。他的父亲偷了人家的羊，他到官府去检举，受到表扬，后来官府判他父亲死罪，他又要求替父亲去死。
尾生：可能是春秋时期鲁国人。
鲍焦：周朝隐士，立志不做天子的臣民，为了与周朝划清界限，抱着大树死了。
申生：春秋时期晋国太子，他的父亲听信谗言，申生怕父亲为难便自杀了。
孔子：春秋时期鲁国人，因为自己的母亲与父亲的结合不符合礼俗，便不见母亲。
匡子：齐国贤士，因为劝诫自己父亲而遭到嫉恨，离家出走。

庄子这里抨击的道德，就是《老子》中说的下德，它颠倒了人与道德的关系。本来，道德应该是为了生命的，如今生命却服从道德。这种主体与客体关系的倒置，哲学上叫异化。

《老子》说："天之道，利而不害；圣人之道，为而不争。"（《第八十一章》）天道就是"道"，圣人是得道之人。意思是天道只有利于万物而不危害万物，圣人之道是只做自己的事情而不去与人争夺。下德不是这样，它危害人性，干涉人的生活乃至生命。

在老子看来，下德是人的淳朴状态遭到破坏后的产物。"大道废，有仁义；智慧出，有大伪；六亲不和，有孝慈；国家昏乱，有忠臣。"（《第十八章》）六亲泛指亲人关系。这句话是说，"道"被废弃了，才有了对仁义的推崇；心机智巧出现了，才有了严重的伪诈行为；父子、兄弟、夫妇之间失和了，才有了对孝慈的提倡；国家政治昏乱动荡了，才有了忠臣品格的显现。所以，仁义、智慧、孝慈、忠诚等道德规范的大力倡导，绝不是什么好事情，而是人性失落和社会混乱的信号。

那么怎样才能回到淳朴状态，使人们恢复上德呢？"绝仁弃义，民复孝慈。"（《第十九章》）断绝、抛弃仁义，对老人的孝顺和对孩子的慈爱自然就会形成风气。道家嘲讽和抨击仁义，不是不要仁义，而是不要强加于人的仁义，从而为上德开路。

在对人的关系上，上德与下德最大的区别在于，是否干涉人的生活。上德尊重人，顺其自然。《老子》说："生养万物但不据为己有，引导万物但不给予操纵，成长万物但不进行统治，这是最深厚的德行。"①上德就是这样的德。

① 生之畜之，生而不有，为而不持，长而不宰，是谓玄德。（《老子 · 第十章》）

多说几句

① 人格结构论

哲学家、心理学家弗洛伊德揭示了人格系统结构，提出这一结构由三个“我”组成，即本我、自我、超我。

本我处于最深层，是本能欲望的代表，浑沌而热烈，满怀激情而又懵懂无知。它完全是潜意识的，自私自利，从不体谅他人，天不怕地不怕，根本不知道什么叫道德，完全由着性子来，只要痛快就成，快乐是它的唯一原则。它从不关心外面的世界，那里对它来说太遥远了。本我像是一个不受外界影响的天真孩子，一个纯粹的自然人，它的诉求表达着生命的真实目的。

自我处于中间层，根本任务是保持人格系统的正常运转。它在两条战线上作战。一方面，它必须对付外界，对事件的刺激做出反应和处理，通过记忆、逃避、适应等意识活动，最后学会有效地利用外界。另一方面，它必须对付本我奔腾冲撞的欲望，企图用现实的原则替换快乐的原则。自我的结构决定了它是心理活动的主要代表，接受理性的指导，但同时又包含潜意识。

超我处于外层，是社会的代表，其作用就是约束。它既能够以意识的面貌出现，也能够以潜意识的方式发生作用。它残酷无情，或者亲自动手用良心惩罚自我，使其产生内疚感，或者强令自我开展内部斗争，抑制欲念。

（清）鸟

三个我的主要来源不同。本我是遗传的产物，受自然本能支配，代表着生命的真实目的；自我是个体经验的产物，受当下事实的支配，代表着生存环境；超我是传统价值的产物，受前人影响的支配，代表着道德要求。从本我到超我，是一个由自然人到社会人的过程。

人格系统结构存在着三种心理冲突，即本我与自我的冲突、超我与自我的冲突，以及发生在自我内部的冲突。

这就是现代人的自我分裂，折射着现实生活中人的困境。弗洛伊德认为，人类文明的发展是以不断压抑人的本能为代价的。

用人格结构论的观点看上德与下德，可以帮助我们加深一些理解。

② **步态**

一个人非常重视走路的步态，一招一式都严格遵循规矩，丝毫不带走样的。

一天，他迈着方步徐行，突然暴雨袭来，不由得加快了脚步。走出了一里多地，猛地一阵懊悔，自语道："我失去走步的仪态了！有了过错不可怕，改了就好。"

于是，冒着雨往回走，到了加快脚步的地方，摆正姿势，迈着方步缓缓重新走过。(耿定向：《权子 · 志学》)

下德就是这样的规矩，人无条件地遵照下德去做，就会像寓言中的那个人一样地拧巴。

2. 道德精神

(1) 无亲

导 读

宋国的太宰叫荡，问庄子什么是仁？

庄子说："虎狼就是仁。"

荡吓了一跳，不满地说："这叫什么话！"

庄子反问道："虎狼虽然凶恶，但父子之间相亲相爱，怎么不是仁？"

荡无言以对。心想，既然仁问不出来，就问仁的最高境界。于是又问："那么请问，什么是至仁？"

庄子答："至仁就是没有亲情。"

荡说："我听说没有亲情就没有爱，没有爱就没有孝，而先生却说至仁就是没有亲情，这岂不等于说，至仁就是不孝，难道不是这样吗？"

庄子摇摇头，说："不是你说的这么简单。用尊敬的态度行孝容易，用爱的态度行孝难；用爱的态度行孝容易，用忘记双亲的态度行孝难；用忘记双亲的态度行孝容易，用能使双亲忘掉我的态度行孝难；用能使双亲忘掉我的态度行孝容易，用能把天下也忘掉的态度行孝难；用能把天下也忘掉的态度行孝容易，用能使天下忘掉我的态度行孝难。

"孝悌仁义，忠信贞廉，这都是自己约束自己从而淹没真正德性的东西，根本不值得提倡。"

——《庄子·天运》

原文摘要

商大宰荡问仁于庄子。庄子曰："虎狼，仁也。"曰："何谓也？"庄子曰："父子相亲，何为不仁？"曰："请问至仁。"庄子曰："至仁无亲。"大宰曰："荡闻之，无亲则不爱，不爱则不孝，谓至仁不孝，可乎？"庄子曰："不然……以敬孝易，以爱孝难；以爱孝易，

虎　汉画像砖

以忘亲难；忘亲易，使亲忘我难；使亲忘我易，兼忘天下难；兼忘天下易，使天下兼忘我难……夫孝悌仁义，忠信贞廉，此皆自勉以役其德者也，不足多也。”

简 议

庄子的矛头对准的是儒家。关于仁，孔子的解释是“爱人”（《论语·颜渊》）。仁的对象很明确，即人，也就是同类。在儒家看来，爱人首先是爱亲人，被儒家列为四书之一的《中庸》说：“仁，就是人自身所具有的爱人之心，亲爱亲人是最大的仁。”（“仁者，人也，亲亲为大。”）如果说爱同类、爱亲人就叫做仁爱的话，那么一向被视为凶残代表的虎狼身上也体现了仁爱精神，因为虎毒不食子，猛兽也知道相亲相爱。所以从“爱亲”来界说仁是一个误区。为此庄子提出了“至仁无亲”，真正的仁爱就是不亲爱。比方孝，孝是仁爱的具体体现，那么高境界的孝是怎样的呢？是不因为存在着血亲关系才去爱，不因为名利才去爱，也就是自然而然地去爱。

为什么说至仁无亲呢？因为“道”就是这样。《老子》说：“天道无亲。”（《第七十九章》）“道”对待万物没有亲近和疏远之分，一律平等。《老子》还说：“天地不仁，以万物为刍（chú）狗。圣人不仁，以百姓为刍狗。”（《第五章》）这里的仁，用的是儒家的说法，亲近亲人；刍狗，草扎成的狗，用于祭祀。这话是说，天地不亲近谁，把万物一概当成草扎的狗；圣人也不亲近谁，也把百姓当成草扎的狗。

譬如雨露，“天地相合以降甘露，民莫之令而自均”（《第三十二章》）。天地相交降下雨露，没有谁去进行分配，万物都能平均地享受它。谁也不比谁多，天地决不会因为某人地位高就多给他雨露，也不会因为某人贫穷而特别照顾他。总之，万物生来就是平等的，大家在“道”、自然面前都一个样。

然而，人的表现毕竟是不同的，有好有坏，我应该怎么办呢？《老子》的态度是，“善者吾善之，不善者吾亦善之，德善。信者吾信之，不信者吾亦信之，德信”（《第四十九章》）。说的是，善良的人，我以善良待他；不善良的人，我同样以善良待他，这样人人都可以得到善良。守信的人，我以信用待他；不守信的人，我同样以信用待他，这样人人都可以得到信用。不管是什么样的人，都应该得到同样的待遇。

为此，《老子》告诫人们：“绝不可以为了某种目的而去亲近人，也不可以为了某种目的而去疏远人；绝不可以为了某种目的而使人受益，也不可以为了某种目的而使人受害；绝不可以为了某种目的而尊贵人，也不可以为了某种目的而鄙视人。做到了这一步，天下所有的人都会敬重他。”①

俗话说，这叫一碗水端平，也就是“正”，不偏不倚。

多说几句

① 养鱼

一个人养了几条金鱼，出差前把鱼寄养在一个朋友家里。

这位朋友对金鱼非常上心，一是受人之托，忠人之事，所以一定要照顾好它们，否则对不起朋友；二是自己确实喜欢它们，望着鱼儿在缸里欢快地游来游去，心情豁然开朗，沉闷的小屋顿时增添了几分生气和情趣。

于是他投入了更多的关注。他发现，鱼儿吃起来没够，只要喂食，它们就吃，总是张着大嘴。刚开始时他按照鱼主人的吩咐，早晚各喂一次，

① 故不可得而亲，亦不可得而疏；不可得而利，亦不可得而害；不可得而贵，亦不可得而贱。故为天下贵。（《老子·第五十六章》）

后来中午加喂一次。看看不够，又在两餐之间增加一次，变为一天五顿。主人留的鱼食很快就告罄了，他跑到鱼市买回一桶。

鱼儿吃的多自然排泄的也多，水很快就混浊了。本来主人一个星期换一次水，他担心鱼儿遭到脏水污染，改成每天换一次水。

按理说，在他的精心照料下，金鱼应该越长越好。然而让他想不到的是，鱼儿一天不如一天，常常一动不动地待着，用手碰碰它，才慢慢游几下，一副不情愿的样子。最后竟连食物也懒的吃了，病快快地熬了一天，死了。

鱼儿是撑死的、病死的。过多的食物和过于清洁的水害死了这些生命，而这纯粹来自于过分的关照，也就是“亲”。

鱼　汉画像石

② **沙拉妈妈**

中国的长辈关爱后代是出了名的，然而他们收获的是什么？

一个单身母亲，本来就够难的，后来下了岗，生活越发艰难。再苦不能苦孩子，她把仅有的一点钱都用在了唯一的儿子身上。一天，她咬咬牙，买了半斤虾，大约有10只，烧好后端给儿子。她很久没吃这种美食了，忍不住吃了一只。儿子勃然大怒，命令她“吐出来！”

一对父子上街，儿子看中了一辆自行车，非要买，爸爸没同意。儿子一把夹住父亲的脖子，另一只手紧握成拳，雨点般打下来，还不时地加上几脚，嘴里嚷道：“买不买，你到底给不给我买？”好不容易被路人拉开，没走几步，儿子又一个“锁喉”擒住老父，继续开打。人们实在看不过，上前干涉，父亲拦住说：“没事，没事，孩子青春期，青春期。”

两位老人接到一条短信，孙子发来的。短信上说："你们把钱好好留着吧！等你们死的时候，买一个牛×的骨灰盒，钻石的。"原来，头天孙子来电话，说要参加一个训练篮球运动员的体校，学费一年25000元，让老两口出这笔钱。孙子学习不好，再说家里也拿不出这么多钱，所以没有同意。结果就收到了这么一条短信。老人事后反省，说是自找的。他们的儿子也就是孙子的父亲，就是一个"啃老族"，而自己出于对儿子的疼爱，就接受了现实，心甘情愿地让他"啃"。

有一位上海妈妈叫沙拉，父亲是犹太人。后来带着三个孩子迁居以色列。到了新国家后，她仍然延续中国式教育理念，不让孩子干一点活儿。结果她遭到了邻居的嘲笑和批评，孩子的低能也使他们在与同学的交往中吃尽了苦头。于是她决定做一个"残酷妈妈"。犹太谚语说的好："谁溺爱孩子，就不得不有朝一日为他包扎伤口。当孩子因为伤口的疼痛叫喊时，你将为你愚蠢的溺爱而痛悔！"

"残酷妈妈"并不难当。她把家务分解给孩子，他们知道了生活的艰辛，渐渐形成了责任意识。孩子们开始学习赚钱，抢着为家里交付各种费用。她把困难转嫁到孩子们身上，逼得他们不得不树立自己养活自己的观念。为了生活，沙拉做春卷在社区里卖，雇用孩子当厨师和推销员，赚出自己的那份生活费。

在新环境下孩子们迅速成长起来，两个儿子成了富翁，一人送妈妈一把钥匙。大儿子的钥匙是别墅门上的，二儿子的钥匙是豪华轿车上的。沙拉说，最小的女儿也会送妈妈一把钥匙，那将是盛珠宝的盒子上的钥匙。

可以说，这是家庭生活中的"有亲"和"无亲"。其实，这绝不是一个家庭问题，而是关系到民族的前途的大问题。中国受儒家思想浸染太久了，不改不得了。

(2) 无私

导 读

楚国有个人丢失了一张弓，可他一点儿都不着急，也不去寻找。人们问他这是为什么，他说："楚国人丢失了弓，捡到这张弓的也是楚国人，我又何必去寻找？"

孔子听说了这件事，说："他的话中去掉那个'楚'字就恰当了。"

老子听到了，说："再去掉那个'人'字就更恰当了。"

老子的话才是"公"的至高境界。

——《吕氏春秋·贵公》

原文摘要

荆人有遗弓者，而不肯索，曰："荆人遗之，荆人得之，又何索焉？"孔子闻之曰："去其'荆'而可矣。"老聃闻之曰："去其'人'而可矣。"故老聃则至公矣。

（清）任渭长 绘

简 议

这是一篇真正的寓言，出自《吕氏春秋·贵公》，弓与公同音，是借"弓"来讲"公"。那位楚人的心已经很宽了，克服了一己之私，想的是一国之民；孔子的胸怀要大得多，超出了一国界限，想的是众人，是人类；老子想得更大，他的心超出了人类，系于天下。所以《吕氏春秋》说，老子才代表着最大的公。

反映在道德上，就是无私，不仅是没有一人的私利私心，也没有一家、一乡、一国、一族类（人类）的私利私心，是彻底的无私。

这其实就是“道”的品质。《老子》曾经用这样的词句来表达它：“无私”、“不自生”、“不有”、“不为主”、“不恃”、“不宰”。

“不自生”是不为自己活着，天地就是这样，它只是养育万物，丝毫不为自己考虑。“不有”是不据为己有，“道”生化万物，但绝不去占有它们。“不为主”是不以主人自居，“道”对万物有生养之恩，但并不支配它们。“不恃”是不操纵，“不宰”是不统治，“道”不操纵、不统治万物。

这种胸怀叫“容”，广阔无边，包容一切。容与公是同一个意思，《老子》说：“容乃公。”（《第十六章》）

这是道德的最高境界，也就是“道”的境界。《老子》说：“公乃全，全乃天，天乃道，道乃久，没身不殆。”（《第十六章》）意思是，公就是周全，周全则是上天的品格，上天体现着“道”，而“道”是永恒不灭的，所以达到了公的境界的人一生平安，终身没有祸患。正如天地不为自己活着反而能够永恒一样，不自私的人常常能够逢凶化吉，得到众人的帮助，事业有成，健康长寿。这就告诉人们，一定要树立公的意识，超出自我，去掉私心，以他人、大众之心为转移。

这里讲的是“公”，结合上面的“正”，就构成了道德的基本精神：“公正。”

多说几句

① 动物的“公心”

美国埃默里大学耶基斯国家灵长类动物研究中心的科研人员发现，

猴子也懂得分享的快乐。

他们设计了一项实验，利用奖励的方式给卷尾猴安排两种选择。一种是在一组猴子中，只给一只猴子奖励，别的没有奖励；另一种是在奖励一只猴子的同时，也奖励其他的猴子。猴子的表现很有意思，它们如何选择主要视同伴而定。如果同组中的猴子是陌生者，它们一般选择第一种，自己获得奖励就可以了，不考虑同伴。而在有亲族关系或者彼此熟悉的猴子的那一组，情况就完全不同了，它们基本上选择后一种，在自己获得奖励的同时也希望看到同伴受奖。

这说明，“公心”不仅在人身上存在着，在人类近亲猴子那里也存在。

其实，在自然界中，我们几乎到处都能看到生命之间的互利互惠现象。譬如，人们熟悉的犀牛鸟与犀牛，鳄鱼和千鸟。犀牛的皮肤又厚又糙，极易干裂，成为许多寄生虫栖身之处，犀牛鸟便落在牛背上啄食寄生虫，在获取食物的同时也为犀牛清理了伤口。鳄鱼的嘴又长又宽，密密麻麻的牙缝里塞满了食物残渣，水蛭也经常滞留在那里，这些东西成为千鸟的美食。有时鳄鱼会突然合上嘴巴，千鸟一点儿也不惊慌，用喙敲一敲鳄鱼的颚，鳄鱼就会把嘴张开，让鸟儿飞出去。

（清）鸟

② 儿童的“公心”

瑞士苏黎世大学的恩斯特·费尔主持了一项有关儿童行为的试验，结果表明，3～4岁的儿童普遍具有自私倾向，5～6岁的儿童仍旧比较自私，7～8岁的儿童则完全不同，懂得与其他儿童共同分享。这里需要说一句，儿童不等于《老子》中的婴儿，婴儿是刚刚出生的尚不具有意识的孩子，而儿童已经有了人的意识。

在一份糖果面前，3～4岁年龄组中只有不到9%的儿童选择与另一名儿童平分，而7～8岁年龄组这一比例达到80%。

人的私心和公心是遗传造成的还是社会造成的？这是哲学家和行为学家争论多年的问题。恩斯特·费尔认为，它们是遗传与社会共同作用的结果，基因与文化一起发生作用。

（二）道德三宝

《老子》说："我有三宝，持而保之：一曰慈，二曰俭，三曰不敢为天下先。"（《第六十七章》）慈、俭、谦是《老子》最看重的三个内容。

1. 慈

导 读

战国时期，孟尝君田文担任齐国的国相，他的封地在一个叫薛（今山东省滕州市南）的地方，有人口10000万多户。孟尝君喜欢与士打交道，许多人都来投奔他，吃住在他家，被称为门客。门客很多，达到3000人。孟尝君曾经在薛邑放了一大笔债款，为了供养众多门客，他派一个叫冯谖（xuān）的人前去收债。

冯谖到了薛邑，收到利息10万钱。还有很多人没有偿还利息，其中相当一部分人根本就没有偿还能力。于是，冯谖酿酒杀牛，通知借债人前来参加聚会，不管是有偿还能力的还是没有偿还能力的都请到了。

趁大家喝得高兴，冯谖拿出契约一一验证。能还上利息的，跟他们约定还钱期限；无力偿还的，不光利息免了，连契约都烧了。冯谖对大家说："孟尝君之所以放债，是为了使百姓能够有钱去做自己想做的事情；之所以收取利息，是为了养活门客。约定还息期限，烧掉契约，都是遵照孟尝君的吩咐做的。请大家放开了吃喝，你们有这么好的主人，是万万不可以辜负的。”大家非常感激，起身拜了又拜。

孟尝君听说冯谖烧了契约，非常生气，把他叫回来质问。冯谖说：“如果不准备酒肉，人们就不会都来见面，见不到人，我就不知道他们之中谁有还钱能力，当然也就无法约定偿还日期。至于那些无力还钱的人，即使坐在他家门口追讨10年也没用，他们只会越欠越多。钱反正收不回来了，一边是徒有虚名的债务，一边是民心，您要哪一个呢？”孟尝君恍然大悟，认同了冯谖的做法。就这样，薛邑成了孟尝君最可靠的基地。

——《史记·孟尝君列传》

原文摘要

孟尝君时相齐，封万户于薛。其食客三千人，邑人不足以奉客，使人出钱于薛……（冯谖）至薛，召取孟尝君钱者皆会，得息钱十万。乃多酿酒，买肥牛，召诸取钱者，能与息者皆来，不能与息者亦来，皆持取钱之卷书合之……能与息者，与为期；贫不能与息者，取其卷而烧之。曰：“孟尝君所以贷钱者，为民之无者以为本业也；所以求息者，为无以奉客也。今富给者以要期，贫穷者燔（fán）卷书以捐之。诸君强饮食。有君如此，岂可负哉！”坐者皆起，再拜。

（明）陈洪绶 绘

简 议

据《战国策》记载，一年后，齐王不用孟尝君了，他只好返回薛邑。离薛邑还有100里地，百姓就站在路边欢迎他了。孟尝君回头对冯谖说："先生替我买的'义'，今天看到了。"

关于债务，老子还确实拿它说过事。他是这样说的："与结有大怨恨的人即使取得了和解，也还是结下了疙瘩。那么怎样做才是合适的呢？为此应该像圣人那样，手里拿着借据而不去追讨债务。有德行的人就是这样做的，没有德行的人则去追讨债务。"①意思是说，人应该与人为善，多做好事不做坏事，即使别人欠你的情，也不要惦记着回报，这样就不会跟人结下仇怨，这比有了怨恨再去和解要高明得多。

与人为善就是"慈"。慈其实就是仁爱。《老子》说："与善仁。"（《第八章》）与是交往，善是善于。意思是与人交往要善于贯彻仁爱。当然，这种爱不是儒家那种外在于人的规范意义上的爱，而是发自内心的、自觉自愿的爱。《老子》有一句名言："上善若水，水善利万物而不争。"（《第八章》）前面的善指的是德，上善是上德；后面的善是善于。这句话是说，上德像水，水善于造福万物而不跟万物相争。与帮助人而不求回报是一个意思。

慈爱主要表现为爱人。《老子》说："圣人常善救人，故无弃人。"（《第二十七章》）在圣人那里，所有的人都被充分利用起来，所以没有被废弃的人。《老子》特别强调，做到了爱人惜物，就叫做沿袭高明。（"是谓袭明"，《第二十七章》）

即使对敌人也要讲慈爱。两军对决，我不主动出击，只有当敌人攻过来，我才还击，出手完全是迫不得已。我宁可后退一尺也决不前进一寸。

---

① 和大怨，必有余怨。安可以为善？是以，圣人执左契，而不责于人。有德司契，无德司彻。（《老子·第七十九章》）

(《第六十九章》)

慈是大爱，爱得彻底，爱得广泛。

慈又是一种力量。《老子》说："慈故能勇。"(《第六十七章》)为什么？因为爱使人勇气倍增，他一定要保护自己热爱的对象，宁可去拼命，也不会眼睁睁地看着他们遭受侵犯。所以，慈爱能够战无不胜、守无不失。《老子》见不得那种没有慈爱内涵的勇，说这样的勇简直是要人性命，根本不能被称做勇。

这样的爱完全符合"道"。《老子》说："天道无亲，常与善人。"(《第七十九章》)"道"没有偏心，对所有的人一碗水端平，但还是赞成仁慈的人。

多说几句

① 梁上君子

陈寔（shí）是东汉名臣。在老家的时候，有个小偷夜里潜进他的卧室，伏在房梁上。陈寔发现了他，没有声张。起身穿好衣服，把儿孙们都叫到自己房间里，严肃地教训他们说："做人切不可放纵自己。做坏事的人，其本性原来并不坏，只是由于平时对自身要求不严格，习惯成自然，就沦落了下去。"顿了顿，提高了声音说："譬如那位梁上君子就是这样的人啊！"

小偷惊恐万分，跳到地上，跪在陈寔面前磕头请罪。陈寔缓缓地说："看你的相貌，不像是坏人，应该注重克服私欲、努力向善而重新做人。你现在这样做大概是因为被贫穷所困吧。"说罢，吩咐家人送给他两匹绢。

此后很长时间里，这个县再也没有发生过偷盗事件。(《后汉书·陈寔传》)

这是与人为善的一个生动事例，挽救了失足者，教育了家人，端正了地方风气，对所有人都有好处。

② **多余的话**

有一个人被盗贼诬陷为同伙，被定了死罪。这天，他和盗贼一起被绑缚刑场。临刑前，这人扭头对盗贼说："你我马上就要离开人世了。死前我想问你一句话。我根本不是你们一伙的，甚至从来就不认识你，你干吗非咬住我不放？"

盗贼望着他说："那一天，我饿极了，想用屋里的东西换口吃的，家里什么都没有，只剩下一口缸。我把缸搬到街上卖，有个人想买下。你正好从旁边路过，看了看我的缸，说值不了那些钱，结果买缸的人走了。"那人终于想起来了，是有这么回事。又听盗贼说："没有法子，我只好把缸搬回去，躺下来等死。这时一个强盗头子看到了，拿来几升米引诱我。我告诫自己不能要，但饿得实在不行，就接受下来，跟他做了强盗，从此走上了绝路。"

（明）陈洪绶　绘

盗贼看了眼刽子手的刀，转过脸对那人恨恨地说："我做强盗是因你而起，被砍头也是因你而起，怎么能我死了而让你独自活下来呢？"那人摇摇头，悔恨不已。向盗贼道了声歉，引颈受刑。（朱元弼：《犹及编》）

只要伤害人，即使是无意的，也可能带来灾祸。这个故事提醒人们，任何时候、任何地方、任何情况下都要怀抱一颗仁慈之心。

③ **慈善**

世界首富比尔·盖茨2004年立遗嘱，给自己3个孩子每人留下1000万美元和价值1亿美元的家族住宅，这些钱占他个人资产的2%。大头98%都捐给以他和妻子的名义设立的基金会，用于社会公益事业。2009年年初，盖茨修改了遗嘱，将自己580亿美元的财产全部捐给基金会，一分一厘也不留给子女。盖茨曾经说："把大量的金钱传给家人，对接受这些钱的人可能是件坏事。"

曾经排名世界第二大富豪的美国金融家沃伦·巴菲特决定，将他财富的85%，约合370亿美元，捐赠给5个慈善基金组织，其中就包括比尔·盖茨夫妇基金会。

班蒂纳健康俱乐部老板邓肯·班蒂纳宣布，将自己3亿英镑资产中的绝大部分捐给公共事业，而不是留给他的6个孩子。

这样的事情很多。盖茨们之所以把钱捐出来，是因为在他们看来，这些财富原本就来自社会，世界上有许多人比他们的家人、子女更需要得到自己的帮助。人们把这种举动称为慈善事业，它是慈爱的一种具体形式。

2. 俭

导读

春秋时期，楚国与吴国交战，结果楚国战败。国君楚昭王在撤退中发现自己的一只鞋开裂了。他脱下鞋子，把它背在肩上继续走路。途中，因为走得很急，鞋子掉了也不知道，等到察觉时，已经走出了30步。楚昭王掉头捡回鞋子，然后接着赶路，一直退到隋（今湖北省隋州市）这个地方。

身边的侍从问："大王您怎么连一只开裂的鞋子都舍不得丢掉呢？"

楚昭王回答："楚国虽然穷，但也不至于对一只坏了的鞋子恋恋不舍。我想的是，鞋子跟我一起出来，也应该随我一起回去才是啊。"

从此楚国形成了一种风气，再没有人随便丢弃破旧的东西了。

——《新书·谕诚》

原文摘要

（清）刘源 绘

昔楚昭王与吴人战。楚军败，昭王走，屦（jù）决，眦（zì）而行，失之。行三十步，复旋取屦。及至于隋，左右问曰："王何曾惜一踦（yǐ）屦乎？"昭王曰："楚国虽贫，岂爱一踦屦哉？思与偕反也。"自是之后，楚国之俗无相弃者。

简议

楚昭王说得很清楚，他之所以舍不得丢弃破损了的鞋子，与贫富没有关系——楚国是大国，以富庶著称，楚昭王是一国之主，可以说天下没有人比他更有钱了；与鞋子的价值也没有关系——鞋子是用来穿在脚上走路用的，开裂的鞋子已经没有这个功能了；而是纯粹出于感情。一件东西，用久了自然要生出情来，所谓的敝帚自珍，即使没有用处了，也还要留在身边。

俭就是这样的一种感情。《老子》说：圣人"常善救物，故无弃物"（《第二十七章》）。所有物品都被充分利用起来，所以没有废弃的物。在人与物的关系上，俭表现为惜物。

在生活中，俭表现为克制和低调。《老子》说："圣人为腹，不为目。故去彼取此。"（《第十二章》）意思是说圣人只求填饱肚子，不追求眼睛一类的感官享受。所以人们应该舍弃那些不必要的东西，只要能够生存就可以了。这些不必要的追求我们在第二篇"制欲"中提到过，其象征是扰乱视觉的五色、扰乱听觉的五音、扰乱味觉的五味、扰乱精神的游猎、扰乱心性的财宝，总之，是多余之物，都属于"去彼"之列。

为此，《老子》提出“去甚、去奢、去泰”（《第二十九章》）。甚表示的是过分，奢是过多，泰是过度，意思一样，都是去除多出来的东西。同一个意思连说三遍，一连用了三个“去”，拳拳之心，溢于言表。为什么这样讲？庄子有一句话说得精到：“多余是祸害。”（《庄子·盗跖》）

在事业上，俭是成功的前提。《老子》说：“俭故能广。”（《第六十七章》）广是大，就是我们平常说的做大做强。只有贯彻俭，才能事业有成。如果舍弃俭而去追求强大，在老子看来那是自取灭亡。

多说几句

① 一位女司机

武汉市有一位公交车女司机，工作18年，节约油料4万多公升。其中诀窍很简单，不踩急刹车。她开了这么长时间的大轿车，就没有踩过一脚急刹车。

在介绍经验的时候，她使用了一个时髦词“人性化”，意思是不要只把汽车看成工具，而要把它当成人。她的做法是，启动时慢一些，让汽车预热提高温度，使沉淀了一夜的机油上升。达到行驶要求后，轻轻压下油门，缓缓抬起离合器。起步后要缓慢加速，行驶中加速也要这样操作。车子上路后，司机一定要全神贯注，密切注意路况和周边情形，做到适时换档。减档的时候要动作迅速，避免拖档，尽量少使用低档。

这位女司机想的不是自己怎样方便，而是如何使车子的运行协调，正是这样的爱，发挥了物质的潜能，延长了物质的寿命。在这里，慈与俭是相通的。

② 被谴责的印度首富

穆克什·安巴尼现年50岁，拥有140亿英镑净资产，是印度的第一富翁，在2007年福布斯富豪排行榜上名列第14位。他在孟买建造的豪宅高达173米，相当于60层楼的高度，但实际上只有23个楼层，因为每个楼层都很高，相当于普通楼层的3倍。里面有一个四周都是落地窗的会客厅，一个面积为一个楼层的家庭电影院，一个占据两层楼的健身房，一个直升飞机停机坪，一个停车场。大概是有意模仿世界古代七大奇迹之一的巴比伦空中花园，大楼高处开辟了多个露天花园，栽种着各种名贵鲜花和绿树。

豪宅的建筑面积超过了法国著名的凡尔赛宫，造价5亿英镑，约合人民币100亿元。那么，使用这座豪宅的人有多少呢？6个！除了穆克什·安巴尼外，还有他的妻子、3个孩子和他的母亲。而服侍他们的是600个专职仆役。

穆克什新豪宅被媒体曝光后，社会舆论大哗，人们把他看成是极端自私自利的人，就连印度总理也出面表态，呼吁印度的商界领袖要“避免炫耀性消费”，做“适度消费的楷模”。

也许有人不解，难道花自己的钱还要得到民众的批准？不错，钱是穆克什自己的，但他盖房子消耗的资源，如土地、材料以及大厦建成后消耗的水、电等等，甚至所影响到的阳光、城市轮廓线，却是属于全体民众的财富。在资源有限的条件下，他多消耗一份，留给民众的资源就少了一份，因此，不光穆克什，任何人的消费都不是纯粹的个人权利。至于钱，在法律上确实属于穆克什所有，但应该同时看到，他从事经营所获得的利润，并不来自于他个人的单独活动，而是他与无数民众共同活动的结果，因此他怎么花掉

（清）山水

这笔钱，也不是绝对的个人事情。所以，公众有权利愤慨，社会的干涉是完全正当的。

③ 增长的极限

从20世纪50年代到90年代，世界对木材、钢材、铜、肉类、能源的人均消耗量翻了1倍，对塑料的消耗量翻了4倍。环保组织据此认为，人类已经进入了“过度消费的时代”。

其中，发达国家人均消耗量最高。一个美国人平均购买商品的数量是中国人的53倍；平均能源消耗量是印度人的35倍；平均环境损害量是巴西人的13倍。有人统计过，如果世界上大多数人都像发达国家的人一样去消费，5个地球的资源都不够用。

早在1972年，当发达国家正沉浸在技术的巨大进步以及物质财富迅猛增长的狂喜中时，学术与政治团体“罗马俱乐部”就发出了警告。在那篇著名的报告《增长的极限》中，学者们表达了这样一个观点：人类索取与地球资源之间的比例有一个底线，科学技术的进步以及经济的增长正在大口吞噬地球的有限资源，如果人类突破了增长的极限，灾难就会到来，明天也许是最后一天。

人类在任何情况下都应该恪守俭德，即使在需要刺激经济的时代也是如此。2008～2009年的金融危机造成了经济低迷，中国也深受其害。有人提出，应该利用一切手段刺激老百姓花钱，鼓动消费，别管是否用得上，只要买回家就行，甚至有人把消费与爱国画等号，说谁花出去的钱越多谁就越爱国。对于这种奇谈，经济学家梁小民用了一个术语叫：“破富效应”。意思是找一帮小流氓，专门打人家窗子，迫使用户不得不掏钱请人装新玻璃。不错，钱是花出去了，但财富呢，都变成污染环境的垃圾了。

任何时候浪费都是犯罪。

3. 谦

导 读

毁坏的荒井中有一只青蛙，它对来自东海的巨鳖说："我快乐呀！出了井可以在井栏上尽情跳跃；进入井可以在壁砖的空隙间惬意地打瞌睡；跃到井中，水轻柔地扶着我的腋下托着我的下巴；爬到泥浆里，泥土温暖地覆盖住我的脚蹼；回头看看井里那些动物，孑孓（jié jué）啦、螃蟹啦、蝌蚪啦，没一个有我这么幸福。最让我满意的是，这口井是我的天下。能达到这一步，快乐也就到头了。怎么样，先生何不进来亲眼瞧瞧？"

鳖挪动庞大的身躯，伸出左腿，脚还没有完全进到井口，右边的膝盖就被卡住了。于是，赶紧退回去。青蛙很是遗憾。

鳖问："您见过大海吗？"

青蛙矜持地摇摇头。

"千里之远，不足以描述海的辽阔；千仞之高，不足以说明海的深厚。夏禹的时代，十年九淹，滔滔大水浸漫大地，而海水却没有增加；商汤的时代，八年七旱，江河都干枯了，但海水却没有减少。不管时间多久，也不管流进来的水量怎样增减，海水都没有发生改变，这就是我在东海的快乐。"鳖平静地说。

青蛙一双鼓起来的眼睛瞪得大大的，惊讶得半天说不出话来。

——《庄子·秋水》

原文摘要

埳（kǎn）井之蛙……谓东海之鳖曰："吾乐与！出跳梁乎井干之上，入休乎缺甃（zhòu）之崖；赴水则接腋持颐，蹶泥则没足灭跗；还虷（hán）、蟹与科斗，莫吾能若也。且夫擅一壑之水，而跨跱（zhì）埳井之乐，此亦至矣。夫子奚不时来入观乎！”东海之鳖左足未入，而右膝已絷（zhí）矣。于是逡巡而却，告之海曰：“夫千里之远，不足以举其大；千仞之高，不足以极其深。禹之时，十年九潦，而水弗为加益；汤之时八年七旱，而岸不为加损。夫不为顷久推移，不以多少进退者，此亦东海之大乐也。”于是埳井之蛙闻之，适适然惊，规规然自失也。

天鼋（龟）
商代青铜器图案

简 议

青蛙终身生活在一口荒井中，所见到的天地就那么大，以为任何地方都比不上这里，谁也不如自己幸福快乐，直到听说了东海之后，才知道自己原来竟那么浅薄。其实，我们每一个人都受着环境的局限，很容易形成自大心理，所以不管在什么时候，面对的是谁，都应该保持谦虚。

谦是《老子》讲的最多的一种德行，也是最重要的处世之道。《老子》说：“上德若谷。”（《第四十一章》）谷，指山谷、河谷，是最低洼、最空旷的地方，象征低矮和空虚，也就是谦虚。上德如同谷地，说的是谦虚属于上德。低处是谁都不愿意去的，然而有德之人却偏偏像水流向低处一样，甘心把自己放在低下的位置上①。其实，这是最聪明的选择，没见过江河湖海吗？“江海之所以能为百谷王者，以其善下之，故能为百谷王。”（《第六十六章》）百谷王，即百川中最大者，大江大海就属于这一类。江海之所以能够汇聚百川之水，浩荡无边，就在于它甘居下游，比那些小溪

①“上善若水……处众人之所恶。”（《老子 · 第八章》）

小河还要低，所以吸纳了四面八方来水，成为水量最富足之地。《老子》说的“洼则盈”也是这个意思（《第二十二章》）。

这给人的启发是“不敢为天下先”（《第六十七章》）。先是抢在别人的前面，以领路者自居。有德之人不出这个风头，即使确实比别人强，也甘居人后。

他们也许是统治者，但待人谦卑（“善用人者为之下”，《第六十八章》）。他们也许是成功者，但“功成而不居”（《第二章》《第三十四章》）。他们也许知道得很多，但同样知道自己还有不知道的东西（“知不知”，《第七十一章》），决不炫耀自己的广博（“知者不博，博者不知”，《第八十一章》）。

总之，他们以卑贱为处世的根本，以低下为做人的根基。虽然很低调，不显山不露水，甚至有些渺小，然而谁又能使他们臣服呢？正因为他们不辞卑贱和低下，才能越发地尊贵和高大，道理很简单，“贵以贱为本，高以下为基”（《第三十九章》。那些王者们每每自称孤、寡、不谷，不正是表示以卑下为根本的意思吗？[①]

甘于卑下是“道”的品格。“道”生养万物，那么伟大，但并不以主人自居，也没人拿它当主人，它总是默默无闻地做着自己的事情，从不张扬自己的伟大。可以说，那些谦虚的人已经接近于“道”了。

《老子》说：“不敢为天下先，故能成器长。”（《第六十七章》）器，器具，这里泛指一切事物。这句话的意思是，虚怀若谷，所以能够博采众长。《老子》还说：“圣人终不为大，故能成其大。”（《第三十四章》《六十三章》）也是这个意思。

相反的是那些骄傲的人。他们总想压人一头，先人一步，就像那些用力踮起脚后跟来增高自己身量的人，就像那些拼命迈大步子来加快自

① 是以侯王自称孤、寡、不谷。此非以贱为本邪？非胡？（《老子 · 第三十九章》）孤：一个人，如同孤儿。寡：一个人，如同丧偶者。不谷，谷是善，表示德，不谷即无德之人。以上都是自谦的说法。

己速度的人，结果怎么样呢？踮起脚后跟的人站不稳，迈大步的人走不快[①]。所以，不愿意处在人后而一味争先的人，一定争不到先，得到的只能是灾难[②]。

多说几句

① 大眼睛

有一个人非常喜欢听别人赞扬自己，一个算命的人打听到他有这个毛病，就上门给他看相。

算命先生极力赞美他的相貌，然后说："您只凭着这双大眼睛，一生就会享用不尽。"这人听了特别高兴，留算命先生住了几天，招待得很好，还送给他许多好东西。

算命先生临走前，握住这人的手说："我还有一句话相赠，请您记住。"那人问什么话。算命先生说："您还需要找些事情来做，也不能全靠这双眼睛。"（浮白斋主人：《笑林》）

自我感觉良好的人常常是受骗上当的对象。

② 没有一个比我强

战国时期，魏国的国君魏武侯特别善于谋划，他操持的事情总是很得当。

一天，他在朝堂上撸起袖子伸出手臂说："要论谋虑，大夫们没有一个比我强。"不大一会儿，竟然重复了好几遍。

国相李悝（kuī）快步走上前，说："从前楚庄王谋划事情很有一套，建立了丰功伟业，但退朝后却面现忧色。身边的人询问原因。楚庄王说：'商朝的开国君主汤的国相仲虺（huǐ）有段话，我非常喜欢。这段话是这

---

① 跂（qí）者不立，跨者不行。（《老子 · 第二十四章》）

② 舍后且先，死矣！（《老子 · 第六十七章》）

样的：诸侯具有能够为自己选择老师的品德，就可以称王天下；具有能够为自己选择朋友的品德，就可以保全自身；所选择的人不如自己的，就会遭到灭亡。如今我不贤明，臣子们的谋虑又都不如我，我大概快要灭亡了吧！’”

魏武侯琢磨着楚庄王的话。

李悝接着说：“这就是成就霸业的人所忧虑的。可是您却没完没了地夸奖自己，这怎么可以呢？”

“说得好。”魏武侯说。

君主的弊病不在于自己看轻自己，而在于自己看重自己。自己看重自己，就会拒绝应该接受的意见。拒绝应该接受的意见，进谏的源头就枯竭了。(《吕氏春秋·骄恣》)

进步的源头一旦枯竭，再强大的也会走向弱小，再尊贵的也会变为低贱。

③ 逐日

有一个人叫夸父，他觉着自己很了不起，想和太阳比一比谁走得更快。于是，他手持木杖，跟在太阳的影子后面一路追下来，一直追赶到太阳降落的地方，那里叫隅谷，是太阳晚间的归宿之处。

走得太急太久了，他口渴得很，便又掉转头来，赶到黄河和渭河去喝水。这是两条大河，水流浩浩荡荡，滚滚东去，然而竟被他喝光了。但还是止不住口渴，便往北方奔去，那里有一个大湖泊，里面的水兴许够他喝的。可是还没有到达，就口渴得支持不住了，伟岸的身躯轰然倒地。

太阳鸟　仰韶文化

他的手杖扔在一边，身体的膏油和肌肉浸透到土壤中，变成了一片桃树林。这片林子可真大，绵延好几千里。(《列子·

汤问》）

大与小是相对而言的。夸父很伟大，但与太阳相比，他却是渺小的。天外有天，人外有人；强中自有强中手，人在任何时候都不可忘乎所以，要记住你永远不是老大。

本篇小结

（1）上德与下德

《老子》对上德与下德的区分，其理论意义和现实意义在于明确了道德主体。下德或者说儒家道德，其主体是社会，从外面规定人必须如何做，要求人的无条件服从和牺牲，所以是以社会秩序为第一位。上德的主体是人，主张人出于天性的自然而然的行为，强调自觉自愿，也就是摆脱了社会束缚的道德自由，在这里人的自主性与道德性合而为一，所以是以自然为第一位。上德与下德的对立，是个人与群体的对立，最终反映了自然与社会的对立。

《老子》抨击和讥讽仁义，并不等于道家不讲仁义，它反对的只是仁义道德中不公正的内容强加于人的形式，对于仁爱之情还是肯定的。"慈"就是仁爱的一种表达。

（2）俭—简—啬—真

《老子》倡导俭，与本书第二篇所说的"简"、第三篇所说的"啬"、第四篇所说的"真"（朴）一脉相承，突出的都是减少。俭是用度的减少，简是欲望和智慧的减少，啬是生命资源耗损的减少，真（朴）是世俗性的减少。而这种种减少，都是"道"的要求，因为"道"就是去除了人为的自然界，是虚无，减少到没有就是虚无。

谦其实也意味着减少。明明比别人强，却甘于卑微、低下、人后，贯彻的就是减法。

俭、谦、简、啬、真与慈是相通的。俭是对物品的爱惜，谦、简、啬、真都体现了人对自己的爱。

(3) 公正

万物都是“道”的产物，谁也不比谁尊贵，“道”没有偏私，平等对待一切，由此构成了公正的道德精神。

公正惠及万物，因为它激发创造和活力。《老子》说：“天地不仁，以万物为刍狗。圣人不仁，以百姓为刍狗。天地之间，其犹橐籥乎？需而不漏，动而俞出。”(《第五章》) 说的是，天地没有亲人，把万物一概当成草扎的狗；圣人也没有亲人，也把万物当成草扎的狗。天地之间，不正像风箱一样吗？其中空虚无有，用之不竭，越是鼓动所形成的风力也就越大。这里的不仁，表现为无亲和无私，也就是虚无，对谁都一个样，没有一点儿特别。因为没有照顾，大家才必须依靠自己，通过创造来满足自己的需要。

不仁其实是大仁，以使万物独立成长的方式表达爱。

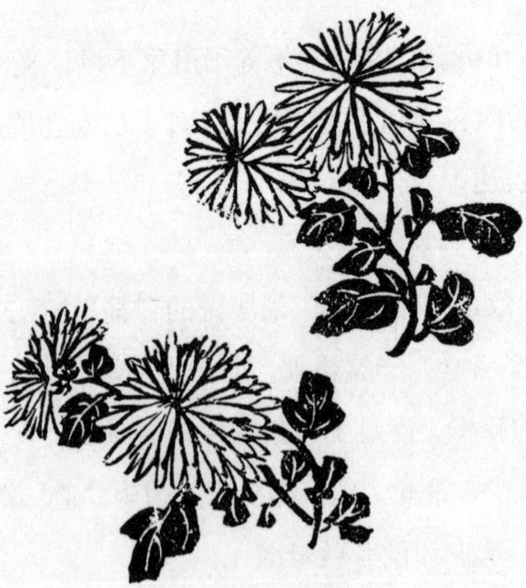

（清）花卉

跟老子学生存

六、处世以柔顺为根本

六、处世以柔顺为根本

要义 柔是生命的特征，柔弱胜过刚强。顺是不强行，顺其自然。柔顺是一种生存之道，主要表现为雌、曲、同、和。

（一）柔

《吕氏春秋》说："老子崇尚柔。"（"老聃贵柔"）那么，老子为什么推崇柔呢？

1. 生命的特征

导 读

老子的老师叫常摐（chuāng）。常摐生病了，老子前去探视。老子说："先生的病很重啊，请问老师，有没有什么要对我这个学生吩咐的？"

常摐把一双混浊的眼珠对着老子，问："路过自己的故乡一定要下车，这是因为什么？"

"大概是要以此来提醒自己不要忘记过去吧。"老子恭恭敬敬地回答。

"好，你答得很对。"常摐说。接着又问："从高大的树木旁边路过，一定要迈着小步快走，这又是因为什么？"

老子迟疑了一下，然后说："大概是以此来表示对老人的尊重吧！"

"很好。"常摐咧着嘴笑了。突然，老人指着自己嘴巴呜呜地问："你好好瞧瞧，我的舌头还在吗？"

老子侧过头，往老师黑洞洞的嘴里看了一会儿，点点头，"在。"

常摐又问："那么，我的牙还在吗？"

老子找了半天，也没有发现一颗牙，摇摇头，“不在。”

常摐合上嘴，问，“舌头还在，牙却没有了，这是因为什么？”

老子想了一会儿，说：“舌头之所以存在，是不是因为它柔弱？牙齿之所以没有了，是不是因为它太刚强？”

常摐的眼睛突然放出光来，赞道：“太好了！”然后说：“天下的道理已经都说尽了，没有什么要跟你讲了！”

——刘向《说苑·敬慎》

原文摘要

常摐有疾，老子往问焉，曰：“先生疾甚矣，无遗教可以语诸弟子者乎？”……张其口而示老子曰：“吾舌存乎？”老子曰：“然。”“吾齿存乎？”老子曰：“亡。”常摐曰：“子知之乎？”老子曰：“夫舌之存也，岂非以其柔耶？齿之亡也，岂非以其刚耶？”常摐曰：“嘻！是已，天下之事已尽矣，何以复语子哉！”

（清）雕刻 彭祖

简 议

舌头是人身体上最柔软的部分，牙齿是最坚硬的部分，然而牙齿不如舌头长久，牙齿一颗颗脱落下来，舌头却好好的，当所有牙齿都掉光后，舌头仍然在嘴里活动。从这里老子悟出了一个道理：柔弱是生命的特征。

《老子》说：“人之生也柔弱，其死也坚强；草木之生也柔脆，其死也枯槁。故坚强者死之徒，柔弱者生之徒……强大处下，柔弱处上。”（《第七十六章》）是说，人活着的时候，身体是柔软的，死后就会伸直僵硬。草木生长的时候是柔软而脆嫩的，死后就会变得干枯僵硬。所以说，坚硬刚强属于死亡一类，柔韧绵软属于生命一类……凡是强盛的就处于下降趋势，凡是柔弱的就处于上升趋势。

柔弱为什么是生命的特征？主要有两点。第一，就质态而言，柔性属于生命，而刚性则属于死亡。第二，就前途而言，柔弱事物走的是上升道路，朝壮大的方向发展；而强大事物则相反，走的是下坡路，一天不如一天，最后消亡，所谓的“物壮则老”。

《老子》说：“弱者道之用。”（《第四十章》）意思是，坚持柔弱是对“道”的应用。“道”生养万物却不把自己摆在占有、支配、操控、统治的地位上，而是任由万物自己去发展，就是柔弱的具体表现，所以选择柔弱就是向“道”学习。

这提示人们，生存一定要坚持柔弱的态度，这才是处世的真谛。

多说几句

① 苏轼与贾谊

苏轼曾写过一篇《贾谊论》，说他才有余而识不足。识是一个很宽泛的字眼，不仅指见识，也包括心胸、态度在内。贾谊刚过20岁，就被汉文帝相中，召为博士，一年后被破格提拔为中大夫，要不是大臣们抵制，他就当上了公卿。贾谊少年得志，只知进不知退，逞强好显，结果遭到忌恨，失去了皇帝的信任，精神一下子就垮了，意志消沉，忧伤沮丧，死的时候年仅32岁。

苏轼则不同，他有贾谊之才，又有过人见识，虽然一生坎坷，但活了64岁，这个终年在北宋时期算是高寿了。苏轼重视生命（“爱其身”），主张自我控制（“谨其所发”），也就是以温和的态度处世。他知道自己的毛病，“受性刚褊（biǎn），黑白太明，难以处众”，所以便以柔弱来中和自己的性格，增强了抗风险能力，从而在逆境中能够做到平和，以圆融的方式渡过难关。

（清）上官周　绘

世界上有两类性格完全不同的人，一类是常人性格，另一类不同于大众，被称为英雄性格。常人胸无大志，与世无争，自得其乐，满足于平凡的生活；而英雄志向高远，一心盼着出人头地，终身都在为成就而奋斗。常人对生活很宽容，要求也不高，即便遭遇挫折或幸运，也会以早就养成的平常心来对待；而英雄就不一样了，他们的意愿过于强烈，追求过于执著，神经一直绷得紧紧的。

常人性格可以划入柔弱一类，英雄性格则属于刚强。哪种性格的生命力更强？常人。有人做过测试，英雄性格的人生理上产生的荷尔蒙和消耗的热量，至少是平常人的2倍，其占有欲是平常人的5倍。就是说，英雄的心理压力和生活压力要大得多。所以英雄更容易受伤，无论是成还是败，都是如此。

② 孟尝君与门客

齐国孟尝君田文的一个门客与孟尝君的夫人私通。有人看不过，这个门客吃孟尝君的穿孟尝君的，不思如何出力，反而伤害主人，也太不仗义了，就把事情告诉了孟尝君，并建议杀掉他。谁知孟尝君竟说：“因为美貌而产生爱慕之心，乃人之常情，算了吧。”

一年后，孟尝君把那个门客找来，说：“先生到我这里的日子不短了，一直没有能给您物色到合适的官职。卫国的国君跟我关系不错，我愿意给您出路费和车马，送先生到卫国谋职。”那个门客到了卫国后，很受国君的重用。

后来，卫国与齐国闹翻了，卫国国君打算策动各诸侯国一起讨伐齐国。那个门客去见国君，说："臣听说齐国与卫国的先君，曾经杀马宰羊，立誓两国子孙不得相互攻击，有违背誓言者有如此马此羊。现在国君您这样做，就是违背誓言，欺骗孟尝君。请您立即停止行动，否则臣将把自己颈项之血溅在您的衣服上！"于是卫国国君打消了进攻齐国的念头。

齐国人听说了这件事，赞叹道："孟尝君可以说是善于处理问题了，所以能够转危为安。"(《战国策·齐三》)

孟尝君有见识。事情已经发生了，杀人最多只能出口恶气，于事无补，而且张扬出去也不好看，所以还不如采取怀柔之策，像前面说的那样，放债而不讨债，让对方欠你的情。正是这个做法，使孟尝君在关键时刻收到了回报。

2. 柔克刚

导读

颜阖（hé）将要去给卫国的太子当老师。这位太子生性残暴，颜阖拿不定主意采取什么样的办法，便去找卫国的大夫蘧（qú）伯玉请教。

蘧伯玉说："你可一定要注意了，要特别小心啊！还是先从你自己做起吧！外表上最好亲近他，内心里最好顺从他。"

亲近好懂，做老师的当然要对待学生像亲人一样，但顺从怎么讲呢？

见颜阖不明白，蘧伯玉解释道："他如果是个天真的孩子，你就要像对待天真的孩子那样与他打交道；他如果是个随意的孩子，你就要像对待随意的孩子那样与他打交道；他如果是个无拘无束的孩子，你就要像对待无拘无束的孩子那样与他打交道。跟他对脾气了，就可以教育他了。"

颜阖明白了，就是随着他的性子来。这能教育好学生吗？

见颜阖不大接受，蘧伯玉开导道："没听说过螳臂挡车吗？螳螂以为它的臂膀有多么厉害，竟然愤怒地挥舞着它要挡住巨大的车轮，它的狂妄和可笑来自过分放大自己。你可千万不要重蹈覆辙呀！如果你总是想显示自己了不得而去冒犯他，那你就跟螳螂差不多了。"

——《庄子·人间世》

原文摘要

颜阖将傅卫灵公太子，而问于蘧伯玉……蘧伯玉曰："善哉问乎！戒之，慎之！正女身也哉！形莫若就，心莫若和……彼且为婴儿，亦与之为婴儿；彼且为无町畦，亦与之为无町畦；彼且为无崖，亦与之为无崖。达之，入于无疵。汝不知夫螳螂乎？怒其臂以当车辙，不知其不胜任也，是其才之美者也。戒之，慎之！积伐而美者以犯之，几矣。"

（明）陈洪绶 绘

简 议

卫国太子嗜杀凶残，谁也惹不起，代表刚强。教育这样的学生，用硬招狠招是不行的，只能激化矛盾。怎么好呢？蘧伯玉的办法是柔顺，不跟他硬顶，随着他的性子来，在协调中实施教育，也就是我们常说的因势利导。这就叫以柔克刚。

在《老子》看来，柔弱与刚强两相比较，"弱之胜强，柔之胜刚"（《第七十八章》），"柔弱胜刚强"（《第三十六章》）。老子以水为例，他说，天下之物没有比水更柔弱的了，然而攻克坚硬刚强之物，没有什么东西能够比它更有效，没有什么东西能够顶替它的作用[①]。

譬如，水与石头，水最为柔弱，连一根茅草都挡不住，岩石坚硬无比，铁器也难以击碎它。然而水无孔不入，石头只要有一点缝隙，水就会渗透进去；即使没有缝隙，水一滴一滴落下来，天长日久，石头也会被击穿，天下最柔弱的东西在天下最坚硬的东西中畅行无阻。其他场合也是一样，譬如，当人感到寒冷的时候，活动一下身子就不觉得冷了，而感到热的时候，静下心来就不感到热了，所谓的“躁胜寒，静胜热”（《第四十五章》）。静与柔属于一类。

这就是柔弱的力量。所以柔并不就是弱，只是让人觉得柔弱罢了，只是以柔弱的态度去处世罢了。这样的柔弱往往是强大的表征，是强者的心态。相反，那些表面上做出强者姿态，动辄发怒，寸步不让，正是弱者的表征，因为不自信没底气，生怕被人瞧不起，才做出一副盛气凌人的样子。由此可以说：“守弱曰强。”（《第五十二章》）

《老子》说，懂得了这一点，就达到了明智，这样就不会给自己遗留下祸患。守持柔弱符合“道”的要求（《第五十二章》）。

以柔弱态度处世，则强大存；以刚强态度处世，则强大亡。这是生存的根本道理。

多说几句

① 勾践与夫差

越王勾践与吴国交战，大败，国破家亡，被吴国大军重重围困在会稽山（今浙江绍兴东南）。勾践怒火冲天，气如泉涌，挑选死士，号召兵卒，撸胳膊挽袖子，准备与强大的吴军做最后一搏。

在大夫文种的劝说下，勾践转变了态度。他以一国之尊的身份去做

---

① 天下莫柔弱于水，而攻坚强者莫之能胜，以其无以易之。（《老子·第七十八章》）

（清）张菊如　绘

吴王夫差的奴仆，让妻子做夫差的侍妾，他亲手执戈为夫差牵马开道。然而他最终在干遂这个地方彻底击败了吴国。

所以《老子》说："柔可以胜刚，弱可以胜强，天下没有谁不知道这个道理，但却没有谁能够去实践它。"越王勾践亲身实践了它，因此能够称霸中原。(《淮南子·道应训》)

吴王夫差性格刚愎，固执己见，就连德高望重的伍子胥的话都听不进去；他雄心勃勃，北上争霸，连败齐国、鲁国，威逼晋国，强大一时，代表刚强一方。越王勾践被夫差击败，为了自己和国家的生存，向敌人屈膝投降，忍受了常人难以忍受的精神和肉体的双重折磨；被放回来后，卧薪尝胆，一面默默发展生产，一面继续服侍吴国，代表柔弱一方。是刚强力量大还是柔弱力量大？勾践与夫差的故事给出了答案。

② **年关**

有位姓尤的老人开了一家当铺，年关那一天，早早上了门板。正准备与家人团聚，突然听到外边吵闹，出去一看，原来是一位邻居当门叫骂。

伙计报告说："这个人好不知趣，前些天将衣服当了钱，现在却空手来取，小的不拿给他，他就破口大骂，天下哪有这样的道理！"

老人看过去，邻居仍然一副气汹汹的样子，便和气地对他说："老兄，我明白你的意思，不就是年过不去了吗？这点小事，不值得动怒。"说完，就吩咐伙计找出他当的衣服，指着其中的一件棉衣说："这一件是御寒不可少的，你拿回去。"又指着一件长袍说："这件拜年时穿，你也拿回去。至于其他几件嘛，你不急着用，暂时先存在我这儿，以后再说。"

邻居接过两件衣服，默默地去了。

那天夜里，这位邻居突然死在另一户人家。他的亲友找上门打官司，好几年才了结。

后来人们搞清了事情的真相。原来这个邻居欠了很多债，根本无力偿还，为了给家人留下点东西，想出了以死去讹诈别人的法子。他选择的对象是富有的尤姓老人，先服下毒药，然后到当铺门前来闹事。没想到老人通情达理，帮他渡过难关，他便改了主意，到另一户人家去吵闹。

有人以为老人事先看出了其中的门道，老人说："我哪有这么大的本事？不过我知道，凡是无理取闹的人一定另有隐情，如果我们不能忍耐小的麻烦，大祸恐怕就会临头了。"（冯梦龙：《智囊·知微》）

邻居来势汹汹，但面对尤老人的柔弱毫无效果。柔弱保平安。

3. 柔的表现

（1）雌

导读

春秋时期晋国的卿大夫赵简子（赵鞅）养了两匹白色的骡子，当宝贝看待。

一天半夜，有人叩门求见，来人叫阳城胥渠。赵简子封地有一个叫广门的城邑，阳城胥渠担任这个地方的长官。他对门吏说："请报告主君，他的家臣阳城胥渠病了，医生讲，如果吃了白色骡子的肝脏，病就可以好，否则只有等死。"

门吏报告了赵简子。这时一个叫董安于的家臣在场，听说后很是不满，说："这个阳城胥渠太不像话了！竟然打起了我们主君心爱之物的主意，请下令杀掉他！”

赵简子说：“为了保住骡子的命而杀人，岂不是太不仁爱了吗？为了保住人的命而杀掉骡子，这不是仁爱的要求吗？”于是命令厨师杀掉骡子，取出肝脏交给阳城胥渠。

不久，赵简子讨伐北方的狄人，广门邑派兵跟随出征，左队700人，右队700人。人人奋勇，争先登上城头，斩获敌人无数。

——《吕氏春秋·爱士》

原文摘要

赵简子有两白骡而甚爱之。阳城胥渠处广门之官，夜款门而谒曰：“主君之臣胥渠有疾，医教之曰：‘得白骡之肝，病则止；不得则死。’”谒者入通，董安于御于侧，愠（yùn）曰：“嘻！胥渠也。期吾君骡，请即刑焉。”简子曰：“夫杀人以活畜，不亦不仁乎？杀畜以活人，不亦仁乎？”于是召庖人杀白骡，取肝以与阳城胥渠。处无几何，赵兴兵而攻翟。广门之官，左七百人，右七百人，皆先登而获甲首。

（东晋）顾恺之 绘

简 议

在古代，上下尊卑分得很清楚，因为它是维持秩序的基本纲领。赵简子是君，阳城胥渠是臣，臣子向君主索求心爱之物，是大逆不道的，所以董安于主张杀掉阳城胥渠。但赵简子没有这么做，杀骡取肝，满足了阳城胥渠的要求。在这里，赵简子表现出了慈母的心肠。

用《老子》的话来套，这就叫雌。

《老子》说："知其雄，守其雌，为天下溪。"（《第二十八章》）雄是男性、阳性，处于上位，是刚强的代表；雌是女性、阴性，处于下位，是柔弱的代表；溪是溪流，其地势比地面还要低。这句话是说，知道什么是雄强，固守着雌弱，心甘情愿地处在下位。这里的意思并不是不要雄强，而是懂得什么才是真正的强大，怎样才能实现、确保强大，答案是以守雌的方式达到强大，就像溪流因其地位低下而汇聚四方来水一样。

故事中的赵简子就是这样。他是君、强者，处在上位；阳城胥渠是臣、弱者，处在下位，但赵简子却反其道而行之，为臣子服务。然而正是这样的错位，使他更加强大，臣民都愿意为他卖命。这种雌雄合为一体的人是最可怕的，所以赵氏的事业能够越做越大，越做越强，最后建立赵国，成为战国七雄之一。

雌有两个突出特点，一个是把自己摆在下位，另一个是静。《老子》在讲国家关系的时候说过一段话："大国处在下位，就像天下所有雌性那样位于雄性之下，以这样的姿态与各国交往。雌性采取的是以静战胜雄性，处在下位才能取静。所以，大国以下位姿态对待小国，就能够取得小国的归顺，小国以下位姿态对待大国，就能够取得大国的庇护。总之，处于下位必有所得，大国要的是归顺，小国要的是庇护，大家都达到了目的，其中大国处下位是关键。"①

学者李零说，这段话其实是以男女交媾来说明问题（李零：《人往低处走·第六十一章》）。女性处于下位，不动；男性在上，动，上位是主动

---

① 大邦者下流，天下之牝（pìn）。天下之交也。牝常以静胜牡（mǔ），以静为下。故大邦以下小邦，则取小邦；小邦以下大邦，则取大邦。故或下以取，或下而取。大邦不过欲兼畜人，小邦不过欲入事人。夫两者各得其所欲，大者宜为下。（《老子·第六十一章》）

的位置。这是以下制上，以静制动。别看男性主动，处于支配地位，但失败的一定是他，再厉害的男人也得服软。

知雄守雌是强者之道。

多说几句

① 爱情

哲学家柏拉图曾经讲过一个古老传说：从前，人是男女合一的整体，体力强壮，精力充沛，是真正的强者。他们为自己的强大而骄傲，野心日益膨胀，最后竟然想开辟一条通天之路，以求和诸神交战，一决高下。神界主宰宙斯得知这个消息，召集诸神会商。诸神一致认为，决不向人类让步。他们决定，在保持人类这个种群的前提下削弱人类的力量，具体办法是把每一个人都劈成两半，使他们变成弱者。

于是，人就被分开了，变成了现在的样子：男人和女人。然而，人们并不甘心，这一半总是思念着那一半，想重新合而为一。结果就产生了对异性的追求，一旦得手，双方就紧紧拥抱在一起，宁可舍弃一切，恨不得溶化在对方身上，成为一个人。如果那一半死了，另一半还活着，那么剩下的一半就开始新的追求，直到找到新的一半。这就是爱情。爱情是本能，是人类永远摆脱不了的宿命。

雌雄合一是一种连神祇都害怕的力量。爱情就包含了它的因子。

（明）陈洪绶 绘

② 张仪和苏秦

张仪是魏国人，曾经与苏秦一起师从鬼谷先生。就运用游说之术来看，苏秦自认为比不上张仪。张仪结束学业后，便加入了游说诸侯的行列。他曾经跟楚国的令尹（国相）一块喝酒，不想令尹的玉璧不见了。大家怀疑是张仪偷的，打了他几百鞭子。

这时，苏秦已经说动了各国诸侯结成抗拒秦国的合纵同盟，他最担心的就是秦国发起进攻，使盟约不能实施，导致结盟失败。要想使秦国不采取行动，最好的办法就是有人在秦国做内应，说服秦王不出兵。然而派谁去呢？正在发愁，张仪出事了，苏秦终于找到了最合适的帮手。

他暗中打发人去见张仪，鼓动说："您的好友苏秦现在大权在握，为什么不去巴结他呢？"于是张仪来到赵国投奔苏秦。刚开始，苏秦根本不搭理他，等了好几天，才勉强答应见上一面。会见的时候，连台阶都不让他上，安排他坐在堂下。饭倒是给他吃了，但却是奴仆的饭食。不光在物质上虐待他，还在精神上折磨他。苏秦一个劲地唠叨："你是怎么搞的，不是挺有才的吗？怎么把自己弄到如此穷困丢人的地步。我随便张一张嘴就能让你富贵，可是值得吗？我这儿留不了你，你另寻高就吧。"张仪快气死了，可是一点儿办法也没有。想了又想，觉得只有去秦国谋事，才能给苏秦制造足够的麻烦。就这样，他前往秦国。

苏秦从他的门客中找来一个人，说："张仪的才能，天下少有，是掌握秦国大权的最理想的人。但他穷困潦倒，我担心他因为贪图小利而放弃大业，所以故意羞辱他，以激发他的志气。你到秦国去，替我暗中关照他。"这个门客带着车马金钱跟在张仪的后面，跟他住在同一间旅舍，渐渐混熟了，把车马金钱送给他，为他提供各种帮助。张仪终于见到了秦国国君秦惠王，被任命为客卿。

门客向张仪告辞。张仪留他共享富贵。这时门客才将其中原委和盘托出。张仪恍然大悟，请他转告苏秦：在他张仪当政秦国其间，他一定跟苏秦好好配合。（《史记·张仪列传》）

苏秦的办法是恩威并施，恩为柔，威为刚，属于雌雄合一。

(2) 曲

导 读

晋国的公卿赵简子指定儿子无恤（xù）为继承人。无恤是侧妻生的，属于庶子，按照当时的制度，父亲死了应该由嫡子也就是正妻生的儿子继承家族权力，所谓的立嫡不立庶，可赵简子却偏偏在他诸多的儿子中挑选了一位庶子。家臣董安于很是想不通，问主人："无恤出自卑贱，您却立他为继承人，这是为什么呢？"赵简子回答："很简单，因为无恤这个孩子将来能为社稷忍辱负重。"

赵简子死后，无恤继承了卿位，是为赵襄子。一天，赵襄子与智伯一块儿喝酒。智伯在晋国公卿中实力最强，野心也最大，他早就瞧着赵襄子不顺眼了，想找个茬子灭掉赵氏。酒喝到一半，看着赵襄子那副不卑不亢的样子，越想越来气，挥手对着他的脑袋就是一巴掌。赵襄子大怒，手按住了剑柄，用力之大，指头都发白了。他抬眼一扫，正遇上智伯阴毒的目光，于是手便慢慢地离开了剑柄，拿起酒杯，笑着说："智大夫喝多了。"

他起身上厕所，家臣们围住他，个个义愤填膺，要冲进去杀掉智伯。赵襄子脸一沉，说："先君之所以立我为继承人，就是看中我能为了大业而忍受个人屈辱，现在我不过挨了一巴掌，这又算得了什么？"

后来，智伯灭掉了六卿中的中行氏和范氏，接着又向魏、韩、赵三家挑衅，向他们索取土地，魏、韩两家就范，赵襄子却死活不答应。于是智伯就联合另两家攻打赵氏，把赵襄子牢牢地困在晋阳城中，一围就是三年。赵襄子暗中联络魏、韩二卿，结为同盟，里应外合，杀掉了智伯，用他的头颅做饮器。

——《淮南子·道应训》

原文摘要

赵简子以襄子为后，董安于曰："无恤贱，今以为后，何也？"简子曰："是为人也，能为社稷忍羞。"异日，智伯与襄子饮而批襄子之首，大夫请杀之。襄子曰："先君之立我也，曰能为社稷忍羞，岂曰能刺人哉！"处十月，智伯围襄子于晋阳，襄子疏队而击之，大败智伯，破其首以为饮器。

（东晋）顾恺之 绘

简 议

赵襄子与智伯一样，都是地位仅次于国君的公卿，无缘无故受到对方的侮辱，自然气愤难当。但他为了家国，终于咽下了这口气，虚与委蛇。

《老子》说："是以圣人云：'受国之垢，是谓社稷主；受国之不祥，是谓天下王。'"（《第七十八章》）垢，耻辱；不祥，灾难。是说，只有能够承担起国家耻辱的人，才可以称为一国之主；只有能够承担起国家灾难的人，才可以称为天下之主。赵简子没有选错人，他的这个庶出儿子确实如他所说的那样，做到了为社稷忍辱负重。赵襄子有资格成为一国之君。

忍辱负重其实就是"曲"，所谓的委曲求全。《老子》说："曲则全，枉则正。"（《第二十二章》）委曲反而能保全，弯曲反而能伸直。无数事实证明了这一点，所以《老子》强调："古之所谓'曲则全'者，岂虚言哉？"（《第二十二章》）古人讲"曲则全"，难道是虚言吗？

曲是柔弱的一个形态。刚强讲究的是宁折不弯，其实它是弯不下来，因为坚硬，一弯就折断了。而柔弱则不同，它是软的，有韧性，能屈能伸，需要妥协的时候就弯曲，需要强硬的时候就伸直。就像故事中的赵襄子那样，当自己实力不如人，便认输服软，一旦时机成熟，便发起致命一击，这时候他比谁都硬。所以曲并不是一味地弯曲，其中包含着伸直。

曲意味着变通，伸缩余地大，其目的是保全，选择曲的处世方式是成熟的表现。

多说几句

① 田鸠见秦王

有个墨家子弟名叫田鸠，他一心想拜见秦国的国君秦惠王，在秦国一住就是三年，始终未能如愿。

有个客人把这个情况告诉了楚王，田鸠就去见楚王。楚王很欣赏他，赐予他将军的符节，派他出使秦国。

就这样，田鸠终于见到了秦惠王。他对别人说："要到秦国去见秦惠王的途径，难道是先要到楚国去吗？"

事情本来就存在着这种情况：离得近反而遥远，离得远反而切近。时机也是这样啊。(《吕氏春秋·首时》)

(清) 刘源 绘

其实除了碰巧，现实生活中根本没有直路，通向目标的线路永远是曲折迂回的。

② 肖洛霍夫的二重性

肖洛霍夫是苏联作家，以《静静的顿河》《一个人的遭遇》等一系列小说闻名于世。

在政治上，肖洛霍夫十分正统，甚至很“左”。20世纪30年代，苏联开展了几次对所谓异己分子的大清洗，重点自然是政治和军事领域中掌握一定权力的人，但也波及到文化群体，许多学者和作家遭到迫害，肖洛霍夫也受到了冲击。对其中的扩大化，当政者事后进行了反省。1938年召开的一次大会上，负责意识形态工作的日丹诺夫检讨了清洗中的过火行为，承认它使一些无辜者蒙受冤屈。然而肖洛霍夫在发言中却大力颂扬运动，说当前苏联文学队伍之所以呈现出强大和健康，正是得力于清除了敌人。后来，发生了帕斯捷尔纳克事件，这位作家因为写了《日瓦戈医生》被清除出苏联作家协会。肖洛霍夫发表谈话，说这样做是为了激发作家的良心。也许正是这样的政治表现，他才被称为“无产阶级伟大作家”。

然而在作品中，人们看到的是截然不同的另一个肖洛霍夫。据他自己说，其代表作《静静的顿河》所要表现的是这样一个人类真理，即通过展现顿河哥萨克农民如何从战争、流血、痛苦走向社会主义的艰难历程，说明社会主义的必然性。但读者并不能明显感受到这一点，给他们冲击最大的是作品中人物的性格魅力，也就是那些人性的东西，摇摆于革命与反革命之间的中间人物葛利高里比那些坚定的人要可爱得多。为此有人给肖洛霍夫扣上了“富农阶级代言人”的帽子。20世纪六七十年代，肖洛霍夫被作为修正主义文学的代表人物在中国遭到猛烈批判，其原因盖出于此。

其实，不仅肖洛霍夫具有这种双重性，许多人都是这样。面对强大的社会，个人渺小到几乎可以忽略不计。要生存、要做事就不能不妥协。所以有人说，肖洛霍夫的做法体现了“生存的智慧”。

（二）顺

柔意味着顺。水是最柔弱的东西，也是最顺从的东西。《孙子兵法》说，水依地势而流动，没有固定的形态，其中就包含了顺的意思。

1. 什么是顺

导读

孔子到吕梁这个地方观赏瀑布。奔腾的水流从二三十丈高的悬崖上猛冲下来，发出雷鸣般轰响，激荡起的白色泡沫浮在水面流出四十多里还未消失。鱼和鳖之类的水生动物一个都见不到，没有什么东西能够在这么凶险的环境中生活。

突然，一个人跳下水。孔子猜测这个人一定有什么事想不开，投水自尽，连忙吩咐弟子救人。几个弟子跟着水流边跑边呼叫，那个人就是不回应。追出几百步，那人竟然自己从急流中爬上岸，潇洒地甩了一下披散的长发，亮开嗓门唱起了小调，边唱边走向河堤。

孔子松了口气，对那人说："我还以为先生您已经成了鬼哩，不想竟是在搏击风浪。请教先生，游泳也遵循'道'吗？"

那人说："不，我没有什么'道'，只不过从习惯开始，渐渐养成水性，成就水命。我随着旋涡没入水中，随着涌流一起浮出水面，顺应水流而不抗拒。我就是这样游泳的。"

孔子问："什么是从习惯开始，养成水性，成就水命呢？"

那人说："生长在山里就习惯山，生长在水边就习惯水，这就是性；我不知道为什么会是这样，它就这样了，这就是命。"

——《庄子·达生》

原文摘要

孔子观于吕梁，县水三十仞，流沫四十里，鼋鼍（yuán tuó）鱼鳖之所不能游也。见一丈夫游之，以为有苦而欲死也。使弟子并流而拯之。数百步而出，被发行歌而游于塘下。孔子从而问焉，曰："吾以子为鬼，察子则人也。请问，蹈水有道乎？"曰："亡，吾无道。吾始乎故，长乎性，成乎命。与齐俱入，与汩偕出，从水之道而不为私焉。此吾所以蹈之也。"孔子曰："何谓始乎故，长乎性，成乎命？"曰："吾生于陵而安于陵，故也；长于水而安于水，性也；不知吾所以然而然，命也。"

龙 汉画像石

简 议

游泳者之所以能够在鱼鳖都无法进入的激流中搏击风浪，就在于他已经超越了自我与水的界限，从而使自己的习性（"性"）和本能（"命"）与水融为一体。

这种状态属于《老子》说的"大顺"。"玄德深矣、远矣，与物反矣，然后乃至大顺。"（《第六十五章》）玄是深远，玄德是最高的道德；返是回归。这句话的意思是，至高德行极其深远，要进入这一境界就必须与万物一起回归本原，这样才能达到大顺。也可以说，与物一起回到自然状态，这种在自然基础上的统一就是大顺。这种统一其实就是顺应"道"。

要达到大顺，最重要的是去除人为，也就是《老子》说的"以辅万物之自然而不敢为"（《第六十四章》）。辅是辅佐，不敢为是不要按照自己的意志硬去做。这是说，人应该顺应万物本身的运动，去适应它，而不是把自己的意志强加于其上。这就是故事中的那位游泳者的诀窍，他“从水之道而不为私”，私是自我，他把自己的那一套抛到一边，顺应水流的运动，由此才被水所接纳，他也才能获得驾驭水流的高超本领。

显然，这只有柔弱才做得到。它心甘情愿地处在低下位置，用静的姿态对待周围，以对方的意志为转移。而刚强则不同，它是强势、主动、统治的方面，愿意当领导、拿主意，很难不去干涉别人。

去除掉人为、强行，剩下的就是自然，所以顺从可以概括为顺其自然。

多说几句

① 大力士与小孩子

乌获是战国时期秦国的大力士，可以举起千斤重的鼎。但要是让他握住牛尾巴往后拽，就是把牛尾巴拉断了，他的力气用尽了，牛也不会离开原来的地方。为什么？因为乌获跟牛别着劲儿来。

如果换一个法子，牵住牛鼻子上面的铜环，即使是小孩子，用不着使劲，牛就乖乖地跟在人后面走，人想把它牵到哪里它就到哪里。之所以如此，是因为顺着来。顺从就能行得通。(《吕氏春秋 · 重己》)

牛 汉画像石

这就叫四两拨千斤。轻的能拨动重的，是因为顺从了对方的趋势从而得以利用它。

② 治水

西汉末年，江河淤塞。一个叫贾让的大臣在给皇帝的奏书中详细地阐述了他的治水理念。

他说："古时候，国家实行划界耕种，一定要给水留出地方，农田选在洪水不能到达的地区。大河不设堤防，小河的水可以流进去，低洼之处形成沼泽湖泊。这样可以使秋天的积水得以容纳，水面从容地向外伸展，舒缓宽阔而不凶猛。大地有河流，就像人有口，用堆土的办法来防止水患，好比为了不让小孩子啼哭而捂住他的嘴。这当然可以立即见效，然而却将孩子闷死了！所以说，'善于治水的人，挖开堵塞河道的泥沙，使水流有路可以泻出；善于治理民众的人，鼓励百姓畅所欲言'。如今，黄河两岸筑起了石头堤防，河水受阻急剧回转，百余里之间，两次向西流，三次向东流，就是因为河道不畅。"

根据这个分析，贾让提出了治理黄河的上、中、下三条对策。上策是迁移下游低洼处的居民，放水入海。中策是开挖渠道，分散来水。下策是加高加宽堤防，严防河水溢出。上策立足于疏导，下策实行的是阻挡，中策兼顾两头。(《资治通鉴·卷第三十三》)

自古以来，治水就有两种基本方法：一种叫"堙"(yīn)，也就是水来土挡，筑堤填土，以鲧(gǔn)为代表，结果适得其反，劳民伤财不说，反而助长了水势。另一种叫"导"，也就是疏通江河水道，把洪水引入大海，以鲧的儿子禹为代表，结果成功了，治住了洪水。前者之所以失败，是因为对抗；后者之所以成功，是因为顺应。

2. 顺的表现

(1) 同

导读

一个叫士成绮的人慕名去见老子，不禁大失所望，说："我听说先生是圣人，走了几百里路来见您，脚上磨出了厚厚的茧子也不敢休息。现在我不这么看了。您这里乱七八糟，垃圾中有剩菜剩饭您也不管，这是不仁；食物还没吃完，又去收集，您不配圣人的称号。”老子漠然没有反应。

第二天士成绮又来了，见面就道歉，说：“昨日我对先生有些不敬，今天心里不大对劲儿，这是怎么回事呢？”

老子说：“你讲的智士圣人，跟我一点儿关系也没有，对此我早就超脱了。昨天你说我是牛，我就是牛吧；说我是马，我就是马吧。如果我确实有某种表现，人家这样讲我，我却拒不承认，那将会受到更大责备。我服从别人的话是出于常理，并不是为了讨好谁。”

——《庄子·天道》

原文摘要

士成绮见老子而问曰：“吾闻夫子圣人也，吾固不辞远道而来愿见，百舍重趼（jiǎn）而不敢息。今吾观子，非圣人也。鼠壤有余蔬而弃妹之者，不仁也。生熟不尽于前，而积敛无涯。”老子漠然不应。士成绮明日复见，曰：“昔者吾有刺于子，今吾心正郤（xì）矣，何故也？”老子曰：“夫巧知神圣之人，吾自以为脱焉。昔者子呼我牛也而谓之牛，呼我马也而谓之马。苟有其实，人与之名而弗受，再受其殃。吾服也恒服，吾非以服有服。”

（明）陈洪绶　绘

简议

士成绮怀着朝圣般的期待去见老子，不料见到的却是平常人，一个与大家一样往垃圾里倒剩菜剩饭的人。其实老子就是这样一个平常人，跟其他人没有多大的不同。他根本就不想当智者，对做圣人更无兴趣。他非常随和，乐于接受别人对自己的评价，只要在理就行。这就是“同”，与环境混同，与众人混同。

在老子看来，即使是圣人，也不能脱离群众，一意孤行。“圣人常无心，以百姓之心为心。”（《第四十九章》）圣人永远没有私心，把百姓的心当做自己的心。至于普通人就更不应该有什么特殊了，他本来就是老百姓中的一员，“大家害怕的东西，他也同样害怕”[①]。

这种与大众的一致，是无区别的一律对待，没有贵贱、好坏之分，所谓的“和其光，同其尘”（《第五十六章》）。光是光明，尘是尘土；光明代表高贵，尘土代表低贱。意思是说，无论什么样的人、什么样的意见，都要给予包容，与其共处。《老子》特别指出，做到了这一点，就达到了“玄同”，也就是最深层次上的混同。

为什么这样说呢？因为自然界中本来不存在高贵与低贱、好与坏的分野，造成这种区别的是社会。一道阳光照进屋子，人们可以看到光柱中无数的尘埃在飞舞，光辉与尘土混合在一起。所以用“和光同尘”来处世，是合于“道”的态度。

“同”实际上是一种大众化，把自己融入大家之中。

本书第三篇“生命的基调”中我们说过，老子倡导人的独立性（“独异于人”），说自己不以大众为榜样，只从“道”那里汲取营养；而我们现在又说，老子主张与社会环境、众人的混同，这不是自相矛盾吗？不矛盾，因为针对的问题不同。就生命的价值来说，独立是第一位的，以追求“道”

---

① 人之所畏，不可不畏。（《老子 · 第二十章》）

为生命的理想；就生存的要求来说，混同是首要的，以跟大众的一致为生存的保证。

人的生活有多个侧面，不同的方面有不同的表现，正因为如此，人生才绚丽多彩，才有味道。

多说几句

① 杨延昭治军

杨延昭是北宋名将，智勇双全，深得士兵爱戴。

他镇守边关多年，率军在外，从来不顾及家里私事，他的俸禄全都慰劳了部下将士。他外出的时候，轻车简从，跟低级军官一样。尽管不讲究排场，但号令严明。他与士兵同甘共苦，从来不搞特殊；打起仗来也跟将士一样冲锋陷阵，而且常常冲在前面，为士兵做出表率；指挥作战取得胜利，他总是把功劳记在将士头上，所以大家都非常乐意在他手下当兵，听从他的命令。

杨延昭守卫边关二十余年，契丹（辽）很害怕他，认定自己不是这位“杨六郎”的对手。（《宋史·杨延昭传》）

杨延昭统领的军队被人们称为杨家军。这个“家”字很传神，是一种认同，将士与统帅亲如一家。杨延昭的军队之所以有很强的战斗力，除了他的指挥才能外，最重要的就是他与士兵同甘共苦，不分彼此。这就是“同”的力量。

“同”与后面将要谈到的“和”，本身就是一种效益，就像系统论的 1 + 1 > 2 一样，它们就是那个“+”。

（清）张菊如　绘

② 王翦（jiǎn）的要求

秦王嬴政决定进攻楚国，询问将军们应该准备多少军队？李信说用20万人，王翦说至少60万人。秦王认为王翦老了，派李信率领20万士兵攻打楚国，结果大败而归。

秦王亲自找到王翦道歉，并动员他率军出征，说："将军虽然有病在身，可是忍心抛弃寡人吗？"

王翦说："如果一定要用我为将，非60万人不可。"

秦王说："就依将军的。"

于是，王翦统领60万大军出发。秦王一直把他送到灞水岸边。王翦迟迟不肯上路，磨磨叽叽地，缠着秦王讨要好田地好宅院。秦王说："将军走吧，难道还能穷了您吗？"

王翦答道："给大王做将军，即使立了大功，也很难封侯。所以趁着大王信任臣的时候，讨些田地宅院留给子孙做产业。"

秦王哈哈大笑。王翦终于上路。不想没走出300里地，刚到武关（今陕西丹凤东），王翦就打发人回去讨要田产。一路上王翦总共5次派人回去办理这件事情。有人看不过，说："将军做得太过分了吧？"

王翦摇摇头，说："你们哪里知道，大王心地粗率而多疑，现在把全国的军队都调出来交给我，我为子孙讨要田地和宅院，是以此来表示我没有其他意愿，这样大王就不会怀疑我了。"（《资治通鉴·卷第七》）

大众化常常是一种生存的谋略。

（2）和

导 读

有个叫孙休的人，去见他的老师扁庆子。

孙休向老师诉苦："我住在乡下，没听人说我的品行修养不努力；面对危险，也没有人说我不勇敢。可是奇怪了，我田地里的庄稼总是得不到好收成，出去做事总是不受重用，而且还遭到乡里人排挤，现在又被州郡的官吏赶了出来。我的命怎么就这样苦，究竟什么地方得罪了上天呢？"

庆子看了学生一眼，说："难道你就没听说过至人是如何处世的吗？"至人是得道的人，也就是保持自然天性的人。

孙休望着老师，摇摇头。

扁庆子说："至人处世，忘记自己的肝胆，忘记自己的耳目，茫茫然徘徊在喧闹的世俗之外，自然而然地干着没有事业的事情，这就叫做虽然干了事，但不自居有功，虽然管了事，但不自居领导。可你——"扁庆子叹了口气，"你却表现出一副比众人高明的样子，非要显示出别人的愚笨；表现出一副比众人高尚的样子，非要显示出别人的污浊，你的处世就像是高高举着明晃晃的月亮在人们面前招摇一样。"

顿了顿，扁庆子加重语气说："告诉你，你身无残疾，没有成为聋子、瞎子、拐子、跛子，已经够幸运的了，还有什么资格去埋怨上天呢！"

——《庄子·达生》

原文摘要

有孙休者，踵门而诧子扁庆子曰："休居乡不见谓不休，临难不见谓不永，然而田原不遇岁，事君不遇世，宾于乡里，逐于州部，则胡罪乎天哉？休恶遇此命也？"扁子曰："子独不闻夫至人之自行邪？忘其肝胆，遗其耳目，芒然彷徨乎尘垢之外，逍遥乎无事之业，是谓为而不恃，长而不宰。今汝饰知以惊愚，修身以明污，昭昭乎若揭日月而行也。"

（清）任渭长 绘

简议

孙休不坑人不害人，处处严格要求自己，争创一流，却遭到如此待遇，别说他自己觉得冤得慌，就是不相干的人也为他抱不平。然而跟他有关的人却不这么看，他的老师扁庆子也不这么看，在他们眼中，孙休至少是一个讨厌的家伙。孙休的不幸不在于他不努力，而在于他太努力了。正是这样的努力，伤害了周围的人，把大家比了下去，使人们成了他的反衬，由此形成了不和谐。

在老子看来，越是有本事的人，越要小心谨慎，千万注意不要伤害他人。这种伤害，往往不是有意为之，绝大多数是无意间造成的。“是以圣人，方而不割，廉而不刿，直而不肆，光而不耀。”（《第五十八章》）方是方正，方形的房屋有棱；廉是房屋的角，刿（guì）是划伤；直是房屋的边，肆是张扬。这句话是拿房屋来打比方，提醒人们要像圣人那样，方正而不伤人，无私而不损人，正直而不压人，光明而不耀人。

一个人有才能不怕，怕的就是四处张扬。其实只要注意收敛，还是可以做到与人和谐相处的。

老子十分看重“和”。在谈到婴儿的生命力时，他说婴儿从早到晚哭个不停，但气息仍然顺畅，是因为呼吸极为和谐（《第五十五章》）。在这里，和是力量的源泉，和还是事物产生的原因。譬如，“道”生万物，其过程之一就是阴、阳两种气相互作用，形成另一种气，即和气，有了和气才形成万物（《第四十二章》）。再如滋润万物的雨露，它是天地相结合的产物（《第三十二章》）。

正因为和的这种重要性，《老子》说：“知和曰常，知常曰明。”（《第五十五章》）知道和谐叫做明白恒常，知道恒常叫做明白道理。

和谐处世是“道”的要求。

多说几句

① 两家人

鲁国一户姓施的人家，有两个儿子，一个喜爱儒学，一个喜爱兵战。前面的那个游说齐国的国君，当上了王子的师傅；后一个跑到楚国，得到国君的赏识，被委以军事执法官的重任。他们的父亲荣耀得不得了，生活也迅速富庶起来。

邻居孟氏瞧着眼红。他家也有两个儿子，所学的科目与施家兄弟完全一样，但日子过得紧巴巴的。于是，孟氏就向施氏取经。施氏厚道，和盘托出。就这样，孟家的两个儿子也踏上了游说诸侯的路途。

擅长儒学的那位来到了秦国，献上以德治国之策。秦王大怒，斥道："当今天下，各国君主莫不依靠武力争夺，孜孜以求的是兵强粮足。你却劝我以仁义来治理我的国家，这不是让我自毁长城吗！"心想这小子不安好心，八成是别国派来的奸细，就下令阉割了他，赶出国境。

学习兵战的那一位来到了卫国，献上强兵之策。卫侯大怒，说："卫国是个弱小国家，在大国的夹缝中求生存，一切看大国眼色行事，这才有了今天的平安。你却劝我振兴军力，这不是让我以卵击石吗！"心想这小子到处鼓动富国强兵，一旦被别国任用，势必对卫国不利，就下令砍了他的脚，押回鲁国。

孟家两个儿子就这样惨兮兮地回来了。孟氏又气又急，找到施氏论理。

施氏听罢，说："凡是合于时宜的就能昌盛，反之就一定灭亡。你家儿子与我家儿子学的东西完全一样，但功效却截然不同，是因为你们所做的不合时宜，并不是出门游说有什么不对呀。"(《列子 · 说符》)

合时宜就是"和"。施家兄弟做到了与所游说的国家相和谐，所以被委以重任，而孟家兄弟跟人家对着干，当然要倒霉，没被砍了脑袋就不错了。

② **泥人和木偶**

齐国的孟尝君准备前往秦国，劝阻他的人成百上千，他一概不听。

苏秦也加入了劝阻的行列，去见孟尝君。孟尝君瞧了这位天下最著名的说客一眼，说：“人世间的事我都明白了，只有鬼神的事我还不知道。”苏秦笑了，说：“臣这次来，就是专门跟您讨论鬼神的事。”“好啊。”孟尝君同意跟他谈下去。

苏秦说：“臣来见您，路过淄水，听到一个用泥土捏的人和一个用桃木刻的人在交谈。木偶说：‘你本来是淄水西岸上的一捧泥土，被捏成人形。到了八月，天降大雨，河水暴涨，你就变得残缺不全了。’泥人摇摇头说：‘你的话不对。不错，我本是西岸泥土，然而即使毁灭了化作一摊泥，仍旧留在西岸。而你呢？就不一样了。天降大雨，河水暴涨，你只好随波逐流，还不知道飘泊到哪里去呢！’”

顿了顿，苏秦话锋一转，说：“秦国四面有关山之固，状如虎口，您一旦进入秦国，臣真不知道您怎么出来。”

孟尝君取消了行程。(《战国策·齐三》)

苏秦为什么能够说服位高权重的孟尝君？不错，苏秦有口才，也在理，但你本事再大，人家不听也白搭，所以前提是别人愿意跟你谈。这就需要“和”。孟尝君不谈人事，只谈鬼神，苏秦就跟他谈鬼论神，这就有了和谐的开局。一旦形成了和谐气氛，下面就顺理成章了。这就告诉我们，解决问题一定要以和为基础，缺少这个基础，人越去作为矛盾越大。

玉人（周）

本篇小结

（1）贵柔—贵生

本篇的柔顺与第三篇的崇尚生命相贯通。生命是人最宝贵的东西，而柔顺则是生命得以保全、延续的一条根本原则，是生存之道。个人无论多么有才能，掌握了怎样的资源，在社会力量面前，始终都是渺小的，甚至可以忽略不计。那种以为凭一己之力可以扭转乾坤的人，不是天真的空想家就是偏执的疯子，比与风车搏斗的堂吉诃德先生还糊涂。个人的伟大，不在于他的个人条件，而在于他的行为恰好顺应了历史潮流。这说的是社会历史，现实生活也一样。

看看周围的人吧，成功的人、快乐的人、平安的人，哪一个不是以柔顺处世？相反，那些屡屡碰壁、路越走越窄的人，多半因为过于刚强，不是在性格方面就是在意识方面。强大绝不仅仅表现在气势上，很多时候外表的强势恰恰是为了掩盖内在的虚弱，而真正强大的人往往很柔顺，因为他懂得生存的道理。

柔顺当然可以作为生存的策略，但《老子》的本意主要不是讲策略，而是讲态度，是真心实意的认识而不是做样子。道理很简单，策略是暂时的、随机的、变化的，不能贯彻到底，所以仅仅从策略层面考虑的人早晚要出问题。

（2）雌—慈、俭、谦

雌是柔的具体化。它与上篇的道德“三宝”慈、俭、谦密切相关。雌或者说女性是慈爱的角色，常言说“严父慈母”。雌与谦几乎是同义词，《老子》论雌和论谦，入手点是一样的，都从下位出发。对于雌，说是“知其雄，守其雌，为天下溪”；说到谦，用的是“上德若谷”。溪流和山谷都是地势最低的地方。雌与俭也是相连的。古人治家以开源节流为根本原则，开辟财源是男人的事情，女子持家，节约用度的责任就落到了女人的肩上。

(3) 柔顺—女性

柔顺属阴，是女性的特征。柔弱胜刚强，当然不是说女性一定胜过男性，但在某些方面，女性确实比男性有优势。比方寿命，女性一般比男性长，据统计，平均寿龄要高2岁左右。再如韧性，女性更有忍耐力，更能吃苦。再如人际关系，人们更愿意与女性相处，因为安全感高。

老子崇尚柔顺，包含了对女性的认同。由此有人推测道家思想的源头可以追溯到母系氏族社会，柔顺以及后面将要说到的退让，包括前面的贵生、慈爱、谦恭等都是那个时代的思想印记。是否如此，难以证明，但认为道家思想更多的是女性人格与智慧的升华应该是没有什么疑问的。依照这个思路，那么，儒家思想则可以说是男性人格与智慧的凝聚，因为它主张刚强，譬如提倡“天行健，君子以自强不息”（《周易·乾·象》）。

这就是说，道家思想代表阴，儒家思想代表阳。根据包括老子在内的我们先人的宇宙观，世界以及万物是由阴阳两个方面构成的，文化当然也不例外。由此可以说，道家和儒家是中华文化的两个根，它们共同形成了传统文化的思想内核。所以林语堂先生说儒家思想和道家思想是中国人灵魂的两个面孔。

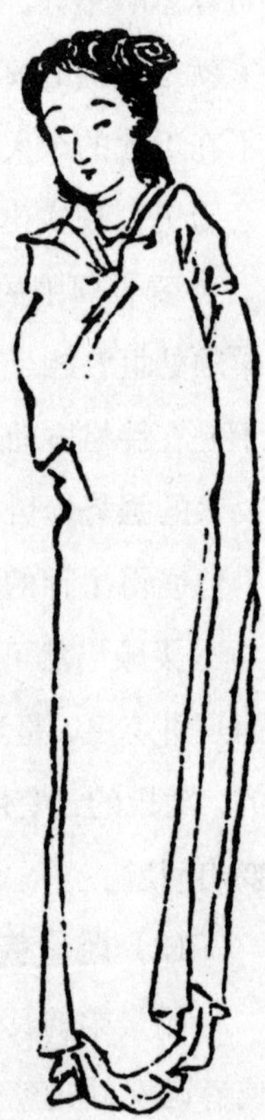

（清）王芸阶　绘

七、做人以退让为根本

七、做人以退让为根本

要义　做人要学会退让，就对待自己来说，主要是保持知足的心态，低调处世；就对待他人来说，主要是保持大度的胸襟，宽厚待人。

(一) 退

人生有进有退。是奋进态度有利于生存还是退避态度有利于生存？老子认为是后者。

1. 知足

(1) 知足者常乐

导读

颜回是孔子最欣赏的学生，也是最穷困的学生。

一天，孔子叫过颜回，问道："回，你又穷又没有地位，为什么不去做官呢？"

孔子办学的根本目的就是培养治理天下的英才，"学而优则仕"，所以他希望学生们都能走上仕途。无论在人品道德上，还是在学问能力上，颜回都是第一流的，只要他乐意，进入官场并不困难，同学中许多不如他的人早就当上官了。

颜回说："我不想出来做官。我在城郭外头有50亩田地，打的粮食足够我喝上稠米粥；在城郭里面还有10亩地，产的桑麻完全可以供给我衣服。平时弹琴自娱，从先生您那里学到的道理足可以使我自得其乐。所以我不想做官。”

孔子高兴地说：“你的想法太对了！我曾经听说，‘知足者不以追逐利益而烦劳自己，自得者不以个人损失而吓唬自己，有德者不以没有地位而责怪自己。’我诵读这些话已经很久了，今天在你身上得到了体现，这是我的一大收获呀。”

——《庄子·让王》

原文摘要

孔子谓颜回曰：“回，来！家贫居卑，胡不仕乎？”颜回对曰：“不愿仕。回有郭外之田五十亩，足以给饣（zhān）粥；郭内之田十亩，足以为丝麻；鼓琴足以自娱，所学夫子之道者足以自乐也。回不愿仕。”孔子愀然变容，曰：“善哉，回之意！丘闻之，‘知足者，不以利自累也；审自得者，失之而不惧，行修于内者，无位而不怍（zuò）。’丘诵之久矣，今于回而后见之，是丘之得也！”

（明）陈洪绶 绘

简 议

这件事不是庄子的杜撰，确实发生过。《论语》中孔子是这样说的：“颜回的德行真好啊，一竹篮饭，一瓢水，住在破旧的巷子里，别人都忍受不了这种生活的忧愁，他却不改变自己的快乐。颜回的德行真让人称道呀！”（《雍也》）颜回为什么快乐？因为他知足。

《老子》说：“知足者富。”（《第三十三章》）知道满足的人是富有的人。这是就自我感觉而言。用世俗眼光来衡量，这样的人也许很穷，譬如颜回，又穷又没有地位，喝的是粥，穿的是麻绳编织的衣服。但他对自己的生活很满意，因为他根本不在乎吃什么穿什么、有没有地位、别人是否看得起他。这就叫富足。它比那些以财产和地位为标准的富足来得更充实——追求是永无止境的，人们总觉得自己不够富足，别人比自己更富有。只有知足才能够改变这种心态，使追求的步伐停下来，所以知道满足才是富有。正因为如此，《老子》说："故知足之足，常足矣。"（《第四十六章》）从知道满足中得到满足，是永远的满足。

人满足了，也就平安了。灾祸来自哪里？来自不知足。人不满足，就要去追求，不管是追求什么，财富、权力、女色也好，名声也罢，只要追求，就一定会与他人发生争夺，因为追求对象永远是稀缺的东西。争夺就会带来灾祸。所以《老子》说："祸莫大于不知足。"（《第四十六章》）

知足意味着尊严。知道满足的人不必为了利益去乞求谁、讨好谁，也不眼红、不羡慕那些有权有势的人，不接受自己不该得到的东西，从而得以保持自己的独立人格，"故知足不辱"。（《第四十四章》）

知足带来的是满足、平安和尊严，这就是知足的好处。知足不是从外界取得的，而是从自己身上挖掘出来的，用不着付出什么代价，是一种最划算的、最容易到手的快乐。

做人要知足。

多说几句

① 通达的郡卒

东晋成帝时，苏峻发动叛乱。朝中当权的是庚氏，这一家族的人纷纷逃离。庚冰当时在吴郡当太守，只身逃亡，百姓和官吏都跑没了，只有一个郡卒独自用小船载着他逃到钱塘江口，拿一张粗席子将他遮掩住。这时，苏峻悬赏捉拿庾冰，命令部属严查，情势非常紧迫。

郡卒离开船上沙洲买东西，喝醉了酒回来，挥舞着船桨对着小船大叫："到哪里去找庾太守，船中藏的就是！"庾冰又惊又怕，一动也不敢动。搜查的人见木船狭小，断定是酒徒醉话，便不再怀疑。郡卒借机将船划过江，庾冰幸免于难。

叛乱被平息下去后，庾冰打算报答郡卒，满足他的愿望。郡卒说："我出身低微，做不来官。自小艰辛，供人使唤，经常遗憾不能痛痛快快地喝酒。要是有足够的酒能够伴我度过余生，我就心满意足了。"

庾冰给他建了一所大房子，买了几个奴婢，并且储存了上百斛酒，供养终身。人们都说，这个郡卒不仅有智慧，而且还很通达，懂得做人的道理。（《世说新语 · 任诞第二十三》）

（清）任渭长 绘

郡卒救了权贵的命，按理说提出什么样的要求也不过分，但他很容易知足，有酒就成，这不仅满足了他的宿愿，也免去了许多麻烦，要不人家为什么说他通达呢。

② **清福**

明代学者胡九韶住在浙江嵊县一个叫全溪的地方，日子过得十分清苦，他一边教书一边自己耕种，勉强可以维持一家生活。

尽管如此，他很是知足，每天中午一定燃上一炷香，感谢上天又给了自己一天的清福。妻子讥笑说："一日三餐，早上是米煮菜，中午是菜煮米，晚上是米和菜一起煮，顿顿是菜粥，这也叫清福吗？"

胡九韶正色道："当然。我们一家有幸生活在太平之世，不受战乱之祸；一家老小有饭吃有衣穿，不受饥寒之苦；亲人中没有人卧病在床，没

有人身陷牢狱，不受病痛监禁之灾，难道说这不是清福吗？”（《剡（shàn）溪漫笔》）

人人都可以做到知足，只要去找，总能找到知足的理由。

（2）功成身退

导读

春秋时期，吴国对楚国开战，楚国战败，国君楚昭王逃亡。

有个叫屠羊说（yuè）的屠夫，跟着楚王出逃。等吴军退走，他又跟着楚王返回楚国。楚王奖赏追随他的人，屠羊说也在其中。轮到他的时候，他说：“当时大王失去了国家，我也丢掉了杀羊的工作；现在大王复国，我也找回了杀羊职业。职业和收入就是我的爵位和俸禄，这两样东西已经恢复了，用不着再奖赏了。”

楚王下令，强迫他接受封赏。

屠羊说对传令的官员说：“大王失去国家，不是我的罪过，所以要是惩罚我，我不敢接受；同样的道理，大王复国，也不是我的功劳，因此我不敢接受封赏。”

官员回来汇报，楚王下令要屠羊说进宫见他。

屠羊说不去，说：“按照楚国的法令，只有立了大功而得到重赏的人才能够面见国君。我的才智不足以保卫国家，我的勇气不足以上阵杀敌。吴国军队打过来，我是因为害怕才跟着跑的，不是有意追随大王。如果现在我去见大王，会使大王背上破坏法令的罪名，我不愿意让天下人拿这件事笑话楚国。”

楚王听说后，叫来司马，说：“屠羊说的地位虽然低贱，但却很有道义。你替我用三公的职位去请他。”

屠羊说对司马说："三公的地位，比杀羊的屠夫高得多；三公的俸禄比卖肉的收入多得多，然而我怎么能够因为贪图爵位和俸禄而使国君蒙受滥施封赏的名声呢？"

就这样，屠羊说始终没有离开他的老本行。

——《庄子·让王》

原文摘要

楚昭王失国，屠羊说走而从于昭王。昭王反国，将赏从者。及屠羊说，屠羊说曰："大王失国，说失屠羊；大王反国，说亦反屠羊。臣之爵已复矣，又何赏之有？"王曰："强之！"屠羊说曰："大王失国，非臣之罪，故不敢伏其诛；大王反国，非臣之功，故不敢当其赏。"王曰："见之！"屠羊说曰："楚国之法，必有重赏大功而后得见。今臣之知不足以存国，而勇不足以死寇，吴军入郢，说畏难而避寇，非故随大王也。今大王欲废法毁约而见说，此非臣之所以闻于天下也。"……遂不受。

羊 汉画像石

简 议

屠羊说在危难之中，追随国君逃亡，是有大功的人。从他的表现来看，他也是一个有能力的人。他不接受封赏的理由表达得很充分，说明他有智慧；他敢于拒绝楚王的命令，说明他有勇气。论功论能他完全可以理直气壮地接受封赏，以此摆脱屠夫生涯，进入上流社会。然而他却放弃了改变命运的难得的也许是唯一的机会，重操旧业，继续过去的生活。屠羊说的做法就属于功成身退。事情做完了，该得到的已经得到了，就不要再留恋其中的好处，主动退出，以保持自由平安之身。

《老子》说："持而盈之，不如其已；揣而锐之，不可长保。金玉满堂，莫之能守；富贵而骄，自遗其咎。功遂身退，天之道也。"（《第九章》）意思是，钱财已经积攒得满出来了，不如及早停止；武器的锋芒捶打得过于锐利，反而容易折断。金玉多得堆满了屋子，更加难于防守；富贵到了骄傲的程度，难免招致祸患。功成名就而及时抽身，这才符合天道。

钱已经挣得不少了，还不知足，仍旧不肯罢手，继续干下去，怎么样？一定会招致祸患，干得越多风险越大。名声已经不小了，还嫌不够，像为了使武器锋利而不断捶打一样，四处扬名，怎么样？一定会招致祸患，名气越大诽谤也就越多。财富已经足够用了，还要收敛，怎么样？一定会招致祸患，越富有越遭人嫉恨。地位已经不低了，还要争取，怎么样？一定会招致祸患，地位越高越是骄傲，越容易得罪人。要想避免这样的结局，只有主动出局。与其前功尽弃，不好放弃未来，它至少可以保住已经到手的成果。

做人要懂得功成身退的道理。

多说几句

① 鸟尽弓藏

范蠡（lǐ）辅佐越王勾践20年，终于灭掉了吴国，后来又协助勾践渡过淮河北上，称霸中原，建立了赫赫功劳。回到越国后，他觉得自己名声太大，很难再在越国待下去。同时，他也看透了勾践，认为与他共患难容易，同安乐难。便带上自己的珍珠宝玉，乘船出海，一去不返。勾践为了表彰范蠡，把会稽山作为封地记在他名下。

范蠡到了齐国，惦记着老友文种——他仍然留在越国做大夫——便托人带了封信给他。信中说：“飞鸟尽，良弓藏；狡兔死，走狗烹。”意思是飞鸟没有了，弓箭就会被收藏入库；狡猾的兔子死掉了，猎狗就会被炖了吃肉。范蠡接着写道：“越王的脖子长长的，嘴巴尖尖的，长得像鸟，这个样子的人只能共患难，不能同安乐。你为什么不离开呢？”文种看了信，装病在家，不再上朝。

范蠡
（清）任渭长　绘

不久，有人向勾践报告，说文种想谋反。勾践让人给他送去一把剑，带话说：“你曾教给我战胜吴国的七条计谋，我只用了其中的三条就打败了吴国，剩下的四条在你那里。你替我到死去了的先王那里，试一试那些计谋吧。”没有办法，文种只好用这把剑自杀了。

范蠡经过几年的艰苦创业，积累起几千万资财。后来定居在陶地（今山东省定陶县西北），自称陶朱公。(《史记 · 越王勾践世家》)

范蠡和文种，一个功成身退，一个急流勇进，选择不同，结局也就不同。北宋范仲淹有四句诗歌唱范蠡：“云水苍苍，江水泱泱；先生之风，山高水长。”范蠡够得上“道”了。

② **寝丘之地**

楚庄王率领楚军击败了晋军，回来后封赏令尹（相）孙叔敖。被孙叔敖坚决推掉了。

孙叔敖生重病临死前，把儿子叫到身边叮嘱道：“我死后，大王一定会封赏你。那时，你一定不要接受肥沃富饶的土地，而应该选择沙石之地。在楚国和越国之间，有个地方叫寝丘，那里土地贫瘠，地名又跟坟墓差不多，特别难听。楚国人信奉鬼，越国人好搞迷信，没人会看中那里。”

果然，孙叔敖死后，楚王把肥沃富饶的土地封给他的儿子。他推辞不接受，提出要寝丘那个地方，楚王同意了。

根据楚国法律，功臣的爵禄传两代就要收回，结果只有孙叔敖的封地独自保留下来。（《淮南子·道应训》）

明明有条件在人之先，却偏偏落在人后，这也是一种功成身退。

2. 低调

(1) 不显能

导 读

山上生长着一棵高大的梓树，不远的地方有一棵荆棘。

梓树对荆棘说：“你怎么不分出枝杈，孤零零的光棍一条，不声不响地躲在灌木丛里不见太阳？你瞧我，繁茂的枝杈探出悬崖外，树梢伸向天空，树根深深地扎进泥土，太阳和月亮经过，我就采集它们的光辉，风云际会，我就接受它们的雨露。我观望四方景象，倾听八方音响。山上没有比我更出众的了，所以工匠非常喜欢我，说要用我来做殿堂中的栋梁。”

荆棘说：“是啊，你真是太美丽了！我听说，经常修饰容貌的人往往招来凌辱，一贯身着华服的人容易引来盗贼，不时炫耀才能的人常常受到嫉妒。如今你名声在外，人们已经盯上了你。我担心的是，你早早地就被人砍倒，劈成一条一条的，做成用于墓葬的黄肠，同死尸一起被深深地埋进泥土，在黑暗的地下腐朽。这时候你要再想看见太阳，已经绝无可能。

“而我，高不过八尺，粗不过拇指，叶子稀稀落落，长得曲里拐弯，身上没有好看的纹理，却布满了又硬又密的尖刺。就连砍柴的樵夫也瞧不上我，鸟儿也不愿意在我这里做窝。我虽然没有你那样的美丽，但也没有你的那些忧虑啊。能在山上生活下来就够了，还有什么可要求的呢？”

——刘基：《郁离子 · 正己》

原文摘要

梓谓荆曰：“尔何为乎修修而不扬，樤樤（xiāo）而无所容，幽樛（jiū）于灌莽之中，翳（yì）朽箨（tuò）而不见太阳，不亦痗（mèi）乎……”棘倚风而啸，振条而吟，曰：“美矣哉！吾闻之：冶容包者侮之招，丽服饰者盗之招，多才能者忌之招……故虽无子之美，而亦无子之忧，则吾之所得多矣，吾又安所求哉？”

（清）树木

简 议

古代大贵族的墓葬很讲究，棺椁之外还要再围一层木材，这层木材叫黄肠。梓树总是显示自己的美丽，调子唱得很高，名气很大，所以荆棘说人们要用它的木材制作黄肠。本来，梓树是完全可以跟荆棘一起无忧无虑地生长在山坡上的，它的条件远比荆棘优越，能够活得更好，但让它自己这么一折腾，有可能提前结束生命。

所以老子主张人应该善于隐藏自己，有道行的人就是这样，他们小心谨慎，淳朴如初，普通得不能再普通了，瞧上去好像有些傻气，根本看不出他们的心思和志向（《第十五章》）。这样的人一点儿也不起眼，放在人堆里马上就找不到了，谁还会去打他的主意？没人惦记，生活自然平静、安全。

《老子》说："善于行路的人，不留下车轮印记；善于说话的人，挑不出其中的毛病；善于计算的人，手中不摆弄计数工具；善于防备盗贼的人，门上不使用锁具；善于捆绑的人，不使用绳索。"①这大约就是后人说的神龙见首不见尾，绝不暴露无遗，让人琢磨不透，难以下手。

"道"其实就是这样。谁见过"道"的真面目呢？谁也不能见到，因为"道"根本没有形象，"看它看不明，就叫它'夷'；听它听不清，就叫它'希'；摸它摸不着，就叫它'微'。"②夷是无色，即没有形体；希是少，微是隐蔽。所以，"大的方正，看不出棱角；大的器具，最晚做成；大的声音，很难听到；大的形象，看不清体貌。'道'始终把自己隐藏起来"。③

效法"道"，就要学习隐藏自己，特别是不张扬自己的优势。做人要低调，这不是圆滑，而是成熟的表现。

多说几句

① 一匹好马

周朝的君主周厉王派卿士芮（ruì）伯讨伐西方的戎人。戎地出产良马，芮伯得到了一匹少见的好马。

芮伯打算把马献给周厉王，芮伯的弟弟芮季认为不合适，劝道："大王贪得无厌，又喜欢听信谗言。如今您班师还朝，献出好马，朝中当权的大臣一定认为你得到了不止一匹好马，一定会向您索要的，而您却无

---

① 善行，无辙迹；善言，无瑕谪（zhé）；善数，不用筹策；善闭，无关楗（jiàn）而不可开；善结，无绳约而不可解。（《老子·第二十七章》）

② 视之不见，名曰"夷"；听之不闻，名曰"希"；搏之不得，名曰"微"。（《老子·第十四章》）

③ 大方无隅，大器晚成，大音希声，大象无形。道音无名。（《老子·第四十一章》）

法满足他们的要求，这势必会引起他们的不满，在大王面前说您的坏话，而大王一定会相信他们，那时就大祸临头了。”

芮伯不听，还是把马献了上去。

马（宋）李公麟 绘

果然如芮季所料，周厉王的宠臣荣夷公派人向芮伯索取马匹，没有达到目的，就在周厉王面前恶意中伤芮伯。

后人谈到这件事情，认为芮伯也逃不脱责任。你明明知道周厉王贪婪，却去拿好东西诱导他的贪欲，所以说芮伯也有过错。(《郁离子·慎微》)

好东西是稀有之物，人见人爱，所以应该藏起来。这倒不是小气，而是因为它关系到自身的安危以及自己与他人的关系。

② 强中自有强中手

北宋徽宗时，肃王赵枢与一个叫沈元用的官员出使北方的金国，在燕京的愍（mǐn）忠寺借宿。

闲下来的时候，闷得无聊，便在寺中随意走走。偶然见到唐代的一方石碑，上面的文章用的是对偶句，有三千多字。沈元用的记忆力非常好，大声念了两遍就记住了。肃王没有看碑文，似乎也没有什么兴趣，一边踱着步子一边听沈元用诵读。

回到房间，沈元用想在肃王面前显示自己的才能，便取出笔墨，在纸上默写碑文。遇上记不清的字，就留出空白，接着往下写。写完后一数，缺了十四个字。肃王看了看，提起笔来将缺少的十四个字一一补上，又对沈元用记错了的四五处地方进行了更正。随后肃王放下笔，没事儿似的说起了别的，丝毫看不到一点儿得意之色。惊讶之余，沈元用钦佩得五体投地。(《老学庵笔记》)

让沈元用钦佩的不仅是肃王的记忆力，更是他的那份定力——如此惊人的本领就像是挥一挥手，运用起来随意而自然，事后不落一点儿痕迹。这才是真正的高手。他给沈元用上了一课，本领是用来做事的而不是显示的，显能的人早晚要露怯。

（2）显不足

导 读

魏国是周代的一个诸侯国，战国时迁都于大梁，即今河南开封，也被称为“梁”。魏王喜欢吃水果，听说南方的吴国是个出水果的地方，就派人前去索取。

吴国人献上橘子，魏王觉得味道很好，向吴国索取其他水果。吴国人献上柑子，魏王品尝后很满意，猜想吴国一定还有更好的，就派人前去寻找。

使者在吴国四处打探，终于在一个叫御儿的地方的郊野发现了一种奇特的水果，像瓜那么大。使者说：“太美了！黄金般的颜色黄金般的光泽，就是美味的柑子也不如它啊。”问这种东西的名字，农人说叫“枸橼（jǔ yuán）”。使者向农人索要，农人不给。

使者回来报告。魏王说：“我就知道吴国人小气，好东西藏得严严实实的。”命令使者花钱去买。买回来后，魏王立即品尝，掰下一瓣送进嘴里，嚼了几下，味道又酸又苦，舌头麻了不能吞咽，牙齿倒了不能咀嚼。魏王抽着鼻子皱着眉头，命令使者赶紧把这东西拿走。

使者责怪吴国农人。那个人说：“我们国家最好的水果是橘子和柑子，已经献给魏王了，再也没有超过它们的了，但魏王就是不相信。而使者您也不询问一下，只看枸橼的外表漂亮，认定它是更好的水果，结果满不是那么回事。”农人看了使者一眼，又说：“水果生长在果树上，果树生长在土里，有泥土的地方就有果树，所以水果不光产在吴国，也产在别的国家，魏王不到别的国家去寻找，仅仅盯住吴国。找来找去，还是没有找到合魏王口味的水果啊。”

——《郁离子·远利》

原文摘要

梁王嗜果，使使者求诸吴。吴人予之橘，王食之美。他日又求焉，予之柑，王食之尤美。则意其犹有美者，未予也，跻（jī）使者聘于吴而密访焉。御儿之鄙人，有植枸橼于庭者，其实大如瓜，使者见而愕之曰：“美哉！煌煌乎柑不如矣。”求之，弗予。归言于梁王，梁王曰：“吾国知吴人之靳也。”使者以币请之，朝而进之，荐而后尝之，味毕一瓣，王舌缩而不能咽，齿柔而不能咀，鼻沓额以让使者。使者以诮（qiào）吴人。

（明）陈洪绶 绘

简 议

枸橼中看不中吃，不能当食品送人，所以农人不给使者。但无奈人家一定要，而且还拿现钱来买，没有办法，只好照办。不想歪打正着，害得魏王苦不堪言，兴许就此罢手，不再从吴国搜罗水果。

任何事物都有现象，人也如此，不能不表现。前面说过，优势不宜张扬，就像故事中的吴人一样，献了橘子献柑子，结果刺激得对方没完没了地索要，直到吃了枸橼的苦头才有所收敛。如果及早献上枸橼，也许就没有后来的诸多麻烦了。这就告诉我们，许多情况下，表现自己的不足比显示自己的优势要聪明。

其实，事物本身就是这样的，其现象刚好相反。《老子》说："大成若缺，其用不弊；大盈若冲，其用不穷。大直若屈；大巧若拙；大辩若讷。"（《第四十五章》）弊，凋敝；冲，空虚。意思是，最完整的东西好像有缺陷，然而用起来却不容易破损；最充实的东西好像有空虚，然而用起来却不容易耗尽。最正最直的好像是弯曲的；最灵最巧的好像是笨拙的；最善于辩说的好像是迟钝的。

这种表现与"道"相一致。《老子》说："明道若昧，进道若退，夷道若纇（lèi）。"（《第四十一章》）昧，昏暗；夷，平坦；纇，崎岖。光明的"道"似乎昏暗不明，前行的"道"似乎后退不前，平坦的"道"似乎崎岖不平。这是"道"，德也一样，"上德若谷，大白若辱，广德若不足，建德若偷，质真若渝。"在有德人那里，道德越高越是显得谦虚，道德越纯粹越是显得有污点，道德越宽广越是显得不足，道德越建立越是显得疲沓，道德越本真越是显得随意。

所以人表现出自己的不足，不是想欺骗谁，而是应该如此。如果说不张扬优势是有意为之，那么表现不足就是自然而然，不必遮遮掩掩。

多说几句

① 病树和哑鹅

庄子带着弟子们路过深山，碰到几个人在伐木。凡是大一些的树都被放倒了，只有一棵大树仍旧孤零零地立着，枝繁叶茂，特别显眼。庄子心里奇怪，就问伐木人为什么单单留下它。回答是：别看这棵树大，但枝干的形态弯曲不正，主干布满裂纹，用它做棺材很快就会腐朽，做器皿很快就会毁坏，做房门很快就会流淌汁液，做梁柱很快就会遭受虫蛀。这是一棵不成材的树，没有一点儿用处。

庄子拍着树干对弟子们说："听到了吧？这棵大树因为不成材而得享天年。"（《庄子·人间世》《庄子·山木》）

这就是表现自己不足的益处。然而又不尽然。

庄子下了山，来到朋友家住下。老朋友多日不见，主人很是热情，吩咐小孩子杀鹅款待。小孩子应了一声跑了出去，但马上又转回来——家里养着两只鹅，他不知道朝哪一只下手，问："一只鹅能叫，一只鹅不能叫，请问杀哪一个？"主人马上作出决定："杀不能叫的。"鹅能看家护院，见了生人便鸣叫示威，不能叫的鹅是没有用处的。（《庄子·山木》）

表现自己不足反而遭了殃。

这个世界真的很无奈，张扬优势不行，表现不足也不行，分寸实在难以拿捏。学生问庄子究竟应该怎么办？庄子笑了，说："我将处在有用和无用之间。"想了想，又摇摇头，说："也不合适。处在有用和无用之间，仍然免不了受到拖累。"他的最后选择是超越世俗之上，做自己的主人。（《庄子·山木》）

（清）山水

② 一百斤丝的贿赂

西晋的时候，袁毅贪赃枉法，以赠送财物的手段结交朝廷大臣，想让大家给他说好话。为了拉拢山涛，给他送去一百斤丝。

山涛一向瞧不上袁毅的人品，本想拒绝。但转念一想，大家都收下了他的礼品，如果自己不收，岂不是向众位朝臣示威，昭示自己的清廉吗？于是便收下了丝。但封存不用，将它藏在自己家的阁楼上。

后来，袁毅东窗事发，贪污受贿以及行贿的恶行被一件件揭发出来，凡是接受过他的财物的人都受到牵连，山涛也不能幸免。

官吏到山涛家里搜查，山涛取出阁楼中藏的丝交给来人。丝上沾满了厚厚的灰尘，但当年封条上的印迹还清晰可见。(《晋书 · 山涛传》)

山涛是著名的“竹林七贤”之一，品德极高。据《世说新语》，晋武帝赏赐大臣，给山涛的东西总比别人少，因为他对财物看得很轻，要求很低，习惯成自然，皇帝也就按照这个路子走了。当时的人对他评价很高，说他的旨趣与老子、庄子相合，还说他像是一块没有经过打磨的玉石和金子。他身居高位，掌管官吏任免大权多年，恪尽职守，获得了广泛赞誉。山涛在袁毅一事上的表现，正应了《老子》的那句“大直若屈”。

(二) 让

人总要与周围发生矛盾，是争还是让？老子选择的是让。

1. 大度

(1) 不争夺

导 读

孔子被围困在陈国与蔡国交界的地方，七天不能生火做饭。太公任前去看望他。

太公任问：“您差点死了吧？”

孔子点点头。

太公任又问：“您怕死吗？”

孔子说：“当然。”

“好。”太公任满意地看着孔子，“那我就试着说说不死的方法。东海有一只鸟，名字叫意怠。这只鸟呆头呆脑，动作笨拙，看上去一点本事都没有，让同伴领着才能飞，挤在大家中间才能歇息。前进不敢飞在前面，后退不敢落在后面，吃食不敢先下嘴，总是吃剩下的。别看它笨，但同群的鸟儿谁也不排斥它，外边的人也始终伤害不了它，祸患也就离它远远的了。”

太公任望了眼孔子，继续说：“长得直的树会被先砍倒，水质甘甜的井会先遭到枯竭。为什么祸患总是伴随着你呢？因为你总是打扮成智慧的样子，惊动了愚昧的世人。我听得道的人说过：‘自我夸耀功劳的人就没有了功劳，他的功业会遭到众人否定，名声会被贬损。’人的表现应该朴实平常，让人觉得没有什么目的，这样就不会引起别人注意；人的行为应该不留形迹，抛弃权势功名，这样就不会发生争夺。进入最高道德境界的人不求闻名于世，你为什么如此热衷于功名呢？”

“说得对！”孔子说。于是他不再与人来往，离开弟子，逃进了大泽。他的衣服是用兽皮和粗布做的，吃的是橡子和栗子。他走进兽群，野兽不乱蹿；走入鸟群，野鸟不乱飞。连鸟兽都不嫌弃他，更何况是人呢？

——《庄子·山木》

原文摘要

孔子围于陈蔡之间，七日不火食。太公任往吊之，曰：“子几死乎？”曰：“然。”“子恶死乎？”曰：“然。”任曰：“予尝言不死之道。东海有鸟焉，其名曰意怠。其为鸟也，翂翂（fēn）翐翐（zhì），而似无能，引援而飞，迫胁而栖。进不

鹿　汉画像石

敢为前，退不敢为后；食不敢先尝，必取其绪。是故其行列不斥，而外人卒不得害，是以免于患……纯纯常常，乃比于狂；削迹捐势，不为功名，是故无责于人，人亦无责焉。至人不闻，子何喜哉？”孔子曰：“善哉！”辞其交游，去其弟子，逃于大泽，衣裘褐，食杼（shù）栗。入兽不乱群，入鸟不乱行。鸟兽不恶，而况人乎？

简 议

孔子游说诸国，在陈国与蔡国交界之处遭到围攻，除了这个背景是真实的，其他都是庄子编的，不必当真。在庄子的描述中，孔子是个热衷于功名的“争”的形象，一个劲儿地劝说诸侯采取他所主张的仁政就是争。结果怎么样呢？不仅没人听他的，还差点儿丢了性命。于是就有了那只笨鸟的故事。这只鸟与世无争，谁也不拿它当回事，所以尽管它没有什么本领，但活得好好的，无灾无难。

在老子看来，不争是一种德行。他说：“善于做武士的人不张扬武力，善于战斗的人不轻易发怒，善于打胜仗的人不随便动手，善于用人的人待人谦卑。这就叫做不争的德行，叫做使他人为已所用，叫做与上天相匹配，是自古以来做人的根本道理。”①

不争是一种对生命负责的态度。道理很简单，你不跟别人争，别人自然也就不会来算计你，所谓的“夫唯不争，故天下莫能与之争”（《第二十二章》）。正因为不去争，天下才没有人能跟他相争。谁也不得罪，没有对手，没有仇人，灾祸当然也就离你远远的。

不争不等于不做事。《老子》的办法是，“圣人之道，为而不争”（《第

① 善为士者不武，善战者不怒，善胜者不与，善用人者为之下。是谓不争之德，是谓用人之力，是谓配天，古之极也。（《老子·第六十八章》）

八十一章》)。为，作为。意思是说，圣人遵循的道理是，只管埋头干自己的事，不要去打别人的主意。譬如，选定某人作为竞争目标，千方百计地赶超这个对手，就是争，不符合老子的宗旨。

“为而不争”是做人的一个原则，也是做事的诀窍，这样才能把干扰降到最低，集中力量走向成功。

多说几句

① 六尺巷

张英是清代康熙朝的文华殿大学士，清代不设宰相，大学士是皇帝的助手，人们习惯上把这个职务称为相。张英的儿子叫张廷玉，长期担任雍正皇帝的助手。父子俩被人称为大张相、小张相。

张英老家在安徽桐城，邻居姓叶，主人是个秀才。张家扩大宅院，叶秀才找上门来，要求在两家之间留下空隙，作为道路之用。张家的管家不干，一定要扩展到叶家墙根，因为地契上写得清清楚楚，张家的宅基地“至叶姓墙”，于是就挨着叶家的墙砌起了一道新墙。叶秀才认为张家仗势欺人，大怒，一纸诉状将张家告上县衙门。在世人眼中，这简直是鸡蛋碰石头，一个秀才怎么能打赢当朝宰相？再说，道理也并不一定在原告一方，地契对他就十分不利。亲朋好友纷纷劝说叶家撤诉，无奈叶秀才一根筋，怎么劝也没用，誓把官司进行到底。

（清）任渭长 绘

管家怕事情闹大，赶紧给张英写了封信捎到北京城。很快就接到了回信，一张纸，四句诗。诗云："一纸书来只为墙，让他三尺又何妨。万里长城今犹在，不见当年秦始皇。"

管家立即动手拆墙，后退三尺重新砌墙。叶秀才非常感动，也把自己家的墙往后挪了三尺。这样张叶两家之间就空出了六尺，形成了一条宽六尺、长三百多尺的巷子。人称六尺巷，据说今天还在。

让者和，和则存。让是一种品德，一种生存之道，没有地位、贫富的差别。有见识的人不管对谁，都遵循以让为先。

② 两种好强

针对中国学生在学习上的表现，心理学家提出了两种好强。一种是健康的好强，另一种是不健康的好强。

前一种好强的学生把取得好成绩视为自我价值的证实。他们并不多么在意外部评价，不追求排名和荣誉，也就是说不是为了超过谁、讨谁的欢心才去用功，而是为了提高自己而学习。在他们那里，取得好成绩本身就是快乐的，用功是走向快乐的具体过程。这样的学生很少处在紧张状态，学习成绩比较稳定，即使出现下滑甚至失败，虽然情绪会发生波动，但绝不至于陷入绝望和抑郁。

后一种好强则不同。这类学生有强迫命令的倾向，经常支配他们的是"我必须取得前×名"、"我必须超过××"等设定的外在目标。他们的动力来自舆论、排名与社会评价，他们不是为自己学习，而是为别人去学习，用功成了一种满足虚荣的手段。由于学习只是一种手段，他们很难体会到学习的乐趣。他们的精神压力很大，常常被周围环境所左右，抗打击能力薄弱，一旦目标受到挫折，很容易产生绝望情绪，如果不能及时有效地调整，会走向一蹶不振。

可以把不健康的好强划入"争"，与人争，与舆论争；而健康的好强则是不争，只是去学习、去做，以快乐为标准。

（2）不计较

导读

楚国的国君楚庄王举行酒宴，日落之后，火烛突然熄灭了。趁着黑暗和混乱，有人拉扯美人的衣服。美人一把揪断了这个人帽子上的带子，向楚庄王告发说："有人调戏我。我揪断了他的帽带，请命令立刻点燃灯烛，抓住那个无礼的人。"

楚庄王说："请人家喝酒，喝多了难免失礼，怎么能够因为显示你的节操而羞辱士人呢？"于是命令大家说："今天咱们一块儿饮酒，不扯断帽带不算尽兴。"结果一百多位大臣，统统扯断了帽带，然后才点起烛火，人人尽兴而归。

两年后，楚国与晋国开战。一位臣子始终冲在前面，两军五次交锋，他每次都能斩下敌人首级。在榜样的鼓励下，楚军人人奋勇，击败了晋军。楚庄王感到奇怪，叫过那位大臣问道："我德行微薄，又从来没有特殊地照顾过你，你为什么这样拼死而战呢？"那人回答："臣罪该万死。臣就是那个夜宴中被美人扯断帽带的人。您不仅不追究臣的罪过，还替臣进行遮掩。臣时常想报答大王，现在终于等来了机会。"

有阴德的人一定会得到公开的报答。

——《说苑·复恩》

原文摘要

楚庄王赐群臣酒，日暮酒酣，灯烛灭，乃有人引美人之衣者。美人援绝其冠缨，告王曰："今者烛灭，有引妾衣者，妾援得其冠缨持之矣，趣火来上，视绝缨者。"王曰："赐人酒，使醉失礼，奈何欲显妇人之节而辱士乎？"……居二年，晋与楚战，有一臣常在前，五合五获甲首，却敌，卒得胜之。庄王怪而问曰："寡人德薄，又未尝异子，子何故出死不疑如是？"对曰："臣当死，往者醉失礼，王隐忍不暴而诛也。臣终不敢以阴蔽之德，而不显报王也。常愿肝脑涂地，用颈血湔（jiān）敌久矣，臣乃夜绝缨者也。"

（清）张菊如　绘

简议

那位大臣借着酒劲儿，调戏美人，不仅是对美人本人的侮辱，也是对楚庄王的冒犯，是对王权的挑衅，不要说点亮蜡烛曝他的光了，就是剁下那双"咸猪手"他也没什么话说。然而楚庄王忍了，不仅没有追查这件事，还训斥了美人一通，下令在场的所有人都把帽带扯断，之后再点燃灯烛。这份胸怀真是少有，特别是在君王身上，因为那个时代王权是需要特别维护的，否则秩序无法建立起来。正因为楚庄王的这种不同凡响，他才能成为春秋五霸之一，与齐桓公小白、晋文公重耳这些伟大的君主站在同一个行列里。

《老子》在以水来比喻至高道德的时候，突出水的为他性，提示人们应该像水那样"居善地，心善渊，与善仁，言善信，政善治，事善能，动善时"（《第八章》）。善是善于。意思是，位置要善于处低，心思要善于守静，来往要善于关爱，说话要善于兑现，为政要善于治理，做事要善于成功，行动要善于审时。所有这些要求所贯彻的都是同一个精神，即不争。所以《老子》紧接着说："夫唯不争，故无尤。"尤是异常。由于相谦让，不会发生什么特别的事情。

关于心思，《老子》还说过"恬淡为上"（《第三十一章》）。恬淡与宁静一样，都是要求人们保持稳定的心态，不要受外界的干扰，不要与人计较。故事中的楚庄王在这一点上做得就很到位。大家一起喝酒，要的是高兴，为的是增进君臣感情，这是主调，即使有人失态，出现了不和谐，也是因为喝多了跑调，没有什么恶意，用不着大惊小怪，根本不值得计较。正因为楚庄王保持了宁静和恬淡，“故无尤”。

多说几句

① 死灰复燃

汉武帝的时候，韩安国被判罪，关押在蒙县（今河南省商丘市）的监狱里。狱官名叫田甲，看见这些平日趾高气扬的家伙就来气，趁机羞辱他。韩安国说：“死灰难道不会再燃烧吗？”

田甲说：“如果死灰重新燃烧起来，我就撒泡尿浇灭它。”

没有多久，朝廷赦免了韩安国，任命他为梁国内史。

田甲逃跑了。

韩安国放出话：“田甲不回到任上，我就灭掉你的家族！”蒙县属梁国管辖，作为梁国最高官员，要整治田甲非常容易。

没有办法，田甲只好回来，光着上身以表示谢罪的方式去见韩安国。

韩安国笑着说：“你现在可以撒尿了！”

田甲吓坏了。韩安国看了他一会儿说：“你以为像你这样的人值得我动手吗？”

韩安国放他回去，并一直友善地对待他。（《史记·韩长孺列传》）

受了那么大的侮辱仍不计较，韩安国的心胸实在令人敬佩。与韩安国采取同样做法的还有韩信。他曾经在家乡淮阴受过胯下之辱，但当他以楚王身份回到淮阴的时候，这里已经是他的封地了，他并没有报复那个屠夫，反而给了他一个官做。

与他们不同的是汉武帝时的名将李广。当时他在家赋闲，一次回城晚了，被霸陵县尉截住，不准通行。随从提醒说这是先前的李将军。县尉喝多了酒，大声吆喝道："现任将军都不许夜间通行，下台的将军又算得了什么？"李广无奈，只好在外面凑合了一夜。后来他被起用，特别奏请朝廷把这个县尉调到自己军中，然后一刀斩了。李广打了一辈子仗，到死仍是个将军，始终没能封上侯。而韩信做到了王，韩安国曾代理丞相，要不是他跌坏了脚，就当上丞相了。为什么会有这样的区别？因为他们的心胸不一样。

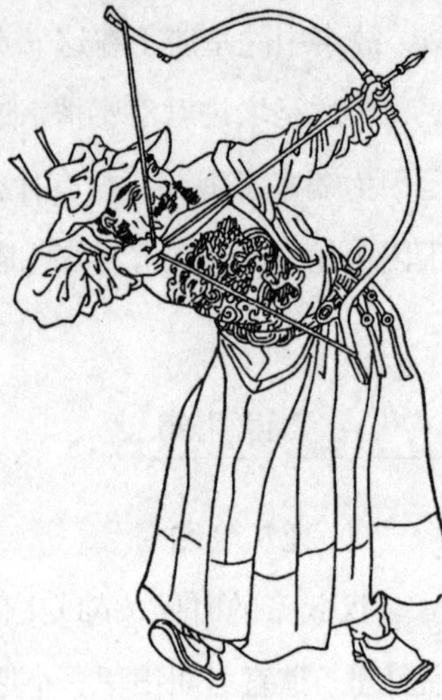
（清）上官周 绘

② 二桃杀三士

春秋时期，齐国的国君齐景公有三个武士，分别叫公孙接、田开疆、古冶子。他们孔武有力，名震四海。国相晏子非常担忧，因为他们狂妄得没了边儿，发展到最后可能连国君都不放在眼里，要是到了那一步，国家就危险了。所以晏子建议国君除掉他们。齐景公非常为难，因为谁也治不住他们。晏子出了个主意，请齐景公赏这三个人两个桃子，赏的时候说："你们掂量着功劳看自己有没有资格吃吧。"齐景公接受这个建议，依计行事。

不接受桃子，等于承认自己不是武士，所以那三个人谁也不甘落后。公孙接说："我徒手擒过野猪，又打死过猛虎，当然有资格吃桃子。"于是便拿了一个桃子。

田开疆大声说："我田开疆手持利刃，打败了敌国三军，更有资格吃桃子！"拿起另一个桃子。

古冶子拦住他们，叫道："我跟随国君渡黄河的时候，一只大鼋（yuán）突然出现，咬住了国君车子左边的马不松口，掉头游向河中心。我虽然不会游水，但还是潜到河底，逆流百步，顺流九里，斩了大鼋。然后一手提着鼋头，一手拉住马尾，像鹤一样跃出水面。河面上的船夫无不惊讶，以为是河神现身。我古冶子如此神武，难道不应该吃上桃子吗？你们放下手里的桃子吧！”说着，拔出了利剑。

公孙接和田开疆互相看了一眼，说：“我俩比不上你勇敢，又比不上你功劳大，却抢先拿了桃子，这是贪心呀。这算什么勇士？还不如死了呢！”两人放下桃子，拔出剑自杀了。古冶子说：“两位都死了，我若单独活着，就是不仁；而两位是因为我刚才说的那些话而死的，是我使你们蒙受羞耻，这是不义。这算什么勇士？还不如死了呢！”也挥剑自杀了。(《晏子春秋》)

英雄大多气盛，最忌讳的就是别人超过自己，很容易计较。晏子正是抓住了这个死穴，只用了两个桃子的成本就除掉了心腹之患。

2. 宽厚

(1) 糊涂为上

导 读

杨修在曹操那里做主簿，当时曹操担任汉献帝的丞相，封魏王。

丞相府修建大门，曹操亲自前往视察。门框已经立起来了，开始搭建上面的椽子。曹操转了一圈，命人在门上写了一个“活”字，没有说话就走了。杨修看见门上的字，吩咐将门框拆掉重建。拆除后，他说：“‘门’里面放进一个‘活’字，是‘阔’，魏王是嫌门太大了。”

有人给曹操送来一杯乳酪。曹操吃了一些，提笔在杯盖子上写了一个“合”字，然后拿给众人看。大家看过后，都不知道什么意思。轮到杨修，他打开盖子便吃。人们惊讶地望着他。杨修说："曹公命令我们每人吃一口，有什么不好明白的！"

——《世说新语·捷悟》

原文摘要

杨祖德为魏王主簿，时做相国门，始构榱桷（cuī jué），魏武自出看，使人题门作"活"字，便去。杨见，即令坏之。既竟，曰："'门'中'活'，'阔'字，王正嫌门大也。"

人饷（xiǎng）魏武一杯酪，魏武啖（dàn）少许，盖头上题"合"字以示众，众莫能解。次至杨脩（xiū），脩便啖，曰："公教人啖一口也，复何疑！"

曹操

（清）潘锦　绘

简　议

后来，曹操找了个茬子把杨修杀掉了。韩非说过，知晓别人内心的秘密，这本身就是罪过。杨修猜透了曹操的心思，这已经是不祥之兆了，但仍不知收敛，反而一再地说出来，生怕别人不知道他的聪明。这对一般人来说都难以忍受，何况曹操这样的枭雄了，所以杨修招致祸患是一定的。其实，曹操身边的聪明人不少，可别人就不这么做，也许当时也有别的人猜透了曹操的意思，但并不直接说出来，假装糊涂。杨修聪明是不假，但他只是在琢磨别人上面聪明，在做人上并不聪明，所以是小聪明，不是大聪明，装糊涂的人才是大聪明。

老子就主张做人要糊涂一些。本书第四篇的"返璞归真"一节中曾引述过《老子》一段话，说大家在一起聚会，唯独他淡漠没有反应（“泊焉未兆”）；大家都有智慧，唯独他愚不可及（“我愚人之心也”）；大家都明白清醒，唯独他昏昏沉沉（“我独若昏”）；大家都目光敏锐，唯独他糊里糊涂（“鬻人察察，我独闵闵”）；大家都有所作为，唯独他愚顽鄙陋（“众人皆有以，我独顽以鄙”）。淡漠没有反应、愚不可及、昏昏沉沉、糊里糊涂、愚顽鄙陋这些词句说的都是做人不能太清醒，不能太较真，不妨糊涂一些。

“道”就不清楚。《老子》说它是“没有形状的形状，没有现象的现象，为此称它为恍惚”。[①]还说“道”本来是明亮的，但看上去却昏暗不清（《第四十一章》）。可见，做人糊涂一些，正是有智慧的表现。

前面我们不止一次提到，老子倡导学习圣人的明智，但这里又说老子主张人要糊涂一点，这岂不自相矛盾吗？问题要分开看。在做人上，应该糊涂一些，这不仅是自我保护所必需的，也是对他人的尊敬。你不愿意把自己完全暴露在大家面前，也应该不去揭露别人。但在追求上、在根本道理上，就不能糊涂了，一定要清醒，这样才不至于迷路。譬如，做人应该糊涂一些就是根本道理，懂得这个道理就不会遭遇杨修那样的命运。

多说几句

① 阮籍醉酒

三国时期，大将军司马昭掌握魏国大权，他看中了阮籍的名望，打算与他结成儿女亲家，便托人向他求亲，希望娶他家的女儿作为儿子司马炎的妻子。阮籍不想缔结这门亲事，为了摆脱司马昭的纠缠，竟然大醉六十天。司马昭只好打消这个念头。

司马昭手下的大将钟会想找阮籍的茬儿，多次登门拜访，请教时局

① 是谓无状之状，无物之象，是谓恍惚。（《老子 · 第十四章》）

等国家政事，企图从阮籍的议论中抓住不当的言论，横加罪名。不想每次阮籍都醉得根本无法答话，弄得钟会无计可施。

靠着醉酒，阮籍保住了自己的性命。(《晋书·阮籍传》)

（清）任伯年 绘

阮籍是“竹林七贤”之一，也是著名的酒徒。他嗜酒如命，即使在母亲去世居丧期间仍旧照喝不误；听说步兵校尉的官衙中存了不少好酒，就去谋这个职差；有时在自家院子里对着大酒瓮畅饮，猪也过来凑热闹，竟然人猪同饮。阮籍看起来荒唐，其实是个很谨慎的人，司马昭就夸奖过他的慎重，说每次跟他谈话，他的言论都很玄奥，让人摸不透，而且从来不评价他人的优劣。阮籍嗜酒、醉酒，给人一种整天糊里糊涂的感觉，正是他谨慎的一个表现。

魏晋之际，中国处于乱世，社会动荡，秩序混乱，人命轻贱。这个时候，清醒只能带来更大更多的痛苦，糊涂反倒好过一些。所以不少人都选择了糊涂，阮籍就是其中有代表性的一位。

② 钝感

日本当代作家渡边淳一曾写过一本名为《钝感力》的书，里面记述了他的一段亲身经历。

渡边淳一原来是学医的，大学毕业后在札幌大学附属医院整形外科当了十年医生。同事中有一位S医生，与他在同一个主任教授的指导下工作。S医生稍稍有些驼背，戴一副黑框眼镜，给人一种没有什么性格的感觉，属于那种善于听从呵斥的下级。而主任教授却很有性格，他医术高超，是名副其实的后起之秀，特别喜欢斥责别人，经常对下属指手画脚。这两人碰一块儿有戏看了，一边是没完没了的训斥，一边是点头哈腰的接受，即使是在手术进行中也不能避免。他们之间的一唱一和富有韵律，就像是捣年糕的人与捣年糕的棒槌那样配合得天衣无缝。以至于让旁边的渡边淳一觉得，要是没有S医生的那一声声“是”的回答，教授的手术就难以顺利进行。

S医生尽管挨训，但跟没事人一样。手术一结束，立即舒舒服服地泡在热水里，洗过澡后回到办公室，一边喝着酒一边与大家聊天，包括刚刚结束的手术。被教授训斥的人不光是S医生，还有其他人。但有的人就容易耿耿于怀，就此一蹶不振。

多年后S医生当上了一家大医院的院长。渡边淳一与他再度相见时，发现他一点儿没变，不管别人说什么，他一概轻声细语地以“是、是”来回应。已经是75岁的高龄了，无灾无病，一副神采飘逸的样子。渡边淳一把S医生的这种表现叫做“钝感”，认为正是这种感觉造就了他的健康长寿和事业成功。

钝感就是对外界的刺激反应迟钝，做人糊涂的人大大减低了自己的灵敏度，最容易达到这一点。

(2) 以德报怨

导 读

魏国有个大夫叫宋就，曾经在魏国与楚国交界的地方当县令。那一带的人喜欢种瓜，魏国人肯下工夫，瓜长得好；楚国人敷衍了事，瓜长得不好。楚国的百姓见了眼气，半夜里偷偷溜过边境摸到对方的瓜田里去搞破坏，弄得瓜秧每天都有枯死的。

魏国人发现了事情的真相，请示守卫边界的亭尉，提出对楚国的瓜田进行报复。亭尉做不了主，就去请示县令宋就。宋就说：“怎么可以这样做呢，这是结仇起祸的办法呀！别人可恶，你也可恶，为什么心胸这样狭窄呢！如果让我拿主意，就应该每天晚上派人偷偷过去浇灌楚国的瓜田，却不让他们知道。”

就这样，一到晚上魏国人就不声不响地替楚国人浇灌瓜田。楚国人早上巡视瓜地，总是发现他们的田地被浇过，瓜也一天比一天长得好。楚国人非常奇怪，进行调查，发现竟然是魏国人干的。

楚国的县令得知了这一情况，非常感动，上报楚王。楚王很惭愧，也很生气，对县令说：“这是魏国暗中对我们礼让啊！追查那些去魏国瓜田搞破坏的人，也许还会发现其他罪过。”于是，楚国向边界那边的魏国人送去厚礼，赔礼道歉，并请求与魏王结交。

楚王时常称道这件事，魏王也认为自己的臣民做得对。可以说，魏国与楚国的交好是从宋就开始的。俗语说：“转败为功，转祸为福。”老子说：“报怨以德。”讲的就是这种情况。既然知道别人的行为不好，我们就不要去加以效仿。

——刘向：《新序·杂事》

原文摘要

梁大夫有宋就者，尝为边县令，与楚邻界。梁之边亭与楚之边亭皆种瓜，各有数。梁之边亭人劬（qú）力数灌其瓜，瓜美；楚人窳（yǔ）而稀灌其瓜，瓜恶。楚令因以梁瓜之美怒其亭瓜之恶也，楚亭人心恶梁亭之贤己，因往夜窃搔梁亭之瓜，皆有死焦者矣。梁亭觉之，因请其尉，亦欲窃往

（清）刘源 绘

报搔楚亭之瓜。尉以请宋就，就曰："恶！是何可？构怨祸之道也。人恶亦恶，何褊（biǎn）之甚也。若我教子，必每暮令人往，窃为楚亭夜灌其瓜，勿令知也。"……楚王时则称说，梁王以为信。

简 议

别人做了对不起我的事情，我应该怎么办？有两种基本态度。一种是儒家的，也就是《论语》中孔子说的"以直报怨，以德报德"（《宪问》）。孔子的标准是道德，直就是这样的准则。你对我不好，我要分析一下为什么，如果是我不在理，我就应该感谢对方，报之以恩；如果是对方的过错，我就给与还击，报之以怨。另一种是道家的，也就是故事中引用的老子的话"报怨以德"。

原话是这么说的："大小多少，报怨以德。"（《第六十三章》）不管是大事、小事，也不管事多、事少，一概以德来回报对方施加给我的怨。譬如故事中的种瓜，就是小事，而两国之间的关系就是大事，无论对小事还是大事，都坚持以德报怨。

那么，报怨以德是什么意思呢？

怨显然是伤害，德的意思复杂一些。《老子》论德，分上德和下德，这里的德应该是上德。在第五篇中我们说过，上德是对"道"的体悟；其本质是不强加于人，顺其自然；其基本精神是公正。所以报怨以德的德并不一定仅仅是恩惠，可以是恩惠，也可以是别的。譬如，《老子》所说的"无亲"、"不仁"，就不是给某人以恩惠。再如战争，《老子》虽然提倡忍让，但并不赞成一味地退守，最后还是要进行还击，还击不能说是恩惠。

其实这句话强调的是坚持自己的一贯原则。别人关照我也好，伤害我也罢，都不能改变我的初衷，我仍然像往常一样，原来怎么对待他现在还怎么对待他。这实际上强调的是自己的主体性、主动性，不以他人为转移，不被别人牵着鼻子走。只有不因人、因时、因事而异，才能保证自己的平安。

做人要有自己的原则。

多说几句

① 曹商的车子

宋国有个人叫曹商，接受宋王的命令出使秦国。他出发的时候，宋王赏给他几辆车子；到了秦国，很讨秦王的喜欢，又给他增加了上百辆车子。

马车　汉画像石

曹商回到宋国，特意打庄子门前路过，对庄子说："住在贫民区的破旧巷子里，靠编织草鞋过日子，饿得面黄肌瘦，熬得脖子干枯，这是我曹商难以做到的；而打动大国君主的心思，从而获得上百辆车子的赏赐，这就是我曹商的特长了。"

庄子轻轻一笑，说："我听说，秦王身体不好，招募医生给他治疗，掐破疮挤出脓血的，赏给车子一辆；舔痔疮的，赏给车子五辆；医治的地方越肮脏下贱，得到的赏赐也就越多。您不是给秦王医治过痔疮吧，要不怎么得到了那么多车子呢？走您的路去吧！"（《庄子 · 列御寇》）

曹商富贵还乡，成心想气气庄子，给他难堪，不想却遭到了庄子的无情嘲弄，这也算是"报怨以德"吧。

② 回报以爱

耶稣在加利利传教，他登上一座山，许多信徒跟着他上了山。耶稣坐下，民众聚拢在他四周。

耶稣开始布道。他讲了很多。在谈到如何对待别人时，耶稣说："你们曾听说过：'以眼还眼，以牙还牙。'但我要告诉你们，不要向欺负你的人报复。假如有人打你的右脸，连左脸也让他打；假如有人要拿你的内衣，你就连外衣也给他；如果有人强迫你走一里路，你就同他走二里。有求你的，你就给他；有向你借贷的，不可推辞。你们听说：'爱你的朋友，恨你的仇敌。'但我要告诉你，要爱你的仇敌，并为迫害你的人祷告，这样你们才能做天父的儿子，因为他叫太阳照耀好人也照耀坏人；降雨给行善的人，也给作恶的人。假如你们只爱那些爱你们的人，有什么可嘉奖的呢……上帝就是这样恩待人的：你们祈求，就得到；寻找，就找到；敲门，就给你开门……你们中有谁儿子要面包，你却拿石头给他？要鱼，却给他蛇？你们虽然邪恶，尚且知道拿好东西给自己的儿女，你们的天父上帝岂不更把好东西赐予祈求他的人吗？你们要别人怎样待你，你就得怎样待人，这是律法书和先知教导的真谛。"（《圣经·新约》）

在对待怨恨上，基督教主张回报以爱，《老子》主张回报以德，都坚持一以贯之。

本篇小结

（1）对己与对人

本篇谈的是做人，分退与让两部分。退主要是针对自己，做人要知足，要低调；让主要是针对别人，为人要大度，要宽厚。

退让与上一篇的柔顺一样，也是一条生存之道。同样的，退让也主要不是一种策略而是一种生活态度，要求我们实实在在地以退让来要求自己，对待他人。退让不是弱者的专利，而是一个普遍原则，强者也一样需要遵守。常言说的退一步进两步，哲学上说的波浪式前进和螺旋式上升，政治学上说的谈判是妥协的艺术，都包含了退让在里面。那种认准了目标只知道进不知道退的人，抱定了死理只知道争不知道让的人，也就是所谓的一根筋，是要吃大亏的。退让是智慧的表现。

(2) 知足—去欲望；糊涂—去智慧

知足和糊涂是退让的重要内容，与第二篇的去欲望、去智慧是相贯通的。去欲望指的是去除贪欲，或者叫人欲，也就是超出自然欲望的那部分欲望；知足就是对欲望进行控制，自觉地退回到这个界限内。去智慧指的是去除世俗的思想意识，诸如仁义、礼制之类的知识，也就是社会加于人的那部分智慧；糊涂就包括了不盲从世俗价值观，对人人都追求的名利、地位等漠然处之，退守自然。

去欲望、去智慧体现的是生活的减法，知足和糊涂所贯彻的同样是这个原则，做人越简单越好。

(3) 不争——公

退让问题上《老子》谈得最多的是不争，可以说它是退让的核心精神。这个精神其实是"公"在人际关系上的反映。在第三篇中我们讲过去自我，《老子》主张人只有超出自我的狭隘界限，与包括人在内的周围世界相同一，才能成就自身。在第五篇中我们讲过无私，《老子》主张人不为自己活着，要树立公心。这就要求我们在做人的时候，不能从自己出发，而应该把别人摆在第一位，不争夺，不计较，相谦让。这样做会吃一些小亏，但不会吃大亏。生存最重要的是远离伤害，不争是避免灾难的根本办法，你不去争，别人自然不会与你为敌。

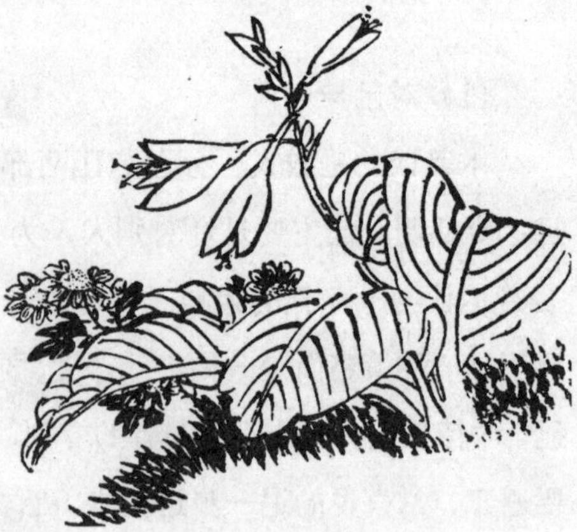

（清）花卉

八、治理以无为为根本

八、治理以无为为根本

要义

无为可以概括为不干预、顺自然，它是治理的根本途径，其原则是作为统治者的我无为、我好静、我无事、我无欲，它要求统治者抓住两件事，即解决民众的温饱和社会公正。

（一）无为的内容

无为是道家标志性术语，是《老子》中使用率最高的词汇之一。那么，老子为什么如此重视无为呢？

1. 什么是无为

导 读

周文王到靠近渭水的臧地一带巡视，遇见一位在水边钓鱼的老人。说是垂钓但又不是那种手里举着鱼竿有心钓鱼的样子，不过是随意钓钓罢了。

周文王打算重用他，把国家政务交给他管理，但又担心大臣和自己族人反对，便想了一个主意。早朝时他对大夫们说：“昨天我梦见一位高人，两颊垂着黑色的胡须。骑一匹杂色马，马蹄的一边是红色的。他命令我把国政交给臧地老人，由他来治理，或许百姓的疾苦可以解除。”

大夫们惊讶地说：“梦中的高人是先王啊。”

周文王提议：“那么我们就来占卜一下。”

大夫们说：“既然是先王的命令，还占卜什么呢？”

就这样，周文王把国家政务交到臧地老人手上。

臧地老人上任后，没有改动原来的典章制度，也没有推行特别的法令，一切照旧如常。

三年过去了，周文王到各地巡视。士人们解散了宗派，不再争执，大家思想统一了；官员们踏踏实实，不再追求个人业绩，同心同德了；市场上只有周国的量器，其他诸侯国的量器不敢入境，诸侯没有二心了。

于是，周文王尊奉臧地老人为太师。为表达敬意，周文王请老人面朝南方，自己站在北面向老人行臣子之礼。问："我们的政令可以推行到天下吗？"

老人毫无反应，一副懵懵懂懂的样子，含含糊糊地告辞回去了。到了晚上，老人偷偷跑掉了，从此再也没有听到过他的消息。

——《庄子 · 田子方》

原文摘要

文王观于臧，见一丈夫钓。而其钓莫钓，非持其钓有钓者也，常钓也。文王欲举而授之政，而恐大臣父兄之弗安也……遂迎臧丈人而授之政。典法无更，偏令无出。三年，文王观于国，则列士坏植散群，长官者不成德，斔斛（yǔ hú）不敢入于四竟。……文王于是焉以为大师，北面而问曰："政可以及天下乎？"臧丈人昧然而不应，泛然而辞，朝令而夜遁，终身无闻。

（清）任渭长 绘

简议

这是周朝推翻商朝之前的事情。周文王之所以选择这位臧地老人管理国家，就是看上了他那种不拿事当事的心态。说是钓鱼，但随意得很，根本不在乎是否能钓上来；说是治理国家，但又没有什么特别的措施，根本不介意是否能治理好。这种状态如果用现代流行语言来表达，说得俗一些，叫“玩一把”；说得雅一些，叫“游戏”。用道家语言来说，就叫“无为”。

那么什么是无为呢？可以概括为两点，一是不干预，一是顺自然。

关于不干预，《老子》是这样说的：“是以圣人处无为之事，行不言之教。万物作焉而不辞，生而不有，为而不恃，功成而弗居。”（《第二章》）意思是说，圣人所做的都是不强行事物改变的事情，都是以身教来代替言教。任凭万物自己运行而不干涉，任凭万物自己生长而不统治，任凭万物自己作为而不把持，任凭万物自己成就而不居功。总之，大家各干各的事，谁也别管谁。

关于顺自然，《老子》这样说：“是以圣人，欲不欲，不贵难得之货；学不学，复众人之所过，以辅万物之自然而不敢为。”（《第六十四章》）欲，欲望；学，学习。意思是，圣人以没有欲望为欲望，不追求新奇稀罕的东西；以不学习为学习，重复的都是大家做过的事情，只是顺应万物的自然运行去帮助它，而不是把自己的意志强加于上。这就是说，圣人不在前面带路，不指挥大家怎么走，只是在人们走自己的路的时候帮一把。

在老子那里，无为被视为治理的总原则。他对那些统治者这样发问：“爱民治国，能无为乎？”（《第十章》）你们口口声声地爱民众、治国家，那么，你们能做到无为吗？如果不能做到，就别再谈什么爱民治国了。

多说几句

① 长寿的诀窍

魏国有个公子叫魏牟，他被封在中山这个地方，人们称他为中山公子牟。魏国还有个贤士叫瞻子。

（明）陈洪绶　绘

公子牟问瞻子："我人虽然远离朝廷，过着隐居的生活，可心里老是惦念着朝廷上的荣华富贵，应该怎么办呢？"

瞻子说："您应该看重生命。只要把生命放在第一位，功名利禄也就不在话下了。"

公子牟叹了口气，说："我很明白这个道理，然而不能控制住自己，难呀。"

瞻子说："如果您实在管不住自己，就由他去好了。这样精神就不会痛苦了！做不到自我控制，还要强撑着，这是遭受双重的损伤。受到这样伤害的人是不会长寿的。"

公子牟是拥有万乘兵车的大国的公子，能做到在山洞里隐居，比寻常百姓要难得多。虽然还没有进入"道"的境界，但可以说已经有点儿意思了。(《庄子 · 让王》)

治理自己也要避免干预，顺应自身的要求，不要强行改变什么。船到桥头自然直，到一定程度自然会走上应该走的道路。

② **庞加莱猜想**

中山大学有位教授，名叫朱熹平，年纪不大，也就四十多岁，却证明了数学难题"庞加莱猜想"，破解它用了整整十年光阴，正所谓十年磨一剑。人们私下猜测他一定像那些著名人物一样，手里整天拿着一个本子和一支笔，夜以继日地苦苦计算，在对他取得巨大成就而羡慕和庆贺的同时，自然也就加进了许多同情，真不知道他这十年是怎样熬过来的。

谁知他微微一笑，说自己并不像人们想象的那样是个科学领域的苦行僧。他准时上下班，作息非常有规律，很少加班。数学是他的兴趣所在，遨游其中，其乐无穷。他声称自己信奉道家“无为而治”的思想，从来不给自己设定大目标，也绝不给自己施加压力，只是静静地努力往前走。他的心很平常，在行进的路上，不管是成功还是失败，都不着急，所以也就从来没有失落感。他说，证明“庞加莱猜想”是很难的，谁熬过来谁就能成功。最大的挑战就是持之以恒，静下心做下去。自己只是一步一个脚印地走，本以为别人能早做出来，不想自己竟然走在了最前面。

2. 为什么要无为

导 读

子来和子犁是志趣相投的好朋友。子来病了。子犁前去探望。

子来快死了，妻子儿女围着他哭成一团。子犁说：“走开，一边去！别打扰将要变化之人。”然后背靠着门对子来说：“伟大啊造化！它会把你造成什么呢？又要把你送到哪里去呢？是变成老鼠的肝脏还是虫子的腿脚？”

子来说：“做儿子的不管是去东还是到西，往南还是向北，都必须遵从父母的，造化对人来说，又何止是父母？它要我死而我不听从，是我的过错，它有什么过错！大地给我形体，用生来使我劳动，用老来使我安逸，用死来使我休息。它让我好好地生，也就意味着让我好好地死。假如有一个匠人要冶炼一块金属，它突然跳起来叫道，‘我一定要做镆铘（mò yé）宝剑’，匠人一定会把它看成不祥之物。从前造化把我造成了人形，我就喊道‘一定要做人！一定要做人！’那么，造化也一定认为我是不祥之人。如今，天地就是一个大熔炉，造化就是匠人，我就是那块金属。到哪儿去不行！所以，我要安然而去，欣然而来。”

——《庄子·大宗师》

原文摘要

俄而子来有病，喘喘然将死。其妻子环而泣之。子犁往问之……子来曰："父母于子，东西南北，唯命之从。阴阳于人，不翅于父母。彼近吾死而我不听，我则悍矣，彼何罪焉？夫大块载我以形，劳我以生，佚我以老，息我以死。故善吾生者，乃所以善吾死也。今之大冶铸金，金踊跃曰：'我且必为镆铘！'大冶必以为不祥之金。今一犯人之形而曰：'人耳！人耳！'夫造化者必以为不祥之人。今一以天地为大炉，以造化为大冶，恶乎往而不可哉？成然寐，蘧然觉。"

（清）任渭长　绘

简　议

这是一则寓言，子来和子犁的名字寓意着生命的到来与离去。这两位高人对生死泰然处之，因为这是造化的安排，没人愿意死，也没人愿意变成虫子，但这由不得自己，命运说了算。想通了这一点，在命运面前就要遵循无为，放弃自我设计。

治理上也一样。天下国家有着自己的运行法则，人不能另搞一套，必须完全服从它。《老子》说："天下神器，不可为也，不可执也。为者败之，执者失之。"（《第二十九章》）神器，神圣的器物，高高在上，顶礼膜拜的对象，绝不能在它上面动手脚。这句话是说，天下乃是神圣的东西，绝不可以对它有所作为，绝不可以对它进行支配。对它有为的非失败不可，对它支配的非失去它不可。

然而抱着无为的态度，国家能发展好吗？

回答是肯定的。可以从两个方面看。

首先，没有人的干预，事物照样自己运行。《老子》说："天下皆知美之为美，斯恶已；皆知善之为善，斯不善已。故有无之相生也，难易相成，长短之相形，高下之相盈，音声之相和，先后之相随"（《第二章》）。意思是，天底下的人都知道美的东西是美的，因为有丑的东西作为比较；也都知道善的东西是善的，因为有恶的东西作为比较。所以，有与无相互产生，难与易相互形成，长与短相互衬托，高与低相互显现，音与声相互配合，先与后相互跟随。有一方必有另一方，事物本身就是这样，这就形成了事物自己的运行，与人没有任何关系。用今天的话说，缺了谁地球都照样转。正因为事物是自己运行的，老子才说了上一个问题中引用过的那句话："是以圣人处无为之事，行不言之教。"

其次，没有人的参与，事物自己会向好的方面调整。在《老子》看来，"万物将自化"（《第三十七章》）。自化就是自己演化。这种演化表现为环绕着"道"运行，即使有出入，也会自己返回"道"，这叫"夫物芸芸，各归其根。归根曰静，静曰复命。复命曰常，知常曰明。不知常，妄作，凶"（《第十六章》）。根是"道"的形象说法，静是不变、不动，也就是常态。这句话说的是，万物芸芸，无不向"道"回复。返回"道"就是回到常态，叫做静；静就是回到本性。不离本性叫做常规，懂得了这一点叫做明理。不懂得这一点，就会轻举妄动，带来凶险。这就是说，不管事物如何发展，最后都要回到"道"，所以用不着人去操心，事物自然会有好的结局。譬如天气，狂风骤起，但肆虐不了一个早晨；暴雨倾盆，但肆虐不了一个白天，天气终究要恢复晴朗（《第二十三章》）。正因为事物自己会发展好，老子才说了上一问题中引用过的那句话："以辅万物之自然而不敢为。"

可见，无为是建立在这样一种信念的基础上的，即相信事物的自己运动，相信事物通过自我调整可以解决好自己的问题，所以对事物的干预越少越好。《老子》说："是以圣人无为故无败，无执故无失。"（《第二十九章》《第六十四章》）圣人对天下无所作为，所以没有失败；圣人对天下不进行支配，所以不会失去它。又说："为无为，则无不治矣。"（《第三章》）以无为为作为，也就是仅仅去做不干预别人的事情，天下没有治理不好的。

无为是"道"的根本特征。前面我们不止一次引用过《老子》的话，意思是"道"虽然演化出万物、养育了万物，但并不占有、统治、制约万物，任由它们自己运行。所以，一个人做到了无为就意味着在最高层次上把握了"道"的精神，也就是大得（德），所谓的积了大德了，《老子》把这叫"玄德"，最深厚的德行。

多说几句

① 背时的人

周朝时候有一个人，几次做官都没有做成，直到年老白了头仍然身无一官半职，便站在路边哭泣。

（清）任渭长 绘

有人问他为什么哭？他说："我一直想做官，但总是时机不对，想到自己年老再也没有机会了，所以悲从中来。"

那人又问怎么竟连一次机会也遇不上呢？他说："我年轻的时候，学习文韬，学有所成，打算去谋求官职，可是君王喜欢使用年纪大的人。这位君王死了，我的机会似乎来了，没想到新君喜欢使用学武的人，于是我就弃文习武，终于掌握了武略，可谁知道这位君王又死了。继位的君王与先君有所不同，他喜欢使用年轻人，而我的年龄已经偏大了。就这样，我一次机会也没碰上。"（王充：《论衡·逢遇篇》）

生活中类似这样的事情太多了，我们常常赶不上步点，只能望洋兴叹。人们把这叫命运。在命运面前，个人的力量极其微弱，再怎么努力也没用，只能采取无为的态度。否则就会像那位不走运的周朝人一样，饱受愤愤不平的心理折磨。

② **牛津神童**

曾有英国“数学神童”之誉的索非亚·尤索夫是一位数学教授的女儿，出生在考文垂市。除了她之外，父母还有四个子女。父亲卢克立志要把子女们培养成精英，与妻子毅然辞去了工作，在家里当子女们的老师，用自己摸索出的一套“快速学习法”教授子女。他对自己的教学能力信心百倍，宣称能够把地球上的任何一个孩子培养成人才。

卢克确实煞费苦心，为了保证孩子们集中精力，他不允许他们听流行音乐，也不让他们看电视，就连室内温度也不能令人感到舒适，必须降低到寒冷的程度，即使大冬天也是如此。

功夫不负有心人，卢克的投入终于收到了回报。1998年，索非亚被牛津大学数学系录取，那一年她才13岁。她的姐姐和妹妹被英国沃维克大学录取。

两年后，15岁的索非亚由于无法再忍受父亲过于严格的教育，在结束大学三年级期末考试后出走。她拒绝回到父母身边，被一家社会机构收留。又过了两年，她被送回牛津大学继续学业。

又一个两年后也就是2004年，19岁的索非亚嫁给了一个见习律师。婚姻仅仅维持了一年便破裂了。为了生存，索非亚做了妓女。她在广告中这样介绍自己：“8号身材，面貌姣好，身高1.65米，瘦高个。我是一个性感而聪明的女生，喜欢成熟绅士。”她的报价是每小时130镑。

强扭的瓜不甜，这就是“有为”的结果。即使仅仅是个案，也足以说明问题。为什么就不能让事物自己去发展而我们只是在旁边起一个帮手的作用呢？

3. 无为的原则

《老子》说："我无为而民自化，我好静而民自正，我无事而民自富，我无欲而民自朴。"(《第五十七章》) 这四句话可以说是无为的四条基本原则。

(1) 我无为而民自化

导读

卫国国君卫灵公打算铸造一套编钟，命令大夫北宫奢办理，铸钟的钱由他自己想办法筹集。

北宫奢在城外设置了一个祭坛。三个月后，钟铸成了，分上下两组悬挂在木架上。

一位叫庆忌的公子问北宫奢："您用了什么高招这么快就把钱收了上来了？"

北宫奢一笑："我能有什么高招？不过是顺其自然罢了。"

见庆忌一脸茫然，便解释道："我听说，做事情不管有多少招数，也不如最简单质朴的办法好使。所以我根本就不去想对策，痴痴呆呆忘记了自己的任务，就这样茫茫然然地迎来送往。来者不拒，去者不留，强横的任他强横，顺从的任他顺从，一律自便，由他们自己瞧着办。别看我天天征收钱财，却没有造成丝毫不适。铸钟尚且如此，更何况干大事业呢？只要遵从'道'，没有不成功的。"

——《庄子·山木》

原文摘要

北宫奢为卫灵公赋敛以为钟，为坛乎郭门之外。三月而成上下之县。

王子庆忌见而问焉，曰：“子何术之设？”奢曰：“一之间无敢设也。奢闻之，既雕既琢，复归于朴。侗乎其无识，傥乎其怠疑。萃乎芒乎，其送往而迎来。来者勿禁，往者勿止。从其强梁，随其曲傅，因其自穷。故朝夕赋敛而毫毛不挫，而况有大涂者乎！”

（明）陈洪绶 绘

简 议

北宫奢的办法有点像姜太公钓鱼。太公在河边一坐，钓竿往水中一伸，就什么事也不管了，至于鱼儿咬不咬钩，那是鱼儿自己的事，想咬就咬，不想咬拉倒。后人演绎得更悬，说钓鱼线上根本就没有钩，有人甚至说鱼线离水面三尺，以此来大肆渲染愿者上钩的意思。姜太公钓没钓着鱼不知道，反正北宫奢筹集到了铸钟的钱。

这是以无为的方法来办事。无为出效率。

为什么不去费力反而能够达到目的呢？因为调动了别人的主动性和积极性。这就是《老子》说的“我无为而民自化”。自化是自己演化，也就是上面说的事物自己朝好的方面运行。主事的人无为，办事的人就会有为，把自己的那摊工作做好，人人各就各位，尽自己的力，由此形成的合力推动总目标的实现。所以“无为而无不为”（《第四十八章》），无所作为带来的是无所不能。

然而，许多统治者却不懂得这个道理，一定要有为，制定出种种规矩来限制大家，使民众按照他的意志来行动。“天下多忌讳，而民弥贫。”（《第五十七章》）忌讳指的是大家顾忌的东西，诸如典章、制度、法令、道德规范，等等；贫是贫穷，也可以当困顿讲。意思是，统治者越是有为，大家顾忌的东西越多，民众也就越是贫穷和困顿，越是没有活力。当然事情也就越办越糟，民众越来越不听话。所以《老子》说："民众之所以难于治理，是因为统治者非要有所作为，这才造成了民众不服管。"①

老子曾把君主划分为四等，"最好的君主，百姓只知道他的存在；其次的君主，百姓亲近他、颂扬他；再次一等的君主，百姓害怕他；最次的君主，百姓羞辱他……最好的君主总是慎言慎行，不轻易发号施令。功业建立了，事情成功了，百姓却说，这是因为我们顺应了自然的缘故"。②最好的君主是无为的君主，其标准是民众只隐隐约约地知道有这么一个人，因为他几乎不做什么事。

"我无为"是对民众的信任和尊重，所以最受老百姓的欢迎。

多说几句

① 刘邦为什么能得天下

楚汉相争，刘邦打败项羽，夺得天下，设宴款待群臣。

刘邦问大家，自己胜利而项羽失败的原因是什么？

有人说是因为刘邦为人大方，舍得给人好处，而项羽小气，又嫉贤妒能，所以失败了。

刘邦摇摇头，说："你们只知其一，不知其二。运筹帷帐之中，决胜千里之外，我不如张良；镇守国土，抚慰百姓，供应粮食，保证军粮运输不断，我不如萧何；指挥百万雄兵，打一仗胜一仗，攻一次取一次，我不

---

① 民之难治，以其上之有为，是以难治。(《老子 · 第七十五章》)

② 太上，下知有之；其次，亲之誉之；其次，畏之；其次，辱之……悠兮其贵言！功成事遂，百姓皆谓我自然。(《老子 · 第十七章》)

刘邦（清）上官周 绘

如韩信。这三位都是人中豪杰，而我能充分使用他们，这就是我取得天下的原因。而项羽手下有一位范曾，却不能受到重用，这就是他被我擒获的原因。"（《史记·高主本纪》）

刘邦取得天下的重大原因之一就是无为，他只做自己该做的事情，其他的让别人去发挥。不仅夺取天下的时候是这样，坐上皇位后治理天下遵循的也是无为，到了他的儿子文帝刘恒时代，发展为所谓的"黄老之术"，突出修养生息的主旨，尽量不去打扰百姓。只用了不长时间，便医治好了战争创伤，开创出"文景之治"。正因为如此，有人把刘邦归入道家，这幅画像就把这位叱咤风云的开国皇帝画成道士模样。

② 冯小刚的输血

在"世界因你而美丽——2008影响世界华人盛典"上，导演冯小刚上台发表获奖感言。当主持人提出作为一个中国导演，是应该为中国本土观众服务还是应该为世界人民服务的问题时，冯小刚这样回答：

"我举个例子，献血这事儿肯定是件好事儿，救死扶伤。但如果血型不对，输进去的血也会产生排异反应。我的血型就很适合给中国人输血，我就好好侍候中国观众。世界观众呢，我的血型不太对，到时候伤了我的身子骨，还伤害了世界观众。"

把拍电影比喻为输血，的确很生动，也很有说服力。其实这里还有另一层意思，就是今天人们常说的"有所为而有所不为"。你要想在某些方面做出成绩，有所收获，就必须在其他方面有所放弃。以失换得，以不为换有为，这也是无为的一种形式吧。

(2) 我好静而民自正

导读

宋国东城门一带，有一个人的父亲去世了。他悲伤欲绝，身体消瘦，骨头一根根凸了出来，面容也走了形。宋国的国君很为他的孝道所感动，封给他官师的职位。

这件事传出去以后，他的同乡纷纷效仿，因为亲人去世而悲伤过度的人很多，其中有些人竟然因伤心而死去。

——《庄子·外物》

原文摘要

演门有亲死者，以善毁爵为官师，其党人毁而死者半。

清代木刻

简议

亲人死了，活着的人心里自然不好受，然而如果像那位宋国人一样，悲痛得连人都走了形，就过分了。更糟糕的是，国君竟然出面表彰他，还给了他一个官儿做。这下可好了，引得众人纷纷效仿，越走越极端，最后有的人连性命都搭上了。

用《老子》的话来说，这叫“不正”，路走偏了。活人陪着死人一块儿去死，不是偏斜是什么？本来好好的，怎么就出现了这样的事？答案是国君不甘寂寞，非要插手老百姓的生活不可，把个人的主观意志通过奖励表达出来。“上有所好，下有所行”，结果弄得整个国家风气都不正。要知道国君也是普通人，他的好恶只是个人感受，以一个人的认识来引领全体民众，风险极大。其实，根本用不着统治者去倡导什么，民众自然会选择正确的道路，理由跟前面所说的一样，事物自身就具有朝好的方面调整的功能，所以《老子》说“我好静而民自正”。

为此《老子》提出：“重为轻根，静为躁君。”（《第二十六章》）重，慎重；轻，轻率；静，清静；躁，妄动。意思是，沉稳与轻率相比，沉稳是根本；清静与躁动相比，清静是主宰。《老子》以君子为例，说他们成天奔波，但身边一定带着辎重车辆，这就是慎重；即使被各种荣誉环绕，也不去指导民众，这就是清静。“清静为天下正。”（《第四十五章》）只要人不闹腾了，天下就安宁了，走上正路了。

那么，怎样才能保持清静呢？两条。一条是“以正治国”（《第五十七章》）。正是正当，说的是治国靠的是光明正大，不要节外生枝，否则就可能走上歪门邪道。一条是 “不尚贤，使民不争”（《第三章》）。不尚贤是不崇尚所谓有贤德的人，不树立这样的榜样，就不会出现民众争先效仿的现象。故事中宋国国君的做法就是一个反证。

“我清静”的本质仍然是不干涉，顺自然。

多说几句

① 闾丘先生

齐国国君齐宣王到社山（山名，在今山东省临淄县西）打猎，当地父老前来慰问。齐宣王非常高兴，赏赐给他们田地，并且不收税。父老们向国君拜谢，唯独一位姓闾丘的人不拜。齐宣王以为他嫌赏得少，就又增加恩典免去了他们的徭役。大家又一次拜谢，闾丘先生仍然不拜。

齐宣王很奇怪，将闾丘先生叫到面前，问：“寡人赏赐你们田地，不收租税，又免去了你们的徭役，大家都拜谢，唯有先生您不拜，寡人莫非有过错吗？”

（清）任渭长 绘

闾丘先生说：“我来慰问大王，是希望从您那里得到长寿、富有和尊贵。”

齐宣王说：“上天生长万物又肃杀万物，生命不是我所能给予的；国库里堆满了钱财，但那是用来防灾救灾的；国家设有各种官职，然而目前没有空缺，所以我无法使先生长寿、富有和尊贵。”

闾丘先生说：“这些都不是做臣民的人应该奢望的。希望大王挑选有德行的人担任官吏，我就可以稍得长寿了；希望大王不要没完没了地打搅百姓，我就可以稍得富有了；希望大王倡导尊敬年长的人，我就可以稍得尊贵了。今天承蒙大王格外关照，赏赐给我们不收租税的田地，然而这样一来，国库就要空虚了；赏赐我们免服徭役，然而这样一来，当差的人就减少了，所以我不敢奢望。”

齐宣王说：“很好！我愿意请先生做国相。”（《说苑·善说》）

齐宣王一时高兴，格外开恩，以显示他的仁慈，其实他的这一做法已经破坏了公正，是不慎重的决定，也就是不清静。多亏闾丘先生的提醒，他才清醒过来。

② 以正治邪

唐朝太宗初年，官吏风气不正，多有贪赃枉法的事情发生，刚刚当上皇帝的李世民为此忧虑不已。于是便秘密派一些身边的人携带钱财去与官吏接触，试探他们的品质如何。

有一个管理全国门关、负责关税的官员接受了一匹绢的贿赂，不加盘查就放关通行。太宗皇帝大怒，抓住他受贿的事实，定为死罪。

民部尚书裴矩提出不同意见，他说：“按照这个官员的受贿罪行，的确应该领受死刑。然而，这完全是因为陛下您暗地里派人有意去引诱他受贿，他才落入了违法的圈套。这种做法恐怕不符合古人的‘用道德教导人们，用礼节制约人们’的精神吧。”

李世民听了很高兴，将五品以上官员叫到一起，说：“裴矩敢于当着皇帝的面据理力争，绝不唯唯喏喏。要是每件事情都能这样办理，我难道还会忧虑国家治理不好吗？”（《资治通鉴·卷第一百九十二》）

治国要采用正当手段，即使对贪赃枉法这样的官场痼疾，也不能使用阴谋诡计。以邪恶来对付邪恶，只能造成风气的进一步恶化和混乱，因此必须弃用。

(3) 我无事而民自富

导读

啮缺是王倪的学生，他问了老师四个问题，王倪一连说了四个“我怎么知道？”啮缺高兴地跳着脚去告诉贤人披衣（蒲衣子）。

披衣说：“现在你该懂了吧？舜比不上伏羲。”

“为什么？”啮缺问。

披衣说：“舜怀抱着仁义来要求世人，也确实获得了人心，然而这恰好说明了他已经与民众隔离开来，没能做到与常人混同。伏羲就不同了，睡觉时从容不迫，醒来时悠然自得，任由他人把自己看成是马，看成是牛，一点儿也不在意。伏羲的认知才是出自本性，他的道德才是自然而然，他的心念与常人相一致，从来也没有标新立异的念头。”

——《庄子·应帝王》

原文摘要

啮缺问于王倪，四问而四不知。啮缺因跃而大喜，行以告蒲衣子。蒲衣子曰：“而乃今知之乎？有虞氏不及泰氏。有虞氏，其犹藏仁以要人，亦得人矣，而未始出于非人。泰氏，其卧徐徐，其觉于于，一以己为马，一以己为牛。其知情信，其德甚真，而未始入于非人。”

（明）陈洪绶　绘

简　议

王倪的“不知道”意味着淳朴，所以披衣由此联系到舜（有虞氏）和伏羲（泰氏）。道家认为，从前是没有仁义道德的，后来由于人们忘记了“道”，才出现了仁义之类的知识和礼制，也才有了以德治国的主张，这其实是一种脱离大众的标新立异，舜帝就是追求新奇的代表人物之一。而比他早很多的伏羲走的则是另一条路子，即自然而然。他一点儿也不多事，别看他是最高统治者（天子），但想的和做的跟普通人没有什么区别。一个是人为，一个是自然，所以披衣说舜比不上伏羲。

伏羲的做法就是《老子》主张的“我无事而民自富”。统治者不生事，民众就富足了。道理很简单，老百姓早已经习惯了原有的一套做法，安安稳稳地干活过日子，你不安分，非要有所作为不可，你这么一折腾，老百姓都得跟着变，只要是变就一定会造成损伤，譬如本来是做买卖的，现在不让做了，非命令他去种田，原来的能力和资源就浪费掉了。所以说生事导致贫穷，无事带来富裕。

为此《老子》主张“事无事”（《第六十三章》），也就是只去做那些不生事情的事。譬如故事中的齐宣王，对某些人格外施恩就是做生事之事，相反，该怎么着就怎么着，就是做不生事之事。

《老子》特别告诫统治者：“取天下常以无事，及其有事，不足以取天下。”（《第四十八章》）只有保持“我无事”，才能稳坐天下，一旦硬去做什么，天下就要丢掉了。这个意思在《第五十七章》再次被强调：“以无事取天下。”

“我无事”是对民众的爱护和体贴，是治国的一条原则。《老子》说：“治大国，若烹小鲜。”（《第六十章》）小鲜是小鱼。正如煎鱼要避免不断翻个一样，治理国家也不能今天这么着，明天那么着。

多事就是坏事。

多说几句

① 东野稷（jì）之马

一个姓东野名稷的人来见卫国的国君卫庄公，表演驾车。

他技术高超，马匹听从他的命令，车子进退有规有矩，旋转自如。卫庄公非常满意，认为他的驾车本领比最有名的高手造父还要棒，让他驾着他的马再绕一百个圈子。

马 汉画像石

这时，鲁国贤人颜阖（hé）进见，庄公问：“您见到东野稷了吗？”

颜阖说：“见到了。他的马一定会累坏的。”

“是吗？”庄公不相信。

不久，东野稷转回来了，他的马果然累坏了。

庄公召来颜阖询问原因。颜阖说："东野稷驭马的技术的确好，造父也不过如此。然而，东野稷还在要求他的马，所以我就知道马儿一定受不了。"

所以乱国的君主役使自己的人民，根本不懂得人的本性，违反人之常情，只知道一味地通过制定法令来驱使民众，当人们不能适应时便加以责难，当人们面临巨大危险而畏惧时，就加以严厉惩罚。君主和百姓互相视为仇敌，就是由此而来的。(《吕氏春秋·适威》)

什么叫生事？看看卫庄公就明白了。结果怎么样？人仰马翻。

② 贝勃定律

有这样一个试验：让一个人举起双手，如果他的右手举着重量300克的砝码，人们向他左手放砝码，加到306克，他就会感到两手负重的差别。如果他的右手举的重量是600克，当放在他左手的砝码是606克时，他感觉不出左手的负重与右手有什么不同，直至左手的砝码增加到612克，他才能察觉出其中的变化。总之，随着右手负重的加码，要想使他感觉出区别，一定要拉大两手负重之间的差距。

这说明，随着刺激的增加，要想使人形成反应，必须不断加大刺激，如果力度还与从前一样，不会收到效果。这个道理就叫贝勃定律。

把这一定律用在治理上，就是统治者发布的命令越少，对民众的要求越少，也就是"我无事"，民众就越好动员，也才越有效率。

(4) 我无欲而民自朴

导 读

从前，楚国的国君楚灵王喜欢腰身纤巧的士人。

结果楚国的臣子都去瘦身，节食减肥，每天只吃一餐饭。他们还在腰带上下功夫，拼命束紧腰带，使自己的腰看上去更加纤细。为了能把腰带系得更紧，他们蹲下身子，屏住呼吸，勒紧腰带后，再扶着墙慢慢站起来。

不过一年时间，楚国上下的官吏一个个都变得瘦弱不堪，面色阴暗。

——《墨子·兼爱（中）》

原文摘要

昔者，楚灵王好士细腰。故灵王之臣，皆以一饭为节，胁息然后带，扶墙然后起。比期年，朝有黧（lí）黑之色。

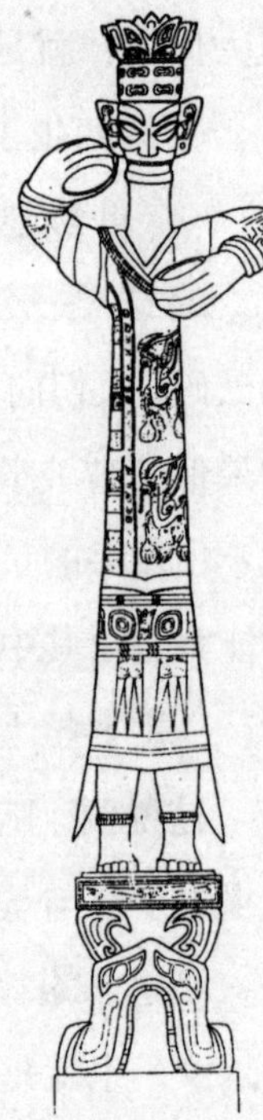

铜立人（商）

简 议

本来大家活得好好的，以自然之身去做事去生活，不想碰上楚灵王这么一个喜欢细腰的国君，结果弄得满朝上下人人都变成了蚂蚁腰，因为不这样就讨不到国君的喜欢，就得不到升迁，就有可能下岗。人为雕凿的怪异之风就这样形成了。

楚灵王的喜好可以归入欲望，社会风气败坏的根子就在统治者的欲望上面。要想使民风端正，统治者一定要克制、隐藏自己的欲望，这就是《老子》说的“我无欲而民自朴”。朴是没有加过工的木料，代表淳朴。统治者不表现出欲望，民众自然就淳朴了。淳朴的子民最容易治理，“我无欲”的最大受益者其实是统治者自己。

《老子》主张，统治者应该只有一种欲望，一个追求，这就是克制欲望，所谓的“欲不欲”（《第六十四章》），以不欲为欲望。

"我无欲"是对自然的尊重，是对自己负责。

多说几句

① **眼里只有金子**

齐国有一个人，一心想得到金子。

一天，他起了个大早，穿戴得整整齐齐，前往卖金子的人那里去看看。刚好一个人拿着金子，这人不由分说，上去一把抓住就夺了过来。

官吏捉住他捆了起来，问："这么多人在场，你就敢伸手抢别人的金子，难道就没有顾忌吗？"

那人说："我根本就没瞧见人，眼里只有金子。"

这真是被外物蒙蔽到了极点了。(《吕氏春秋·去宥（yòu）》)

欲望使人远离淳朴，变得如此贪婪和愚蠢。

(清) 任渭长 绘

② **筑城**

莒（jǔ）国是春秋时期的一个诸侯国，它的国君决定修建一座城池，以晋国的国都绛（jiàng，今山西省绛县）城为样板，与它的规模完全一样。

正舆大夫劝道："晋国是天下第一流大国，修建绛城用了整整三年时间，百姓不堪忍受。如今我们莒国的人口、国土还不到晋国的百分之一，用不到百分之一的实力却要达到百分之百的力量才能做成的事情，这好比是用羊羔去拉大象拉的车子，可能吗？退一步说，即使我们把城池修建起来了，拿什么去守卫它呢？把莒国的民众都动员起来，也不如晋国的一个城邑的人口多。一旦发生战争，百姓集中起来只够防守城墙的一个边角，别的地方就找不到人守卫了，这不等于没有设防吗？”

国君根本听不进去，下令拆了旧城修新城。人手不够，把老人孩子甚至残疾人都赶上了工地。

五年过去了，城池还没有修完。楚国趁机出兵，百姓无力抵抗，纷纷逃跑。

君子评价说，莒国国君的智慧还不如蚂蚁。蚂蚁都知道计算同伴的数量而构筑它们的巢穴，而莒国国君却根本不考虑自己的能力。不量力而行，除了灭亡还会有别的结果吗？（《郁离子·治民》）

好大喜功也是一种欲望。如此劳民伤财，没有不被人民抛弃的。

（二）无为的实施

无为并不是整天待着，一点儿事情也不做，而是强调做该做的事，做大事。那么，以无为来治国，应该抓住哪几件大事呢？

1. 虚其心，实其腹

导读

勾践被吴国释放，回到越国后，对民众说：“我将带领你们各家各户繁殖人口。”于是发布命令：壮年男子不准娶老年妇女为妻，老年男子不准娶年轻女子为妻。女子年满17岁还没有出嫁，男子年满20岁还没有娶妻，其父母有罪，必须接受惩罚。对分娩的妇女，官府派医生接生和看护。生男孩的，国家奖励两壶酒和一只狗；生女孩的，奖励两壶酒和一头猪；生双胞胎的，国家负责供给食物；生三胞胎的，国家派乳母。嫡长子死了，免除他家三年徭役；庶子死了，免除三个月的徭役。死了儿子的人家，勾践一定哭泣着参加葬礼，就像自己死了儿子一样。

勾践在去吴国当奴仆之前，就废除了民众厌恶的苛政，把财产分给百姓，以补充他们的不足。回国后，他进一步安抚百姓，下令凡是孤寡病人以及贫困人家的子弟的生活，一律由国家承担，官府定期发给生活费用。勾践夫妇带头，亲自劳作，不是自己亲手种的粮食不吃，不是自己亲手织的布不穿。为了减轻民众的负担，越国十年没有向百姓征收赋税。百姓渐渐富庶了，每一家都积攒了足够吃三年的粮食。

越国终于强大起来，最后灭掉了宿敌吴国。

——《国语·越语上》

原文摘要

今壮者无取老妇，今老者无取壮妻。女子十七不嫁，其父母有罪；丈夫二十不取，其父母有罪。将免者以告，公令医守之。生丈夫，二壶酒，一犬；生女子，二壶酒，一豚。生三人，公与之母；生二人，公与之饩（xì）。当室者死，三年释其政；支子死，三月释其政。必哭泣葬埋之，如其子。令孤子、寡妇、疾疹、贫病者，纳宦其子……非其身之所种则不食，非其夫人之所织则不衣，十年不收于国，民俱有三年之食。

（清）张菊如 绘

简 议

这就是历史上著名的“十年生聚，十年教训”。勾践治理国家，没有什么新奇之处，只是沿袭了最一般、最简单的方法，即休养生息，也就是发展生产，繁殖人口。最简单的、最常用的往往是最好的、最有效的，所以勾践能在不长时间里带领民众走出失败阴影，把一个支离破碎的烂摊子打造成第一流强国。

用《老子》的话来说，勾践的法子叫“实其腹”，也就是着眼于填饱百姓的肚子。《老子》是这样说的：“是以圣人之治，虚其心，实其腹，弱其志，强其骨。”（《第三章》）心是思想，志是追求，腹是肚子，骨是身体。这句话讲的是两个层面的问题，在民众心志的精神层面上，要虚弱，老百姓的智慧和欲望越少越好；在民众腹身的物质层面上，要实强，老百姓解决了温饱，四肢越发达越好。

这里的关键是让民众老老实实地安于物质生活，不能有非分之想，这就必须从欲望和知识两个方面加强控制，“常使民无知无欲”（《第三章》）。在欲望方面，特别应该注意不要以稀罕的东西诱惑百姓，这容易引起人的占有欲而走上偷窃和抢劫的道路，只要见不到可以诱发欲望的东西，民众的心就不会乱①。在智慧方面，统治者不能走以智治国的路子，因为百姓的智慧越多越难对付。所以“古之善为道者，非以明民，将以愚之”（《第六十五章》）。善于运用“道”治理国家的人，从来都不是使民众明白，而是使他们愚昧。因此，以使民众明白的法子治国，是国家的灾难；以愚民政策治国，才是国家的福分。掌握了这一点，才可以说是一个合格的统治者②。

总的原则是，让老百姓活下去，而且要使老百姓要求不高，活下去就成。

做到了这一点，统治者的江山就坐稳了。因为百姓只要能够活下去，就不会铤而走险，更不会造反。如果统治者干涉过多，引起民众反感，渐渐地不把统治者的威势放在眼里，那么更大的威势就要降临了，这就是百

---

① 不贵难得之货，使民不为盗。不见可欲，使民心不乱。（《老子·第三章》）

② 故以智治国，国之贼；不以智治国，国之福。知此两者，亦楷式。（《老子·第六十五章》）

姓的反抗，所谓的“民不畏威，则大威至矣”(《第七十二章》)。如果到了民众连死都不怕的地步，局面就很难扭转了。“民不畏死，奈何以死惧之？”(《第七十四章》)这时候就是用杀头来对付他们也没用，因为活着使他们更难熬，死反而是更好的选择，对生的恐惧使他们不怕死，甚至向往死。

怎样才能避免走到这一步？《老子》给出的办法是实行包括少赋税在内的无为(《第七十五章》)。统治者不瞎折腾，百姓的日子自然好过。在这里，“虚其心，实其腹”与无为走到了一块儿。

多说几句

① 亲耕之礼

周朝的宣王即位后，下令废除了天子亲自耕种籍田的制度。籍田是对天子耕种的田地的专称，籍是借助，意思是凭借民力，为国家种地。

当时诸侯国虢国的国君虢文君担任周朝的卿士。他劝谏周宣王说：“不可以这么做。民众的根本在农耕，就是祭祀上帝的贡品也要靠它提供。农耕是老百姓生存和繁育所必需的资料的来源，是国家开支的保障，是全国上下团结和睦的基础。不重视农耕，就谈不上财富的增长，当然也就没有国家的强大。所以，天子应该把农耕看成是唯一的大事，绝不能因为追求别的什么利益而干扰农业生产。

(清) 刘源　绘

“现在您想继承先王的大业，却轻视先王事业赖以成功的农事，这将会造成祭祀神灵和祖先供品的不足，堵塞民众的财源，如此一来，我们靠什么向神灵祈福，靠什么役使百姓呢？”

周宣王不听。

宣王三十九年，在千亩地（今山西省介休南）那个地方发生了与西戎的战争，周王的军队被戎族击败，损失惨重。（《国语·周语上》）

农耕是国家的根本，百姓能否“实其腹”、“强其骨”就在于统治者对农耕的重视程度。天子亲自耕种的制度不仅是对统治者的提醒，也是对民众的示范。正因为如此，虢文君才力谏周宣王。

② 一根稻草

一群小孩子在路上捡拾柴火，大家约好，遇到柴火，谁先喊是他看见的就归他所有，别人不许争抢。

孩子们高高兴兴地出发了，边走边打闹嬉戏。突然，大家发现了前面路上有一根稻草，一个孩子抢先喊了出来，但没人听他的，大家一哄而上去抢夺那根稻草，弄到后来竟然扬起手中的棍子打成一团。

司马光看见这种情形，心中十分震动，赶紧返回家中。感慨道：“唉！天下比一根稻草更大的利益多得很，我又不晓得戒备，每天都跟人打交道，依仗着关系融洽而相信别人的话。一旦出现像刚才那样先喊一声而后进行打斗的事情，能不受到伤害吗？”（司马光：《司马温公集·迂书》）

有欲望就会有争夺，一旦欲望被激发起来，而社会又缺少有效控制的措施，人们就会为了哪怕一根稻草而打得头破血流，这样下去，社会还有安定可言吗？

2. 损有余而补不足

导读

荣夷公是周朝的诸侯国荣国的国君，很得天子周厉王的赏识。

大夫芮（ruì）良夫说："周王室大概要衰落了。"

周厉王问为什么？

芮良夫说："荣夷公醉心于追求私利而肆无忌惮，一点儿也不知道收敛。利益这种东西是从万物中产生出来的，是天地孕育而成的，如果有人想独自占有它，一定会带来诸多害处。天地万物人人都可以利用，怎么能够由一个人来独占呢？独占一定会引起众人愤怒，而此时仍然不知收敛，必然导致灾难。

"荣夷公用这样的意识来影响天子您，您的事业能够长久吗？天子治理天下，最关键的是引导生产并把所产生的利益分配给全国上下，使神灵、民众和万物各得其所，用度适中。即使这样，每天仍然战战兢兢，唯恐招来怨恨。而如今您却去学习独占利益，这怎么可以呢？普通百姓独占财物，尚且被称为强盗，众叛亲离，作为天子而独占利益，天下就会离心离德。所以臣说重用荣夷公，周朝的王业一定要衰败。"

周厉王不听，任命荣夷公为卿士，担任自己的助手。

从此诸侯不来觐见进献。没过多久，周厉王就被国人流放到彘（zhì，在今山西省霍县）那个地方。

——《国语·周语上》

原文摘要

厉王说荣夷公。芮良夫曰："王室其将卑乎！夫荣公好专利而不知大难。夫利，百物之所生也，天地之所载也，而或专之，其害多矣。天地百物，皆将取焉，胡可专也？所怒甚多，而不被大难，以是教王，王能久乎？夫王人者，将导利而布之上下者也，使神

（清）刘源 绘

人百物无不得其极，犹日怵惕，惧怨之来也……今王学专利，其可乎？匹夫专利，犹谓之盗，王而行之，其归鲜矣。荣公若用，周必败。”既，荣公为卿士，诸侯不享，王流于彘。

简 议

这件事的起因是山林川泽的使用。本来，这些资源由全民共享，但荣夷公却怂恿周厉王将其收归自己所有，于是芮良夫说了上面一番话，阐述天下为公的观念。关于这种观念，《吕氏春秋》这样说：“天下不是某一个人的天下，而是天下的天下。”这个“而是天下的天下”含义很广，不仅指人，也包括万物。又说：“从前圣明的帝王治理天下，一定把为公放在第一位。为公则天下太平。太平得自于公。”①

说了这些话后，《吕氏春秋》就讲了那个“楚人遗弓”的寓言（见第五篇第一节“道德精神”），说老子主张自然，比孔子主张的人还要大，所以是至公。

在社会治理上，老子的至公思想主要反映在下面这段话中：“天之道，其犹张弓与？高者抑之，下者举之；有余者损之，不足者补之。天之道，损有余而补不足。人之道则不然，损不足以奉有余。”（《第七十七章》）张弓，把弓拉开；抑，下压；举，提升。这里讲了两种“道”，一种是天道，即自然的运行，一种是人道，即人为的做法。天道是怎样的呢？它就像是一张弓，竖起拉开，上面的一端被弓弦的拉力拽低，而下面的一端被拽高（李零：《人往低处走 · 第七十九章》）。高的压低了，低的抬高了，用在治理上，就是减少富裕的，用减下来的去补充贫穷的。而现行的人道则刚好相反，继续减少贫穷的，拿减下来的去增加富裕的。

① 天下，非一人之天下也，天下之天下也。昔先圣王之治天下也，必先公。公则天下平。平得于公。（《吕氏春秋 · 贵公》）

《老子》实际上是想给统治者指条明道，告诉他们现行的办法走不长，因为它违反了天道。那么应该怎么办呢？唯一的选择是实行无为，放弃人道，回到天道，否则将自取灭亡。历史证明了这一点，统治者不改变劫贫济富的做法，老百姓就会用革命的方式“替天行道”，劫富济贫，进行财产和权力的重新分配。常见于农民起义中的“等贵贱、均贫富”、“劫财为均平”等口号以及起义领袖的“铲平王”、“天补平均大将军”等名号就是这么来的。

损有余而补不足体现的是自然的公平精神。

多说几句

① **大雪**

齐景公的时候，有一年天降大雪，连着下了三天三夜也没有停下来的意思。

齐景公身披贵重的白色狐狸皮袍子坐在厅堂旁边的台阶上看雪。晏婴进见，站在他身边。过了好一阵儿，齐景公说：“真是奇怪了，大雪下了三天，一点儿也不见冷。”晏婴吸吸鼻子，说：“是吗？”齐景公笑了，心说这个晏婴真够迟钝的，连天气冷暖都感觉不出来。

晏婴望了眼白茫茫的天地，看着国君说：“我晏婴听说，古代贤德的君主自己吃饱了，却惦记着挨饿的人；自己穿暖了，却惦记着受冻的人；自己休息了，却惦记着干活儿的人。然而国君您现在却不这么想。”

“说得对！”齐景公说，“寡人明白了。”于是吩咐打开库房，取出皮袄送给受冻的人；打开粮仓，拿出粮食分给挨饿的人。并发布命令，要求各级官吏加强救济，今后无论是在路上遇见还是在乡里看到，只要是没饭吃没衣穿的人，不管是谁，都一概发给粮食和衣服。对做得好的官吏，奖励一个月的粮食；对带病坚持工作的官吏，奖励一年的粮食。（《晏子春秋·

内篇谏上》)

国家是最富裕者，所以“损有余”首先应该从国家开始。

② **命运的平衡**

西施、王昭君、貂蝉、杨贵妃被誉为中国古代四大美女，独领她们各自时代的风骚，是当时社会女性美的范式。没有一个少女不想长成她们那样的花容，不想拥有她们那样的身段。但她们的美丽是根本不能复制的，那是上天灵感飞动时挥出的神奇一笔。她们似乎是命运的宠儿，得到了造化的格外垂青。然而是这样的吗？

看看她们的境遇吧。西施被越王勾践送给宿敌吴王夫差，用她的美色换取敌人的麻痹，使不可一世的英雄在温柔之乡中慢慢消融。王昭君被孱弱的汉元帝送给匈奴，用她的身体来表达和解的诚意，为政治博弈增添一个小小的筹码。貂蝉也是政治斗争的牺牲品，不过遭遇更惨，在两个名义上是父子的男人之间转手，成为一出美女计的应用工具。杨贵妃虽然不是一个阴谋角色，但死的却最为惨烈，是被一群败兵活活勒死的，而这群丘八之所以如此胆大妄为是因为得到了与她山盟海誓的皇帝丈夫的默许，更糟糕的是她就此背上了红颜祸水的恶名，成了唐王朝由盛而衰的第一推手。

上天给了她们好容貌，却夺走了她们的好命运。“天道无亲”，这话一点儿也不假，上天最公平，不偏不倚。好事都让一个人占尽了，坏事都是别人的，天下绝没有这样的道理。你在某个方面有余，一定在某个方面不足；你在某个时候幸运，一定在某个时候背运。反过来也一样，常言说“傻人傻福气”，“寒门出贵子”，讲的就是这个道理。

(唐) 周昉 绘

本篇小结

（1）交汇点

无为是老子各种思想观念的交汇点。

无为的基本含义是不干涉、顺自然，本书第一篇说过，虚无的基本意义是去除人为，表达着对自然本体的敬畏，由此可以说，无为是虚无思想在治理领域的运用。第二篇谈的是生活的减法，而无为则是治理上的减法，一直减少到“我无事”。第三篇谈的是生命至上，养护生命与治理国家遵循着同一个根本原则，对养生来说，叫吝啬，对治国来说叫无为。此外，治理上的“实其腹”着眼的是生命的维持，解决温饱问题让老百姓活下去是统治者必须做的两件大事中的一件，突出的也是生命第一。第四篇谈的是保持人的朴素天性，而无为就是要摈弃以智治国，走朴素无欲的路子，实现“民自朴”。第五篇谈的是道德，最大的道德是不拿规范去束缚人，以公正的精神对待一切，这也正是无为的要求，统治者必须做的两件大事中的另一件就是解决社会公平问题，“损有余而补不足”。第六篇、第七篇谈的是柔弱和退让的处世为人态度，无为的顺自然就是治理上的柔和让，无为的不干涉就是治理上的弱和退，这里没有雄心壮志、建功立业、叱咤风云、改天换地的位置。

无为是《老子》中内涵最丰富的一个思想。

（2）无为—道德

无为不仅是一种治理途径，也是一种道德。

《老子》把道德分为上德和下德，其根本界限就是无为。关于这一点，《老子》讲得非常明确：“上德无为，而无以为；下德为之，而有以为。”（《第三十八章》）意思是，上德实行的是无为，从而不主张有意表现；下德实行的是有为，从而追求有意表现。什么叫有意表现？不管自己愿不愿意都按照道德规范去做，并且不管别人愿不愿意也要求他们按照规范去做，就叫有意表现，因为这不是自然而然的行为，而是人为的要求，带有强制性。这就是说，在下德那里，道德主体是规范，也就是哲学讲的客观精神；而在上德那里，道德主体是人。这一区分，实际上涉及了道德异化问题。道德是人的思想实践的产物，是人的创造，按理说应该受人的支配，然而在现实中这个关系却颠倒过来，道德作为独立的精神实体成了人的统治者，人必须无条件地按照道德命令去做，否则就会遭到社会打击和孤立。这种现象就叫做道德异化。

将无为用于道德，是一种返回，所谓的“复归其根”(《第十六章》)，召唤道德回到自己的位置，用现代语言说，叫做回归本质的诉求。

(3) 治身

无为作为治理方法也可以用在人自身的治理上，人的修身养性同样应该奉行不干涉、顺自然的原则。顺自然就是顺从自己的天性；不干涉就是不用外在的规范强行束缚自己，不用世人所追求的目标来要求自己，不用世俗意识来修正自己。不忧天，不忧已，车到山前必有路，我们应该树立起对自己的信念，用不着硬管，到时候问题自然会得到解决，自己会朝着好的方面发展。

（清） 花卉

跟老子学生存

九、谋术以出奇为根本

九、谋术以出奇为根本

要义　谋术的根本特征是隐秘，其运用原则是后发制人。谋术的效用在于出奇，既符合“道”又出人意外的计谋才是好谋术。

（一）谋术的原则

人生存于世，不可能不遇上对手，有对手就要设法战胜他，这就需要运用一定的技巧，这种技巧人们称之为谋术。那么，谋术的根本特征是什么？在什么情况下才应该使用它？

1. 秘而不宣

导读

纪渻（shěng）子为周朝的天子周宣王驯养斗鸡。

刚到十天，周宣王就问：“斗鸡驯练成了吗？”纪渻子摇摇头，答道：“还没有，鸡身上那股虚浮骄狂的劲头还没去掉，一副气势汹汹的样子。”

又过去十天，周宣王又问：“差不多了吧？”纪渻子还是摇摇头，说：“还差着呢，它一见到别的鸡闪过，一听到鸡叫声，就跳着要去斗。”

又过去十天，周宣王又问：“这回行了吧？”纪渻子仍然摇摇头，说：“还不行，它眼睛里流露着恨意，依然还没有去除掉容易发怒的脾气。”

又是十天后，周宣王问：“成功了吧？”纪渻子点点头：“差不多了。如今别的斗鸡即使在它耳边打鸣，它也无动于衷，就像一只木头鸡似的。它的斗鸡品性已经完备了，没有对手敢于应战，一见到它，掉头就逃。”

——《庄子·达生》

原文摘要

纪渻子为王养斗鸡。十日而问："鸡已乎？"曰："未也，方虚憍（jiāo）而恃气。"十日又问。曰："未也。犹应向景。"十日又问。曰："未也。犹疾视而盛气。"十日又问。曰："几矣。鸡虽有鸣者，已无变矣。望之似木鸡矣，其德全矣。异鸡无敢应者，反走矣。"

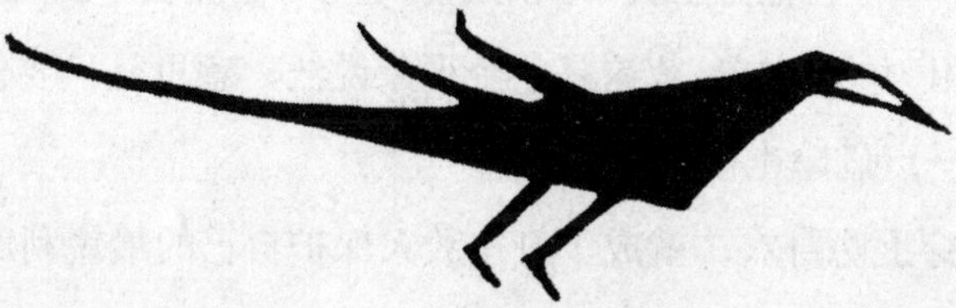

太阳鸟　仰韶文化

简 议

什么都写在脸上，这样的人即使再狠，也不十分可怕，因为他已经明着告诉你，他打算做什么，你完全可以据此提前准备，或者逃或者战，事先安排好对策。最可怕的是那些摸不透的对手，不显山不露水，就像故事中已经驯成了的斗鸡，即使向它挑衅，也无动于衷，不见真章绝不出手。俗话说，咬人的狗不叫，叫的狗不咬人。其实叫的狗也一样咬人，只是因为它的狂吠引起了人的警觉，拾起石头要打它，它怕了罢了。不叫的狗就不同了，它冷不丁地蹿出，等人反应过来，已经着了它的道。

这个道理用在谋术上，就是深藏不露。《老子》说："鱼不可脱于渊，国之利器不可以示人。"（《第三十六章》）渊，深渊；利器，对付敌手的绝招。这里借用鱼来说事，正如鱼儿潜伏在看不见的水底下可以活命，而一旦浮上水面就会被捕获一样，对付敌手的办法绝对不能显露出来。谋术就是这样的利器，一旦被人识破就不灵了。

秘而不宣是谋术的根本特征。

"道"就是这样的。它隐隐约约，模模糊糊，听不清，见不明，摸不着，神龙见首不见尾（《第十四章》）。它还往往表现为相反的样子，明明已经很完备了，却好像有缺陷；明明已经很正直了，却好像有弯曲；明明已经无可辩驳了，却好像很迟钝（《第四十五章》）。

由于自己不暴露，对方便无从下手。《老子》曾谈到一种人，说他们十分善于保护自己，“在陆地上行走不被犀牛和老虎伤害，闯入敌阵不被兵器伤害。犀牛在他身上找不到用角的地方，老虎找不到用爪的地方，敌人找不到用刀的地方”。[①]这是一个形象说法，意思是只要你不被对手抓住命门就一点危险也没有。

谋术穿上隐身衣，就成了打击敌人保护自己的最锐利武器。

多说几句

① 三年不飞

楚庄王即位已经三年了，不理朝政，只是喜爱隐语。一个叫成公贾的大臣到宫中来见楚庄王。

楚庄王说：“我有命令禁止劝谏，你来干吗？”

成公贾答道：“臣哪敢来劝谏大王，我是来陪您讲隐语的。”

楚庄王说：“好。那就请你先讲吧。”

成公贾说：“有一只鸟停在南方的土山上，一停就是三年，不动不飞也不鸣叫，请问大王，这是一只什么鸟啊？”

楚庄王答道：“这只鸟停在南方的土山上，之所以三年不动，是在确定大政方针；之所以三年不

（清）刘源 绘

① 盖闻善摄生者，路行不遇兕（sì）虎，入军不备甲兵。兕无所投其角，虎无所措其爪，兵无所容其刃。夫何故？以其无死地。（《老子·第五十章》）

飞，是在培养力量；之所以三年不鸣叫，是在观察世间情况。这只鸟虽然不飞翔，只要展开翅膀，就会直插云天；虽然不鸣唱，只要一开口，就足以惊世骇俗。你去吧，我已经明白你的意思了。”

第二天朝会，楚庄王一下子提拔任用了五个大臣，同时罢免了十个人的职务。(《吕氏春秋 · 重言》)

楚庄王是一位非常有能力的君主，自有一套施政纲领，但由于自己翅膀还软，便走韬晦的路子，做出一副荒唐相，迷惑政治对手。等到情况都摸透了，一切条件都准备好了，突然发起雷霆一击，打了对方一个措手不及，瞬间就改变了政治格局。

② 卫瓘（guàn）的悲剧

西晋武帝的时候，司马衷被立为太子。大臣们都看不上他，认为他的智力跟白痴差不多。有一次司马衷听到有人饿死，竟然问：“为什么不给他们吃肉羹？”由这样的人做未来的皇帝简直是笑话。

担任司空一职的卫瓘想劝说晋武帝另立太子，张了几次嘴都没敢说出口。终于等来了一次宴会，他假装喝醉了酒，跪在晋武帝座位前面说：“臣有话要向陛下说。”

晋武帝问：“你想说什么？”

卫瓘眼角扫着周围，欲言又止。就伸出手去抚摸着皇帝的座位说：“这个位子可惜呀！”

晋武帝顿时明白了他的意思，顺势道：“你真的喝多了。”

不久，晋武帝召见太子的属官，拿来几份文件，命令他们带回去交给太子处理。太子不知道如何是好。太子妃贾氏（即后来的贾后）就把文件送出宫外，找人替太子答卷。处理好的文件送回来，批文中引用了许多典籍。恰好张泓在场，看了后说：“太子没有什么学问，皇帝是知道的。所以批文只对事情作出决断就够了，用不着旁征博引。”贾妃认为张泓说得对，就请他代笔。张泓起草了奏章，让太子抄写后呈送皇帝。晋武帝看了很满意，又把它拿给卫瓘看。

这件事使贾妃恨上了卫瓘，最后害死了他。（《世说新语·规箴》）

卫瓘已经做得够隐蔽的了，但还是被对手破解，结果死于非命。这从反面告诉人们，隐秘对谋术来说多么重要。

2. 后发制人

导读

春秋时期，齐国发兵进攻鲁国。

鲁国有一个人叫曹刿（guì），进见国君鲁庄公。

曹刿问："您凭着什么作战呢？"鲁庄公答："用衣食这类财物奖励民众，使他们跟我一起抵抗齐国。"曹刿说："您不可能把小恩小惠实施给每一个人。"鲁庄公说："我祈求神灵的保护，对他说实话。"曹刿说："小信用打动不了人，神灵不会保护您。"鲁庄公想了想，说："那我按照实情临场处置战况。"曹刿点头说："凭这一点可以作战了，我陪您一起上战场。"

曹刿与鲁庄公乘坐一辆车，在长勺（今山东省曲阜市境内）这个地方与齐军遭遇。鲁庄公想要击鼓进攻，被曹刿制止住了。等到齐军击鼓三次后，曹刿说："可以击鼓进攻了。"于是鲁军出击，齐军大败。

鲁庄公见胜局已定，便向曹刿询问其中原因。曹刿解释道："打仗靠的是勇气。第一次击鼓，可以振作士兵勇气；第二次击鼓，士兵的勇气开始减弱；第三次击鼓，士兵的勇气就消耗尽了。这时候我方击鼓，士兵被调动起来，勇气旺盛，以我方旺盛的士气应对敌方消退的士气，没有不打胜仗的。"

——《左传·庄公十年》

原文摘要

十年春，齐师伐我。公将战……公与之乘，战于长勺。公将鼓之。刿曰："未可。"齐人三鼓。刿曰："可矣。"齐师败绩……既克，公问其故。对曰："夫战，勇气也。一鼓作气，再而衰，三而竭。彼竭我盈，故克之。"

（清）张菊如　绘

简　议

鲁国与齐国紧挨着，两国摩擦不断，急了就刀兵相见。齐国是一流强国，鲁国是二流国家，所以挑衅的和先动手的多半是齐国，而鲁国只能退让，被挤对得没辙了，只好打一仗。长勺之战就属于此类情况。这从战争地点就可以看出来，长勺离曲阜不远，而曲阜是鲁国的都城。到了战场上两军相接，鲁军仍不动作，直到齐军敲过三通鼓攻打过来后，鲁军统帅才下达攻击令。在战略战术上这叫后发制人。

老子是主张后发制人的。在他看来，"兵者不祥之器，非君子之器，不得已而用之。"（《第三十一章》）兵者，即兵器，代表战争。意思是说，战争是凶事、祸事，不是有德之人喜欢的，只有在不得已的情况下才利用它。什么叫不得已？就是我被人家欺负得没有办法了，好说歹说都不成，只好硬起头皮抵抗。所以，"我绝不敢率先攻击别人，而一定采取守势，不敢前进一寸，而宁可后退一尺"。①

由于我一忍再忍，一退再退，心中悲愤不已。这种战士就叫哀兵。哀是一种力量，《老子》说："故抗兵相若，哀者胜矣。"（《第六十九章》）抗

① 吾不敢为主而为客，不敢进寸而退尺。（《老子・第六十九章》）

兵，对抗的双方。是说，当双方军力不分上下时，哀兵必胜。

战争是这样，谋术也是这样，遵循的原则也是后发制人。不要主动地去算计别人，但心里要有根弦，一旦别人侵犯到你头上，你再施展自己的计策也不迟。后发制人的好处很多，除形成哀兵外，还有，对手在进攻中一定会暴露出弱点，作为被迫抵抗的一方会得到更多的同情，等等。

后发制人是得道者的一种表现。这样的人自觉地处在下位和后位，固守雌弱，遵奉柔顺和退让的生存态度，忍辱负重，坚信柔弱一定能够战胜刚强，所以绝不会去惹是生非，招致祸患。

后发制人可以积聚更多的力量，自己的，同情者的，乃至对方的。

多说几句

① 一慢二看三回答

法家代表人物申不害原先是郑国的一个小官，郑国被韩国灭掉后，又在韩国为官。不久得到韩国国君韩昭王的赏识，任命他为国相。

申不害最初并不了解韩昭王的思想，不知道他的治国理念，恐怕自己的言论会触犯他，所以格外谨慎，轻易不开口。

（清）刘源　绘

韩昭王问："韩国与哪个国家友好才对？"

申不害说："这是关系到国家安危的大事，臣需要认真地想一想。"

申不害找来赵卓和韩晁两位大臣，说："二位是韩国能言善辩之士，作为人臣，所说的话虽然并不一定被国君采纳，但必须尽臣子的责任，所以应该对国君说出自己的意见。"

于是赵卓和韩晁分别向韩昭王表明自己

的看法。申不害暗中仔细观察韩昭王的反应，用心琢磨韩昭王的好恶和心思，然后再回答国君的提问。

由于他的回答总是与韩昭王的想法一致，很受国君的喜欢，他本人也得到了国君的进一步信任。（赵蕤：《长短经·卷七》）

对有心人来说，先发者就是这样为后发者铺路的。

② **置之死地而后生**

楚汉相争时，韩信率领汉军攻打赵国。

韩信排开阵势，后面是滔滔的河水。赵军远远瞧见，哈哈大笑起来，认定韩信不会用兵。两军交战，打了一会儿，汉军败退，逃回驻扎在河边的营垒。赵军压上来，汉军无路可退，双方在河边激战。一支汉军冲入敌阵，拔掉了赵军的旗帜，士兵大为恐慌，以为己方的将军被捉住了，便纷纷逃跑。汉军趁势发起进攻，里外夹击，大败赵军，连赵王都做了俘虏。

事后，将领们问韩信："兵法上说，布置军阵的时候，应该右边和背后靠着山陵，前方和左边靠着水泽。可您却背靠河流排列阵式，还不让大家吃饱喝足，说打败了赵军再会餐。对您的这种安排，我们都不理解，然而最后却打了大胜仗，这是什么缘故呢？"

韩信笑了笑，说："其实我的布置，兵法上都有，只是你们没有留意罢了！兵法上不是说'困于死地而后生，处于亡地而后存'吗？我的士兵称不上训练有素，与普通的百姓差不多，领着他们打仗如同驱赶市民去作战。在这种情况下，如果把士兵安排在有利于逃生的地方，敌人一冲过来，大家就跑掉了，仗还打得下去吗？所以我使军队处于绝地，让人人都各自拼死战斗。"

将领们听了，赞道："好！将军的计谋不是我们能够比得上的。"（《史记·淮阴侯列传》）

韩信打赢这一仗，其原因除了临阵指挥得当等技术性因素外，最重要的就是制造"哀兵"。他把己方置于绝地，让敌方占尽先机，在敌军一再进逼下，自己的士兵无路可退。到了这一步，已经不是输赢问题，而是生死问题，要想活，只有拼命一条路。这时候再出手，面对一群死里求生的疯子，没有谁不怕的。

（二）谋术的运用

什么样的谋术最厉害？出人预料的谋术最厉害，因为它使人防不胜防。

1. 物极必反

导 读

楚国人迷信心很重，特别相信鬼，那里的巫师势力很大。其实鬼并不灵验，完全是巫师精心策划的闹剧。他们买通官员，串通一气，官府里的动静巫师都知道，比如诉讼，他们事先掌握了内情，所以作出的谕示往往应验。要是有人不信巫师，他们便从中作梗，使事情的结局与人们的预料刚好相反，由此来证明自己的灵验。

楚王非常气愤，派军队杀掉巫师，烧掉庙祠。碰巧这一年发生了旱灾，大小巫师一起鼓噪，煽动百姓不满，将天灾归罪于楚王的这个决定。楚王打算采取措施，把巫师赶尽杀绝。

熊蜇父说：“不可以，这样做会激发民愤。眼下百姓时兴信鬼，大王如果骤然制止，他们会说您违背民意，产生怨恨之心。以往出现了什么事情，人们推诿于鬼，而现在则推诿给大王您。”

“那怎么办好呢？”楚王问。

“不如顺从百姓的心意。巫师属于小人，小人只要处在顺境就会得意忘形，放松戒备，一旦没有了戒备之心，其行动必定放纵，从而使自己的骗术暴露出来。这时候再对他们治罪，就不会有人说什么了。”

楚王接受了熊蜇父的计策，命令巫师们推举出一个大巫师来主持祭鬼，恢复了庙祠，就连国家有事也找巫师询问。同时，整顿各县的差役，罢免贪官污吏，平反冤狱。结果没有多久，巫师们纷纷露出了破绽，他们屡屡失算，说的话大多不灵了，百姓对巫师渐渐产生了怀疑。

这时西方边远地方发生了战事，楚王招集巫师们祈祷占卜，因为他们没有消息来源，预言没有一句是准的。于是楚王下令处死巫师，将他们的尸首示众，还烧掉了巫术道具。

从此以后，楚国再没有人敢宣扬鬼了。

——《郁离子·尚诚》

原文摘要

楚俗尚鬼，鬼实弗神也，而其巫谋神之……得悉闻有司之事与讼狱之胜负，验如响。有不用巫言，则事之已右者必坐，已左者必右。于是楚人之奉巫过于奉王令，宁违王禁而不敢违巫言。王闻之怒，命司马戮巫而焚其祠。国人大噪……乃命群巫推一大巫以主鬼而复其祠，国有事亦请焉。面大选县公，平庶狱，宽征役，绝请祸，黜贪墨，国邑之侠皆屏迹，巫言多不中，民始懈会。鄙有西师，王集其国老以祈巫，巫不得先闻而失其辞，王以诘国老，国老愕，弗能对。乃尸巫而爇（ruò）鬼，无一人敢复言鬼。

（明）陈洪绶　绘

简 议

对于巫师，楚王先是来硬的，杀人拆庙，不想引火烧身，自己倒成了替罪羊。后来变打为捧，变削弱为加强，把巫师捧得高高的，就连国家大事也找他们预测。这时的巫师不仅有群众基础，还有国家扶持，地位跟神差不多。期待越高，失望也就越大，此时巫师只要有一句话失算，就会引起人们的怀疑，因为人人的耳朵都竖得直直的，他们说什么大家都认真地听着。楚王正是利用这一点，暗地里切断巫师的人脉，堵塞消息来源，让巫师大出其丑，最后被民众所抛弃。两种办法，两种效果。

后一种办法智慧含量很高，已经属于谋术了，走的是物极必反的路子，就是通过增强的手段，促使事物发展到顶点，充分暴露自己，向反方面转化，自取灭亡。

对于这种谋术，《老子》是这样说的："将欲翕之，必固张之；将欲弱之，必固强之；将欲废之，必固兴之；将欲夺之，必固与之。是谓微明。"（《第三十六章》）翕（xī），收敛；微明，微弱的光明，有亮光，但看不清。《老子》告诉人们，你要想使对手缩小，就先促使他扩张；你要想使对手削弱，就先促使他增强；你要想使对手衰亡，就先促使他兴盛；你要想从对手那里夺取，就先给予他好东西。这就是让对手预料不到的智谋。

微明是什么？是"道"给人的感觉。"道"是光明的，但看上去却昏暗不明（"明道若昧"，《第四十一章》）。其实，物极必反遵循的正是"道"的规则。《老子》说："反者道之动。"（《第四十章》）反，可以当反面讲。就是说，走向反面是"道"的一种运动。事物早晚要走向反面，通过强化的谋术促使事物转化，是顺其自然，不过是在后面推了一把罢了。

这一招确实狠，你主动地向对手示好，又是吹捧又是送东西，跑前跑后，他以为你服软投降了呢，没想到福里埋着祸，糊里糊涂地就完了，真是让人卖了还帮着人数钱。

多说几句

① 偷袭

（明）陈洪绶　绘

楚王想夺取息国和蔡国这两个临国，先去亲近蔡国国君，像对自己人一样地跟他商量："我想得到息国，您看应该怎么做？"

蔡侯出主意说："我妻子的妹妹是息侯的夫人，我出面前往息国宴请息侯和他的夫人，您跟我一起去，乘机偷袭它。"

楚王说："好，我听您的。"

于是蔡侯和楚王带着菜肴进入息国，楚军随后。灭掉息国后，楚军回师途中驻扎在蔡国，又偷袭了蔡国，灭掉了它。(《吕氏春秋·长攻》)

亲近是增强的一种形式。蔡侯就是让人卖了还帮着数钱的主儿。

② 计除鱼朝恩

唐朝代宗的时候，鱼朝恩很受宠信，皇帝把禁军交给他掌管，时常与他商量军国大事。发展到后来，他每次向皇帝奏事，都要求一定准奏，如果有什么决定没有他事先参与，就生气地说："天下事情难道还有不经过我的吗？"皇帝听说后很不高兴。

一次，鱼朝恩的养子身着绿色朝服，被人耻笑为官职低微，回家后告诉了养父。第二天鱼朝恩就要求代宗赐给养子高级官员穿的紫色朝服。皇帝还没有答应，已经有人捧着紫服献上。鱼朝恩当即令养子穿上谢恩。代宗只好勉强笑着说："小孩子穿紫衣也很合适。"但心中已经产生了除掉鱼朝恩的念头。

代宗为了进一步麻痹鱼朝恩，任命他的党羽担任山南西道节度使和凤翔节度使的要职。得到这两处兵权，鱼朝恩的势力更大了，他非常满意，越发放松了对朝廷的警觉。也有人提醒鱼朝恩，朝廷的做法有些异常，起初他有一点疑虑，但每次见到皇帝，对他都有额外恩典，由此也就安下心来。

寒食节这一天，皇帝在宫中宴请大臣。宴会结束后，代宗单独留下鱼朝恩，埋伏的武士把他勒死了。为了逐步清除鱼朝恩势力，朝廷谎称鱼朝恩上吊自杀，然后赏了600万钱丧葬费，派人把他的尸体送回老家安葬。(《资治通鉴·卷第二百二十四》)

代宗皇帝把物极必反的谋术用到了最后，可见鱼朝恩的势力有多大了。当一个人的力量已经大到连上司都要看他脸色并且还在继续加强它时，大祸临头也就是一两天的事。

2. 不争为争

导读

战国时期，韩国和魏国相互攻击，仗打了一年还停不下来。秦国国君秦惠王打算出面调停，征询大臣们的意见，有的人说管这件事好，有的人说不管好。

这时陈轸（zhěn）到秦国来，秦惠王询问他的看法。

陈轸说："大王没听说过卞庄子的故事吗？有两只老虎害人，卞庄子前去刺杀它们。旅店的小伙计劝他说：'现在这两只老虎正在吃一头牛，尝到美味的时候，它们之间一定会发生争夺，争夺一定会发展为相斗，相斗的结局一定是小的死、大的伤。到那时你再去刺杀那只受伤的老虎，可以一举成名。'

“卞庄子觉得小伙计的话有道理，就在一边等着。不大一会儿，两只老虎果然打了起来，大的受了伤，小的被咬死。卞庄子上前一剑就把受伤的大老虎刺死了，获得了一举杀掉两只老虎的功效。

“如今韩魏两国打了一年还不罢休，其结果必定是强的一方受伤，弱的一方衰亡，到时候大王出兵攻打受伤的一方，就会收到一举两得的实利。这样做多好，大王您又何必急着现在出面呢？”

“好！”秦惠王说，接受了陈轸的意见。果然像预料的那样，秦国完全制服了这两个国家。

——《史记·张仪列传》

原文摘要

韩、魏相攻，期年不解。秦惠王欲救之，问于左右。左右或曰救之便，或曰勿救便，惠王未能为之决。陈轸适至秦，惠王曰……陈轸对曰：“亦尝有以夫卞庄子刺虎闻于王者乎？庄子欲刺虎，馆竖子止之，曰：‘两虎方且食牛，食甘必争，争则必斗，斗则大者伤，小者死，从伤而刺之，一举必有双虎之名。’卞庄子以为然……今韩魏相攻，期年不解，是必大国伤，小国亡，从伤而伐之，一举必有两实。此犹庄子刺虎之类也。臣主与王何异也。”惠王曰：“善。”卒弗救。大国果伤，小国亡。秦兴兵而伐，大克之。

刺虎 汉画像砖

简 议

韩魏两国开战，无非是因为争土地、争人口、争利益，秦国打算出面调停，当然不是发善心，而是想趁机分一杯羹。对此陈轸看得很清楚，着眼于利益最大化，他的谋术是坐山观虎斗，等到它们分出胜负而力量消耗尽了，再加入进去，胜的败的一块儿收拾。以有生力量对付奄奄一息，简直跟弯腰捡东西那么容易，到时候谁敢不服？

用《老子》的话来概括，这个办法就叫做以不争为争。《老子》说："以其不争，故天下莫能与之争。"（《第六十六章》）是说，正因为不去相争，所以天下没有人能够争得过他。这里的不争，不是不去相争，而是置身于争斗之外，好像是一个局外人，对大家所争夺的东西根本不感兴趣，其实这只是因为火候不到而已，一旦时机成熟，他就会出来收拾残局，这时候大家只能眼睁睁地看着他摘桃子，谁也没有力量再与他相争。

这样的事情在生活中经常发生。单位里空出一个职位，大家都想得到它，于是明争暗斗开始了，显能的、摆功的、送礼的、告状的、拆台的，各路英雄纷纷登场，无所不用其极。只有某人远离战团，像平时一样该干吗干吗。结果怎么样？得到提升的恰恰是这位。别人在争斗中互相攻击，见不得人的事被对手一件件抖搂出来，缺点暴露无遗，只有他还是个好人，所以职位只能落到他的头上。

《老子》把不争划入德的范围，称其为"不争之德"，说它可以"配天"（《第六十八章》），也就是对"道"的所得。为什么呢？因为天道就是这样表现的，它不去与万物相争，无声无息地养育万物，使万物在不知不觉中遵循它的规则而运行。所以《老子》说："天之道，不争而善胜。"（《第七十三章》）

以不争为争，是一种出奇制胜的谋略。因为你不出现在争斗者的行列中，避开了风口浪尖，自然也就没人把你当对手，直到最后人们才明白，斗了半天原来都是为你小子铺路。

多说几句

① 阴姬是怎样当上王后的

战国时期，中山国国君有两个宠爱的妃子：阴姬和江姬。她们都想当王后。阴姬的父亲找到司马惠，请他帮助阴姬成为王后。

司马惠以使者的身份来到相邻的赵国，对赵王说："我听说赵国出美女，然而我走遍了赵国大小城市，接触了许多人，却没有看见一个像样的女子。"

赵王大不以为然，说："你的话言过其实了吧？"

司马惠说："赵国人说的美女与我们中山国的美女比，譬如阴姬，根本就不能叫美女。我到过的地方不少，从来没有见过阴姬那样的美人。不知道的人乍一看到她，还以为是仙女呢，仅凭容貌和姿色就够得上是绝代佳人了，至于眼睛、鼻子、脸盘、眉毛、额头，完全可以说是帝王之后了，绝不是姬妾所能够具有的。"

赵王听得入了迷，说："我想把她娶过来，如何？"

司马惠说："阴姬实在是太美了，我嘴里不知不觉地就说了出来。我要是知道您想娶她，绝不会多嘴的，您千万不要泄露出去。"

司马惠回到中山国，对国君说："赵王不喜好道德而喜爱女色，我听说他还想娶阴姬为妻呢。"

（清）改琦 绘

中山王板起脸，很不高兴。

司马憙说：“赵国是大国，只要赵王看上了阴姬，一定会提出娶她。您要是不同意，国家就危险了；您要是同意，就会遭到诸侯的耻笑。”

中山王问：“那怎么办？”

司马憙说：“您不如立阴姬为王后，天下绝没有娶人家王后的道理，这样就可以断绝赵王的念想。他如果一定要硬娶，别的国家也会站出来制止他。”

于是中山王立阴姬为王后，赵王也没有提迎娶阴姬的事。（《战国策·中山》）

司马憙的办法实在高超，明明是为阴姬争王后，却根本不提这个茬儿，跑到赵国去活动，挑动赵王与中山王相争，没付出什么代价就达到了目的，这就是以不争为争的奇效。

② 齐王的表彰

田单利用火牛阵大败燕军，收复了失地，立原先的太子为国君，是为齐襄王，自己做国相。

一天，田单路过淄水，看见一个老人赤脚过河，冻僵了走不动路。田单脱下自己的皮衣披在老人身上。

齐襄王听说了这件事，很不高兴，自语道：“田单这是用小恩小惠收买人心，大概是图谋我的国家吧！我要是不立即采取措施的话，恐怕要被动了。”说完，心里不踏实，朝两边望望，只见殿堂下面有一个人正在穿一串珠子。

齐襄王叫过那个人，问：“你听到我刚才说的话了吗？”

回答是“听到了”。

齐襄王问：“你看我应该怎么办？”

那人说：“大王您不如把田单做的好事归于自己。您可以发布诏书表彰田单，并且强调说：‘寡人担心民众挨饿，田单就给他们吃的；寡人担心民众受冻，田单就给他们穿的；寡人为民众忧虑，田单也就为民众忧虑。田单这么做，完全符合寡人的心意。’按照这样的说法，赞扬田单其实就是宣扬大王的德行啊！”

齐襄王说：“好主意！”下令赐给田单牛肉和酒，作为对他关心百姓的表彰。

几天后，那个人又建议：“请大王上朝的时候特别召见田单，并且当众向他行礼致敬，表示慰问。然后发布命令调查那些挨饿受冻的百姓，同时给予救济。”齐襄王这样做了。

齐襄王派人到大街小巷中打探消息，听到人们相互议论说：“田单太爱护百姓了！这都是大王教导的结果啊！”（《战国策·齐六》）

这是以不争为争的一种方式。齐襄王与田单争民心，但却没有一丝一毫争的迹象，而是把田单做的好事移到自己头上，和和气气、顺理成章地就完成了这件事。

3. 露头就打

导读

燕国遇上灾荒，赵国打算趁机攻打燕国。

正在这个时候，楚国派使者到燕国去。使者途经魏国，见到了一个叫赵恢的人。

赵恢说：“对待灾祸有两个办法，一个是消灾，另一个是救灾，前者容易后者难。伍子胥劝说吴王，宫之奇劝说虞君，就属于救灾。他们的劝说都失败了，虽然去救灾但没有成功。烛之武劝说秦王不要攻打郑国，张孟谈劝说韩、魏两家不要攻打赵氏，就属于消灾，他们成功了，消除了灾祸。出谋划策的人应该把眼睛放在消灾上，使灾祸不至于发生。

“使者您大老远地来看望我，与其送给您百金不如送给您良言。您应该帮助燕国消灾。去燕国要路过赵国，您见到赵王可以这样劝说他：‘从前吴国借齐国闹灾荒的机会进攻齐国，但没有取胜，反而为弱小的越国提供了机会，越国利用吴国的疲惫灭掉了比它强大的吴国。大王现在想借燕国闹灾荒的机会进攻燕国，也不一定能取胜，而最危险的是为秦国提供了进攻赵国的机会。秦国比赵国要强大，当年的越国都能够做到以弱胜强，就不要说现在的秦国做到以强胜弱了。请大王深思。’”

楚国使者用赵恢的一番话劝说赵王，赵王被说服了，放弃了攻打燕国的念头。燕王非常高兴，赏赐给使者大片土地。

——《战国策·燕二》

原文摘要

燕饥，赵将伐之。楚使将军之燕，过魏，见赵恢。赵恢曰：“使除患无至，易于救患。伍子胥、宫之奇不用，烛之武、张孟谈受大赏。是故谋者皆从事于除患之道，而先使除患无至者，今予以百金送公也，不如以言。公听吾言而说赵王曰：‘昔者吴伐齐，为其饥也，伐齐未必胜也，而弱越乘其弊以霸。今王之伐燕也，亦为其饥也，伐之未必胜，而强秦将以兵承王之西，是使弱赵居强吴之处，而使强秦处弱越之所以霸也。愿王之熟计之也。’”使者乃以说赵王，赵王大悦，乃止。燕昭王闻之，乃封之以地。

（东晋）顾恺之　绘

简议

吴王夫差借着齐国闹灾荒，北上攻齐，伍子胥进行劝阻，提醒他注意越国趁机偷袭，夫差不听，逼死伍子胥。晋国打算吞并虞（yú）国和虢国，以良马和美玉为礼品向虞国借路攻打虢国，宫之奇劝说虞君不要答应，虞君不听。这两件事都属于救灾。晋国与秦国联手围困郑国，烛之武半夜偷进秦国军营，劝说秦国退兵，秦王接受了，单独撤离，解了郑国之围。智氏胁迫韩、魏两家跟他一起围攻赵氏，张孟谈悄悄与韩、魏两家联系，说服他们与赵氏联合，两家听从了，赵、韩、魏三家一起灭掉了智氏，最后平分晋国。这两件事属于消灾。

赵恢认为，消灾比救灾要容易。为什么？因为消灾是在事情还没有最后形成之前采取措施，救灾则是在事情已经形成气候之后才行动。就像故事中的燕国，赵国还没有最后进攻它，这时候出面阻止赵国的行动，消除灾难，成功面要大得多；如果赵国大军已经发动了，这时要想救灾，制止赵国的进攻，就要付出更大的力量和代价。

消灾其实就是把祸患消除在萌芽状态，通俗地说，叫露头就打。《老子》说：“事物不动的时候容易抓住，事物尚未发生的时候容易谋划；事物脆弱的时候容易破裂，事物松散的时候容易化解。所以，要在事物还没有发生时就进行防范，在乱子还没有出现时就采取措施。合抱粗的大树是从幼芽长成的；九层高台是一筐筐土垫起来的；千里行程是一步步走出来的。”①

是砍倒参天大树容易还是掐断幼芽容易？答案一目了然。

《老子》把萌芽状态称为“小”，说：“见小曰明。”（《第五十二章》）

① 其安易持，其未兆易谋；其脆易泮（pàn），其微易散，为之于未有，治之于未乱。合抱之木，生于毫末；九层之台，起于累土；千里之行，始于足下。（《老子·第六十四章》）

见小，敏锐，能够察觉事物的萌芽状态；明，明智，常常表示体悟“道”的境界。这句话可以这样理解，能够在萌芽状态采取措施，是得道的表现。

多说几句

① 神医扁鹊

扁鹊是战国时的名医。他去见齐国国君齐桓侯。

（清）任渭长　绘

扁鹊看了一会儿，说：“国君您有病了，眼下病在您的皮肤中，如果不及早医治，恐怕会发展的。”齐桓侯说：“寡人没有病。”等扁鹊离去后，齐桓侯说：“医生都是功利之徒，想通过医治身体健康的人来证明自己医术高明。”

过了十天，扁鹊又来见齐桓侯，说：“国君您的病已经发展到肌肤里了，要是不抓紧医治，病情会加重的。”齐桓侯的脸板了起来，没有做声。扁鹊出去后，齐桓侯很不高兴。

十天后，扁鹊又来了。对齐桓侯说：“国君您的病已经发展到肠胃里了，要是再不医治，病情就会更加严重。”齐桓侯眉头皱得老高，非常不高兴。

又是十天后，扁鹊来见齐桓侯，远远望了一眼，转身就跑。齐桓侯派人追上来，问他跑什么。他说：“疾病在皮肤表面时，用汤药热敷的办法就可以治好；疾病在肌肤里时，用针灸药石的办法也可以治好；疾病在肠胃里时，用清火汤药的办法还能够治好；疾病深入到骨髓里面，就是主管人命的天神也没有办法了。现在国君已经病入骨髓了，所以我没有再提医治的话。”

五天之后，齐桓侯浑身疼痛，再来找扁鹊，人早就躲到秦国去了。齐桓侯不治而亡。

事情福祸也像是疾病一样，有从小到大的表现，所以圣明的人及早入手进行处置。(《新序 · 杂事》)

扁鹊被人们称为神医。其神，不在于能把死人救活——其实这谁也做不到，不要说死人了，就是病入膏肓的人也医治不了——而在于及早察觉，及早治疗，也就是对疾病露头就打。

② **破窗定律**

美国心理学家詹巴斗做过一次测试。他找来两辆一样的汽车，将其中的一辆停在居民素质较高的社区，另一辆则被摘掉车牌、打开顶篷，停在秩序混乱的社区。一天还没过完，后一辆车就消失了；而放在高档社区的那辆车，一个星期后仍完好无损。

詹巴斗敲碎了这辆车的窗子，只是打破了一块玻璃。几个小时后，这辆车不见了。

这说明，车子的命运跟它放在何处并没有多大关系，而是取决于它自身的状况。

根据这个测试，美国政治学家威尔逊与犯罪学家凯琳提出了一个理论，即“破窗定律”。其核心观点是，假如有人打破了一栋建筑物上的一块玻璃，而没有人去及时修复它，那么其他人就可能去打破更多的玻璃，在这里，第一块被打破的窗子起着暗示性纵容作用。

第一块被打破的玻璃就是苗头，如果这个时候修补上它，就没有后来的事了，省去了很多麻烦。

4. 借刀杀人

导 读

昭奚恤担任楚国的令尹（相）。楚国的国君楚宣王问群臣：“我听说北方的诸侯都害怕昭奚恤，果真是这样吗？”

一片静默，无人回答。

这时候江乙说：“我想起一个故事。老虎捕捉百兽为食，捉到了一只狐狸。狐狸说：‘你可不能吃我，因为我是上天派来统治百兽的，你要是吃掉我，就是违抗上天的旨意。’老虎歪着脑袋，疑惑地打量着爪子下的这个小东西。狐狸接着说：‘我知道你不信我的话。这样吧，我在前头走，你在后头监督，看看百兽见了我，可有一个敢不逃跑的吗？’老虎同意了，跟着狐狸往前走去。果然群兽见了它们纷纷逃跑。人人都明白，群兽是因为害怕老虎才逃命的，只有老虎自己不知道这一点，还以为大家怕的是这只小小的狐狸呢。

“大王的国土方圆五千里，大军百万，大权掌握在昭奚恤手里。所以，看上去北方的诸侯怕的是昭奚恤，其实怕的是大王您的军队，这就跟百兽怕的是老虎一样啊。”

——《战国策·楚一》

原文摘要

荆宣王问群臣曰：“吾闻北方之畏昭奚恤也，果诚何如？”群臣莫对。江乙对曰：“虎求百兽而食之，得狐。狐曰：‘子无敢食我也。天帝使我长百兽。今子食我，是逆天帝命也。子以我为不信，吾为子先行，子随我后，观百兽之见我而敢不走乎？’虎以为然，故遂与之行。兽见之皆走。虎不知兽畏己而走，以为畏狐也。今王之地方五千里，带甲百万，而专属之奚恤；故北方之畏奚恤也，其实畏王之甲兵也，犹百兽之畏虎也。”

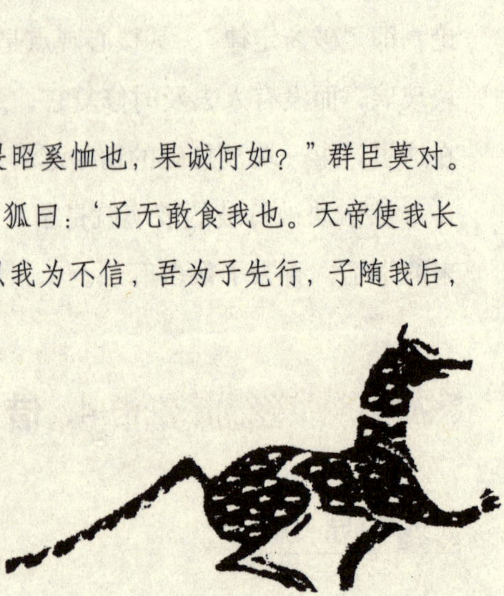

狐　汉铜镜图案

简 议

这就是著名的狐假虎威。小小的狐狸本来一点儿也不可怕，借助老虎的威势，成了人人都害怕的家伙。也可以从中引申出这样一层意思，就是自己不要动手，有什么事情，特别是得罪人的事情，让别人来替你完成。

老子在讲治国之策的时候，主张必须除掉那些心怀叵测的害群之马，但一定要避免自己动手。他说："而为奇者，吾得执而杀之，孰敢？常有司杀者杀。夫代司杀者杀，是谓代大匠斫（zhuó）。夫代大匠斫者，希有不伤其手矣。"（《第七十四章》）奇，不正，指心地阴暗、诡诈的坏人；司，司职，掌管；斫，砍。意思是，对存心造反的人，我必须把他们抓起来杀掉，这样谁还敢搞破坏呢？但一定要让那些专门负责杀人的人去做。如果自己去动手，就像去代替木匠砍削木料，很少有不伤着自己手指头的。这里所说的自己去杀，不是指亲自拿刀去杀人，而是说不要站在第一线，诸如公开下命令或者亲自出面张罗之类。

杀人是做事的一种极端状态，《老子》是想拿它说事，不管做什么，为什么做，都不要自己动手，而是让别人去做。事物在运行中已经发展得很到位了，连杀人这种最凶险、最丑恶的事都有专门机构负责，就不要说别的事情了。所以用不着你去操心，自然有人办理。

多说几句

① 郭淮救妻

三国时期，郭淮担任魏国的关中都督，负责与蜀国作战。他屡立战功，治理有方，深得民心。

郭淮的妻子是太尉王凌的妹妹，王凌因密谋反对权臣司马懿而获罪，按朝廷律令，其妹一并诛杀。使者来到关中，缉捕郭淮的妻子。郭淮让妻子打点行装，跟随使者前往洛阳领罪。

（清）上官周　绘

当地文武官员认为不公，劝郭淮起兵反抗，百姓也都站在郭淮一边，但郭淮没有同意。

到了规定的日子，郭淮打发妻子跟随使者上路。送行的百姓有几万人，哭声震天。囚车启动了，百姓依依不舍，几万人跟着囚车边走边号哭，送出了几十里地还没有散去的意思。

郭淮吩咐亲信将夫人追回来。文武官员听说了，纷纷参与，就像是自己面临杀身之祸那样上心。

妻子追回来后，郭淮立即上书魏宣帝，说："我的五个孩子悲痛不已，思念他们的母亲。他们的母亲死了，等于断送了五个孩子；五个孩子没有了，等于断送了郭淮。"

魏国皇帝见信后，下诏赦免了郭淮的妻子。(《世说新语·方正第五》)

郭淮当然不愿意妻子被朝廷治罪，但他自己不宜亲自出面，而是借用百姓和官员对他的感情，制造了一场声势浩大的悲情送行。这就有了留下妻子的理由，大家都看到了，如果一定把人带走，会激起民变。掂量掂量，赦免犯人与百姓造反哪一个危害更小？显然是前者。郭淮就这样借助民众之力实现了自己的目的。

② 宁越的计谋

齐国攻打赵国的廪（lǐn）丘（今河南省范县）。赵国派将军孔青率领死士前往营救，经过殊死搏斗，大败齐军，杀死齐国士兵三万人，尸体被堆成两个高丘。

谋士宁越望着尸首说："太可惜了。不如把他们交还给齐国，这样可以从内部消耗它的力量。我听说，古代善于作战的人，应该坚守时则坚守，应该退却时则退却。我们可以后退三十里，让齐国来收尸。他们的兵车武器已经在战争中消耗光了，现在他们府库里的钱又要大量花费在运送尸体上，这就叫做从内部攻击敌人。”

“要是齐国不来收尸呢？”孔青担心地问。

“不会的。”宁越摇摇头，“作战失败，这是齐国当权者第一条罪责；率领士兵出征却没有把他们带回来，这是齐国当权者第二条罪责；如果得到了收尸的机会却不去收尸，齐国当权者就将承担第三条罪责。民众会因为这三条罪责而怨恨当权者。如此一来，当权者就很难去役使百姓了，而百姓也不会再像从前那样侍奉当权者了。这就叫从文武两个方面攻击敌人。”

宁越可以说是懂得使用文武两种办法打击对手了。所谓武就是通过力量取胜，所谓文就是通过道德取胜。文武都能运用得当，什么样的敌人不能降服？（《吕氏春秋·不广》）

通过对手的力量来消耗它自己，是借刀杀人的一种更巧妙的方式。

本篇小结

（1）《老子》与谋术

《老子》崇尚阴柔，许多论述可以当做谋术来读、来用。班固作《汉书》，谈到道家，说：“道家者流，盖出于史官。历记成败存亡福祸古今之道，然后知秉要执本，清虚以自守，卑弱以自持，此君人南面之术也。”（《汉书·艺文志》）意思是说，道家学者均出自朝廷中掌管历史的官员，他们的本职工作是记述历史上的成败、存亡、福祸，总结其中的道理，为现今所用，使君主掌握治国的根本道理，所以他们提供的实际上是统治术。老子作为道家的开创者和代表就是这样一位周王朝的史官。有人说，他写《老子》一文，就是向统治者献言献策。后来的法家继承了这一传统，结合实践将其中谋术的成分放大，使其成为法家思想的一根支柱。

谋术的根本特征是隐秘，也就说它属于阴暗而见不得人的东西，然而《老子》又强调朴素、真实，反对智慧、机巧、诡诈，看似矛盾，其实不然。朴素和真实是价值观，是对“道”的追求而言，而谋术则是现实生活所必需的手段，是就社会而言。人的两面性就这样表现出来。

（2）谋术—无为

《老子》谈谋术，是在无为的前提下讲的，就是用最小的动作，最不起眼的作为来达到目的。譬如，将灾祸消除在萌芽状态的露头就打，自己不动手让别人去做的借刀杀人，贯彻的就是省力省时省事。

法家代表人物韩非就是这样理解的，他要君主无为，是因为只有从繁琐事务中腾出手来才能专心致力于谋术。其实在韩非那里，无为本身就是一种大谋术，什么都不做，没有任何表现，让人琢磨不透，臣子想利用君主都无从下手。

（3）谋术—柔顺、退让

《老子》的谋术不是咄咄逼人的进攻性武器，而是在柔顺和退让中表现出来的防御性手段。谋术不能显露，其使用遵循后发制人，顺应对方的趋势而给予推动，以不争的面目出现，诸如此类，走的都是以弱胜强的路子。

（清） 花卉

（京）新登字083号

图书在版编目（CIP）数据

跟老子学生存/高路著. —北京：中国青年出版社，2010.6

(学生图书馆)

ISBN 978-7-5006-9314-7

Ⅰ.①跟… Ⅱ.①高… Ⅲ.①道家 ②老子-青少年读物 Ⅳ.①B223.1-49

中国版本图书馆CIP数据核字（2010）第080190号

写作顾问：李　李

作　　者：高　路

责任编辑：王钦仁

装帧设计：正美书籍装帧设计部

*

中国青年出版社出版 发行

社址：北京东四12条21号　邮政编码：100708

网址：www. cyp. com. cn

编辑部电话：（010）64010053　门市部电话：（010）84039659

河北三河君旺印装厂印刷　新华书店经销

*

700×1000　1/16　19印张　2插页　242千字

2010年6月北京第1版　2010年6月河北第1次印刷

印数：1–6000册　定价：29.00 元

本图书如有印装质量问题，请凭购书发票与质检部联系调换

联系电话：(010)84047104